赋能
新质生产力

知识产权助力科创板上市企业发展

陆万祥　胡英敏　隋晓飞　马　晨　成晓奕　郑　可————著

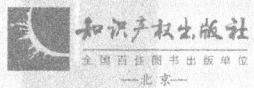

图书在版编目（CIP）数据

赋能新质生产力：知识产权助力科创板上市企业发展 / 陆万祥等著. -- 北京：知识产权出版社, 2025.7. -- ISBN 978-7-5130-9957-8

Ⅰ.D923.4

中国国家版本馆 CIP 数据核字第 2025QB6203 号

内容提要

知识产权是创新驱动发展的重要制度保障，是形成和发展新质生产力的关键要素。本书从理论上分析了新质生产力、知识产权与科技创新的密切关系，具体分析了以科创板为代表的新质生产力的发展概况及其相关重要知识产权问题，通过实例研究，深入分析了知识产权全链条助力新质生产力形成和发展的具体路径，旨在为企业以知识产权助力创新发展提供建议和参考。

责任编辑：尹 娟　　　　　　责任印制：孙婷婷

赋能新质生产力——知识产权助力科创板上市企业发展
FUNENG XINZHI SHENGCHANLI——ZHISHI CHANQUAN ZHULI KECHUANGBAN SHANGSHI QIYE FAZHAN

陆万祥　胡英敏　隋晓飞　马　晨　成晓奕　郑　可 著

出版发行	知识产权出版社 有限责任公司	网　址	http://www.ipph.cn
电　话	010-82004826		http://www.laichushu.com
社　址	北京市海淀区气象路 50 号院	邮　编	100081
责编电话	010-82000860 转 8702	责编邮箱	yinjuan@cnipr.com
发行电话	010-82000860 转 8101	发行传真	010-82000893
印　刷	北京中献拓方科技发展有限公司	经　销	新华书店、各大网上书店及相关专业书店
开　本	720mm×1000mm　1/16	印　张	13.75
版　次	2025 年 7 月第 1 版	印　次	2025 年 7 月第 1 次印刷
字　数	220 千字	定　价	78.00 元

ISBN 978-7-5130-9957-8

出版权专有　侵权必究

如有印装质量问题，本社负责调换。

前言

习近平总书记在党的二十大报告中指出，高质量发展是全面建设社会主义现代化国家的首要任务。新质生产力是由技术革命性突破、生产要素创新性配置、产业深度转型升级共同催生的当代先进生产力形态。发展新质生产力已经成为推动高质量发展的内在要求和重要着力点。

科技创新是先进生产力的核心体现与显著标志，其能够催生新产业、新模式、新动能，因而成为发展新质生产力的核心要素。现阶段，科技创新已成为推动我国经济社会发展的核心动力。当前，我国正积极促进产学研用的深度融合，加速推进科技成果的转化与实际应用，通过释放科技创新的潜能，推动工业发展与科技进步的深度融合和协同发展，进而为新质生产力的发展提供坚实物质基础。

知识产权作为国家战略性资源和竞争力核心要素，既是创新成果的保护网，也是新质生产力的催化剂和加速器。持续优化知识产权制度，推动知识产权成果转化已成为支持科技创新、培育新质生产力的重要保障。当前有学者就知识产权赋能新质生产力的基本原理作了阐释分析，但在新质生产力发展实践中，知识产权所扮演的重要角色和发挥作用的具体路径仍有待深入分析。

科创板作为中国资本市场改革的"试验田"，旨在为科技创新型企业提供更便捷的融资渠道，支持高新技术和战略性新兴产业的发展，进而推动我国产业升级和经济结构调整，促进整个社会生产力的提升和经济的高质量发展。科创板的"硬科技"定位要求，使得其上市企业大多呈现技术密集的特点，且普遍处于高速成长阶段，因此在一定程度上成为了我国新质生产力发展的典型"样本"。

本书系统梳理了新质生产力及知识产权的相关理论研究，以科创板上市企业作为研究对象，通过深入分析众多实际案例，探究知识产权助力科技创新

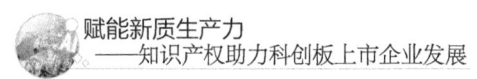

的实践路径，以期为知识产权赋能新质生产力提供实证依据和决策参考。

本书第一章从新质生产力的政策背景、理论内涵、现实逻辑和产业划分四个方面阐述了科技创新是发展新质生产力的核心要素，并就知识产权如何支持创新发展进行了理论分析；第二章首先系统分析了知识产权、科创板与新质生产力的密切关系，然后从科创板的创立背景、政策要求等方面论述了知识产权在科创板中的定位和作用，最后对科创板上市企业的地域和产业分布情况作了具体分析，并以科创50成份企业为例，具体分析了科创板上市企业所涉及的重点知识产权问题；第三章首先理论分析了专利转化运用的基本含义、作用及我国专利转化运用概况，而后结合科创板上市企业中的典型案例深入分析了专利在产业化、质押、许可、转让、布局和侵权纠纷应对等六个方面助力新质生产力发展的主要路径；第四章和第五章则分别从理论和实例两方面分析总结了商业秘密、商标作为两类重要知识产权在企业发展中的具体作用。

本书作者中陆万祥负责第二章的撰写（字数约为7.5万字）以及全书的统稿、审稿工作，胡英敏负责第三章第一节至第三节的撰写（字数约为4.7万字）以及部分统稿和修订工作，隋晓飞负责第三章第四节至第七节的撰写（字数约为4.5万字），马晨负责第五章的撰写（字数约为1.6万字），成晓奕负责第四章的撰写（字数约为2.1万字），郑可负责第一章和结语的撰写（字数约为1.6万字）。

本书引用了大量文献和案例，难免有所疏漏和差错，望广大读者批评指正。

目 录

第一章
001 **新质生产力、知识产权与科技创新**

第一节　科技创新是发展新质生产力的核心要素　001
　　一、新质生产力的政策背景　001
　　二、新质生产力的理论内涵　004
　　三、新质生产力的现实逻辑　006
　　四、新质生产力的产业划分　011
第二节　保护知识产权就是保护创新　012
　　一、知识产权保护为创新提供制度支持　012
　　二、知识产权成果转化促进培育新质生产力　013

第二章
015 **知识产权助力科技创新实践路径**

第一节　知识产权、科创板与新质生产力的关系　015
　　一、知识产权助力新质生产力发展的机制　015
　　二、科创板上市企业是新质生产力的典型代表　017
　　三、知识产权为科创型企业创新发展提供新动能　019
第二节　知识产权在科创板中的定位和作用　022
　　一、科创板发展历程　022

二、科创板上市过程涉及的科技创新与知识产权　　024
第三节　以科创板为代表的新质生产力发展状况　　038
　　一、地域分布　　038
　　二、产业分布　　039
第四节　科创 50 成份企业涉知识产权问题研究　　045
　　一、科创 50 成份企业的知识产权概况　　045
　　二、科创 50 成份企业上市涉知识产权问询案例　　048

089 第三章
知识产权助力科技创新实践路径之专利篇

第一节　专利转化运用概论　　089
　　一、专利转化运用的含义　　089
　　二、专利转化运用的作用　　092
　　三、我国专利转化运用概况　　093
第二节　专利自主产业化　　094
　　一、专利自主产业化概述　　094
　　二、科创板上市企业涉及专利自主产业化的典型案例　　095
第三节　专利质押　　113
　　一、专利质押概述　　113
　　二、科创板上市企业涉及专利质押的典型案例　　119
第四节　专利许可　　129
　　一、专利许可概述　　129
　　二、科创板上市企业涉及专利许可的典型案例　　131
第五节　专利转让　　141
　　一、专利转让概述　　141
　　二、科创板上市企业涉及专利转让的典型案例　　142
第六节　专利布局　　145
　　一、专利布局概述　　145
　　二、科创板上市企业涉及专利布局的典型案例　　147

第七节　专利侵权纠纷　163
一、专利侵权纠纷概述　163
二、科创板上市企业涉及专利纠纷的典型案例　165

第四章
知识产权助力科技创新实践路径之商业秘密篇
173

第一节　商业秘密概论　173
一、商业秘密的特点　173
二、商业秘密的作用　174
第二节　科创板上市企业涉及商业秘密的典型案例　176
一、典型案例　176
二、案例评析　191

第五章
知识产权助力科技创新实践路径之商标篇
194

第一节　商标概论　194
一、商标的特点　194
二、商标的作用　195
第二节　科创板上市企业涉及商标的典型案例　199
一、典型案例　199
二、案例评析　206

结　语　210

第一章　新质生产力、知识产权与科技创新

第一节　科技创新是发展新质生产力的核心要素

2023年9月，习近平总书记在新时代推动东北全面振兴座谈会上首次提出"新质生产力"的概念。他指出，积极培育新能源、新材料、先进制造、电子信息等战略性新兴产业，积极培育未来产业，加快形成新质生产力，增强发展新动能。❶2024年1月，习近平总书记在主持中共中央政治局第十一次集体学习时，对新质生产力的含义和内涵进行了阐释："新质生产力是创新起主导作用，摆脱传统经济增长方式、生产力发展路径，具有高科技、高效能、高质量特征，符合新发展理念的先进生产力质态。它由技术革命性突破、生产要素创新性配置、产业深度转型升级而催生，以劳动者、劳动资料、劳动对象及其优化组合的跃升为基本内涵，以全要素生产率大幅提升为核心标志，特点是创新，关键在质优，本质是先进生产力。"❷在我国当前发展现状和经济体系下，发展新质生产力已经成为推动高质量发展的内在要求和重要着力点。

一、新质生产力的政策背景

中国共产党的奋斗史就是为中国人民谋出路、为中国社会谋发展、为中华民族谋复兴的历史。中国特色社会主义的根本任务就是解放和发展社会生产

---

❶ 新华社.习近平主持召开新时代推动东北全面振兴座谈会强调 牢牢把握东北的重要使命 奋力谱写东北全面振兴新篇章[N].人民日报，2023-09-10（1）.

❷ 新华社.习近平在中共中央政治局第十一次集体学习时间强调 加快发展新质生产力 扎实推进高质量发展[N].人民日报，2024-02-02（1）.

力。❶ 自改革开放以来，我国经济实力、科研水平以及国际影响力均实现了飞跃式发展，崛起为世界发展中不可或缺的重要一极。中国共产党深刻洞察全球形势的变化，明确将发展确立为党执政兴国的第一要务。

党的十八大以来，国际局势风云变幻、错综复杂，世界正经历百年未有之大变局，各国在科技领域的竞争愈发激烈，抢占科技制高点已成为国际竞争的主要焦点。以习近平同志为核心的党中央，敏锐洞察时势，秉持全球视野，运用马克思主义的立场、观点和方法，创新提出了一系列的发展理念与政策理论，这些理念与理论共同构成了推动新质生产力理论诞生与发展的政策环境。

习近平总书记高度重视创新在驱动发展进程中的核心与关键角色，强调创新对于引领未来发展具有不可估量的价值。2013 年 9 月，习近平总书记在主持十八届中共中央政治局第九次集体学习时指出，即将出现的新一轮科技革命和产业变革与我国加快转变经济发展方式形成历史性交汇，为我们实施创新驱动发展战略提供了难得的重大机遇。❷ 习近平总书记明确指出，创新是引领发展的第一动力，抓创新就是抓发展，谋创新就是谋未来。适应和引领我国经济发展新常态，关键是要依靠科技创新转换发展动力。❸ 党的十八届五中全会提出，必须坚持以人民为中心的发展思想，践行创新、协调、绿色、开放、共享的新发展理念。❹ 我国现代化之路必须坚定不移地秉持以创新为驱动的新发展理念，致力于通过科技创新引领产业升级，同时以此为核心构建开放、协同、可持续的新发展格局，推动经济社会高质量发展。党中央深刻审视我国经济和科技的发展进程及现状，敏锐地把握发展阶段、发展环境和发展条件的转变，指出中国经济由高速增长阶段转向高质量发展阶段，并指出高质量发展是保持经济持续健康发展的必然要求，也是适应中国社会主要矛盾变化和全面建成小康社会、全面建设社会主义现代化国家的必然要求，更是遵循经济发展规律的必然要求。❺ 党的二十大报告重申了新一轮科技革命与产业变革正深入发

---

❶ 党的十八大报告文件起草组.中国共产党第十八次全国代表大会文件汇编[M].北京：人民出版社，2012：13.
❷ 中共中央文献研究室.习近平关于科技创新论述摘编[M].北京：中央文献出版社，2016.
❸ 新华社.习近平在参加上海代表团审议时强调 当好改革开放排头兵创新发展先行者 为构建开放型经济新体制探索新路[N].人民日报，2015-03-06（1）.
❹ 新华社.中共中央关于制定国民经济和社会发展第十三个五年规划的建议[N].人民日报，2015-11-04（1）.
❺ 新华网.用好推动高质量发展的辩证法[EB/OL].（2018-09-12）.https：//baijiahao.baidu.com/s?id=1605783641222731857&wfr=spider&for=pc.

展的战略态势，并在此基础上首次明确提出构建现代化产业体系的任务，并将推动战略性新兴产业融合与集群式发展确立为体系建设的重要内容。高质量发展是全面建设社会主义现代化国家的首要任务。没有坚实的物质技术基础，就不可能全面建成社会主义现代化强国。❶2023年3月5日，习近平总书记在参加十四届全国人大一次会议江苏代表团审议时强调，"加快实现高水平科技自立自强，是推动高质量发展的必由之路"。

2023年以来，我国逐步强化战略性新兴产业和未来产业在创新网络中的核心作用，为经济增长开辟了新动力源。我国高度重视战略性新兴产业对国家长远发展的战略价值，特别是在智能制造、量子信息等关键领域的持续创新与发展，不仅为构建现代化经济体系提供了重要支撑，而且持续不断地为新质生产力注入澎湃活力。早在2020年3月底至4月初，习近平总书记在浙江考察时曾强调将加快布局战略性新兴产业和未来产业作为形成发展新动能的关键动作。要抓住产业数字化、数字产业化赋予的机遇，加快5G网络、数据中心等新型基础设施建设，抓紧布局数字经济、生命健康、新材料等战略性新兴产业、未来产业，大力推进科技创新，着力壮大新增长点、形成发展新动能。❷2023年7月，习近平总书记赴四川考察时指出：要把发展特色优势产业和战略性新兴产业作为主攻方向，加快改造提升传统产业，前瞻部署未来产业，促进数字经济与实体经济深度融合，构建富有四川特色和优势的现代化产业体系。2023年9月，习近平总书记在主持召开新时代推动东北全面振兴座谈会上公开提出了"新质生产力"概念。随后，习近平总书记在听取了黑龙江省委和省政府工作汇报后再次提到整合科技创新资源，引领发展战略性新兴产业和未来产业，加快形成新质生产力。之后，在一系列中央会议和文件中，新质生产力均被明确为构建现代化产业体系的关键任务之一。中央财经委员会办公室相关负责同志在深入解读2023年中央经济工作会议精神的过程中，对新质生产力的概念进行了更为详尽的阐释：新质生产力是由技术革命性突破、生产要素创新性配置、产业深度转型升级共同催生的当代先进生产力形态，其核

---

❶ 习近平.高举中国特色社会主义伟大旗帜为全面建设社会主义现代化国家而团结奋斗——在中国共产党第二十次全国代表大会上的报告[N].人民日报，2022-10-26（3）.

❷ 新华社.习近平在浙江考察时强调 统筹推进疫情防控和经济社会发展工作 奋力实现经济社会发展目标任务[N].人民日报，2020-04-02（1）.

心内涵是劳动者、劳动资料、劳动对象及其优化组合的质变，以全要素生产率提升为核心标志。2024年1月，中央政治局开展集体学习，阐释了新质生产力"12345"基本框架，完整地提出了以催生因素、基本内涵、核心标志为主要内容的新质生产力"三元引擎—三元构造—衡量标准"三维体系，强调了新质生产力作为"推动高质量发展的内在要求和重要着力点"的重要地位。❶ 至此，"新质生产力"概念体系基本完善。新质生产力理论是马克思主义中国化、时代化的重要成就，丰富了习近平经济思想内涵，完善了习近平新时代中国特色社会主义思想中关于发展的理论体系，在当前发展现状与高质量发展理论框架之间起到桥梁与推动作用，是新时代社会生产力进一步获得解放与发展的重要标志和体现。

纵观新时代党的发展思想的提出与深化历程，中国共产党始终将科技自立自强视为国家发展的战略支撑，坚定不移地将创新视为驱动发展的首要力量，积极促进生产要素配置方式的革新，优化并调整生产关系，不断完善上层建筑体系，催生新产业、新模式、新动能，加速新旧动能转换进程，通过大力发展社会生产力，实现经济社会多领域的协同发展，引领全面、协调、可持续的高质量发展模式。

二、新质生产力的理论内涵

生产力是马克思政治经济学的核心概念，生产力理论是马克思主义理论体系的基础理论。一般认为，生产力是指具体劳动创造使用价值的能力，也即人类改造自然的能力，反映的是人与自然之间的关系。❷ 每一次生产力的质变都使得人类的劳动能力被进一步解放，并成为下一次解放和发展的基础。❸ 马克思基于历史唯物主义的方法，认为生产方式的变化是催生社会形态变化的根本动力。❹ 在发展生产力过程中形成的社会关系被称为生产关系，生产力决定

---

❶ 新华社. 在中共中央政治局第十一次集体学习时强调 加快发展新质生产力 扎实推进高质量发展[N]. 人民日报，2024-02-02（1）.

❷ 卫兴华，田超伟. 论《资本论》生产力理论的深刻内涵与时代价值[J]. 中国高校社会科学，2017（4）：21-31.

❸ 赵峰，季雷. 新质生产力的科学内涵、构成要素和制度保障机制[J]. 学习与探索，2024（1）：92-101.

❹ 周文，何雨晴. 新质生产力：中国式现代化的新动能与新路径[J]. 财经问题研究，2024（4）：3-13.

生产关系。生产力总是在一定的生产关系框架内运动和发展,直至达到某个阶段时便与生产关系发生矛盾,原有生产关系会经历革命性变革,被能够适应生产力发展的新生产关系取代,生产力和生产关系共同组成了生产方式。

根据马克思主义基本原理,生产力要素一般分为两类:一类是独立的实体性要素,包括劳动者、劳动资料、劳动对象;另一类是非独立的附着性、渗透性要素——非实体要素,包括科学技术、经济管理等,其中科学技术居于突出、重要的位置。❶ 在生产力实体三要素中,劳动者属于人的因素,劳动资料和劳动对象统称为生产资料,属于物的因素。生产力指的是劳动者运用劳动资料对劳动对象进行加工的能力,生产力的公式通常表达为:生产力 = 劳动者 + 劳动资料 + 劳动对象。随着对人与自然关系、人类社会进步法则、经济运行规律等认识的不断加深,人们逐渐构建起关于生产力本质、范畴及其特性的认知框架。人的劳动能力被界定为包含体力劳动与脑力劳动两大方面。其中,脑力劳动的规模与效率,主要取决于劳动者学习并掌握的知识及技术的状况,涵盖了知识的数量、覆盖面的广度以及研究的深度。同样,生产资料的多样性、性能表现、质量优劣以及生产效率,也受制于科学技术的发展水平。

科技是先进生产力的核心体现与显著标志,它不仅是驱动经济社会进步的关键因素,而且是引领人们生产模式与生活方式发生根本性变革的决定性力量之一。邓小平在1988年指出,"科学技术是第一生产力。我们的根本问题就是要坚持社会主义的信念和原则,发展生产力"。❷ 首次在政策理论层面将科学技术纳入生产力的范畴。根据科学技术与生产力之间的作用机制,生产力的公式进一步表达为:生产力 = 科学技术 × (劳动者 + 劳动资料 + 劳动对象)。科学技术在提升劳动者知识水平、增进生产效率及深化劳动者意识的同时,还具备开辟新兴产业结构、优化生态环境、构建完善的基础设施体系、提升数字化水平以及减少能源消耗等多重功效,从而对生产力三要素各方面进行改善和加强,对于发展生产力具有明显的乘数效应。

进入新时代以来,我国的工业化进程持续加速,正迎来新一轮科技革命的蓬勃兴起。在此过程中,科技创新、产业结构转型升级以及生产要素优化配置等要素日益成为推动经济社会发展的显著动力,并扮演着引领高质量发展

---

❶ 恩格斯.马克思恩格斯选集第3卷[M].北京:人民出版社,2012:1002-1004.
❷ 邓小平.《邓小平文选》(第3卷)[M] 北京:人民出版社,1993.

的关键角色。新质生产力理念的提出，回答了新时代推进高质量发展的动力问题，新质生产力公式可表达为：新质生产力 =（科学技术^{革命性突破} + 生产要素^{创新性配置} + 产业^{深度转型升级}）×（劳动者 + 劳动资料 + 劳动对象）^{优化组合}。❶ 由该公式可知，在推动生产力发展的过程中，科学技术不仅展现了显著的乘数效应，而且科技革命更是引发了指数效应，极大地加速了生产力的进步与变革。

由生产力理论内涵可知，发展新质生产力，必须依靠新兴技术形态、创新的产业组织模式以及全新的生产要素结构来重塑我国经济增长的动力体系，以增量发展带动结构性调整，推动经济实现质的有效提升和量的合理增长。

三、新质生产力的现实逻辑

（一）国内发展的现实需求

2015年以来，我国经济进入了一个新发展阶段，居民收入水平有所提升，消费呈现增长态势，但企业利润率明显下滑，投资水平有所下降，主要经济指标之间出现联动性背离现象。

面对新变化与新挑战，中国经济发展的迫切任务在于改善供给侧环境，优化供给侧机制。通过改革供给制度，激发微观经济主体活力，着力提升人口综合素质，强化科技创新力量，为我国经济持续稳定发展注入新的强大动力。同时，采取去产能、去杠杆、降成本等措施，配合政府简政放权与强化监管，切实减轻企业负担，提升市场竞争力。此外，环境污染、体制机制束缚等依然是制约经济发展的关键问题，国家还须坚定决心，清除经济发展道路上的障碍，聚焦创新发展，积极培育新兴产业，开拓新兴市场，挖掘经济增长的新源泉。

（二）国际合作与竞争的现实需求

如今科技创新已成为各国在世界变局中占据领先优势的关键。然而，我国在科技创新、产业核心竞争力等方面与世界发达国家还有不小的差距，还有不少制约我国经济发展的"卡脖子"技术没有突破，经济发展严重依赖国外市

---

❶ 王羽. 新质生产力核心要素指标的思考——形成新质生产力的核心要素指标分析与研究[EB/OL].（2024-03-11）.https://www.greenmine.org.cn/shows/25/234871.html.

场，因此我国要赢得优势、赢得主动、赢得未来，有效统筹发展和安全，就必须发展新质生产力，把科技创新作为发展的不竭动力和源泉，作为打造国家核心竞争力、塑造国际竞争优势、展现大国担当的关键。❶

实现核心技术的自主化是摆脱外部技术桎梏、增强外贸韧性与安全性的必由之路，是增加产品技术含量与附加值、在全球价值链中地位攀升的内在要求，更是塑造国际竞争新优势、引领外贸高质量发展的关键所在，为我国高附加值产品的国际输出奠定坚实的技术基础与产业支撑。全球科技创新和产业变革正以前所未有的迅猛势头加速新旧动能转换进程，引领国际产能合作，对于塑造和改善国际贸易参与主体的整体形象发挥着重要作用。数字贸易、跨境电商等新型商贸形式日益成为国际贸易发展的新潮流和新增长点，是优化外贸结构、塑造外贸新竞争优势、促进外贸高质量发展的关键举措。以数字技术为核心的新质生产力，深刻改变了服务提供方式，打破了传统的时空限制与空间束缚，拓宽了服务贸易的市场边界，成为推动我国从全球价值链中低端向中高端跃升的重要动力，提供了数字化"弯道超车"的机遇，这既契合我国高质量发展的迫切需求，也为推动全球经济的共同繁荣与共赢发展作出了积极贡献。

发展新质生产力将赋能我国在全球气候治理、公共卫生安全等国际合作舞台上发挥更积极的作用，提供国际公共产品，展现负责任大国形象，彰显负责任大国的担当，进而提高和增强我国对外贸易在全球范围内的声誉与影响力。同时，新质生产力同样体现了中国对全球绿色可持续发展的积极回应与贡献。新能源汽车、锂电池和光伏等"新三样"产品已在国际市场中展现出强大的竞争力，助力我国构建绿色低碳的国际竞争优势，并树立绿色低碳的外贸新形象。新质生产力代表着实现中国式现代化最终愿景的实际行动，展现了中国在推动全球绿色可持续发展方面的独特方案，同时也是应对国际环境变迁、保持战略平衡的有效策略。

（三）新的生产范式催生新质生产力

生产力发展呈现从低级到高级演化的阶段性特征，体现为工业的不同发

---

❶ 李政，廖晓东. 发展"新质生产力"的理论、历史和现实"三重"逻辑 [J]. 政治经济学评论，2023（11）：146-159.

展阶段，在每个阶段形成相应的生产范式，随着工业进入更高发展阶段，生产范式经历全方位的彻底变革，对应着生产力进入更高发展阶段发生的"质变"，全新的生产范式对应着更高发展阶段上形成的新质生产力。❶进入新时代，一系列发展理念的提出，深刻体现了"科技引领—产业升级—生产力提升"社会生产力形成与发展的生成逻辑。

2013年9月，习近平总书记在十八届中央政治局第九次集体学习时强调，历次产业革命都有一些共同特点：一是有新的科学理论作基础，二是有相应的新生产工具出现，三是形成大量新的投资热点和就业岗位，四是经济结构和发展方式发生重大调整并形成新的规模化经济效益，五是社会生产生活方式有新的重要变革，这些要素目前都在加快积累和成熟中。步入新时代，我国工业与科技发展水平、发展阶段和发展条件的变迁，以及我们坚持并实践的新发展理念和高质量发展的思想，共同构成了新质生产力理论形成的现实依据与政策支撑。

党的十八大以来，我国经济社会发展进入了新时代，工业的蓬勃发展和科技的飞速进步展现出前所未有的生机与潜能，成为推动生产力跃升和经济社会变革的一股关键力量。

近年来，我国新型工业化建设取得了令人瞩目的成就。数据显示，2023年我国经济总量稳步攀升，国内生产总值（GDP）超过126万亿元，全部工业增加值占GDP比重达31.8%，连续14年位居全球首位，凸显了工业经济在国民经济体系中的支柱作用。我国已经累计培育了421家国家级智能制造示范工厂，建成万余家省级智能工厂，5G与工业互联网的深度融合更是催生了超过1.5万个"5G+工业互联网"项目，标志着我国工业正加速向智能化、高端化和绿色化转型。在全球竞争加剧、消费者需求日益多元化的背景下，我国制造业正经历着一场深刻的变革。一方面，传统制造业通过技术革新和产业升级，实现了生产效率与产品质量的双重提升；另一方面，智能制造、绿色制造等新兴产业蓬勃发展，为制造业增添了新的增长极。同时，我国还积极推进制造业与服务业的深度融合，大力发展服务型制造，进一步提升了制造业的附加值与竞争力。面对复杂多变的国际形势，我国工业产业链、供应链的韧性持续

---

❶ 刘刚. 工业发展阶段与新质生产力的生成逻辑[J]. 马克思主义研究，2024（11）：111-125.

增强。政府与企业携手并进，强化产业链上下游的协同合作，共同构建自主可控、运行稳健的产业链、供应链生态。此外，我国还积极拓展国际产业链合作，深化与其他国家的经贸联系与技术交流，不断提升在全球产业链中的地位与影响力。新时代以来，我国工业化发展水平实现了显著跃升，为发展更高水平的生产力提供了坚实的物质基础和基础储备，具有广阔的市场空间和发展机遇。

现阶段，科技创新已经成为推动我国经济社会发展的核心动力。我国高度重视科技创新工作，持续加大研发投入和人才培养力度。据统计，2012—2023年，我国全社会的研发投入已从1.03万亿元激增至3.3万亿元，其中基础研究经费达到2 212亿元，为科技创新构筑了坚实的资金基础。与此同时，我国正积极促进产学研用的深度融合，加速科技成果的转化与实际应用，确保科技创新与经济社会发展紧密衔接。

为了充分释放科技创新的潜能，我国还不断深化科技体制改革。政府推出一系列政策措施，旨在系统性重构科技管理体制并优化科研环境。我国通过成立中央科技委员会及重组科学技术部等举措，强化科技管理的顶层规划与统筹协调，修订相关法律法规，促进科技成果的有效转化应用，加强科研诚信体系与学风作风建设，营造积极向上的科研氛围。科技领域的改革和成就不断推动我国经济发展保持强劲势头。随着新兴技术的不断涌现和应用场景的日益拓展，我国科技行业将呈现出更加多元化和融合化的发展趋势。同时，政府和企业的紧密合作与协同，推动了工业发展和科技进步的深度融合与协同发展。我国工业产业不断变革和科技创新迅猛革新为新质生产力的发展提供了坚实的物质基础，并积累了丰厚的科技软实力资源。

早在2013年，习近平总书记就对新一轮科技革命作出重大战略判断，新一轮科技革命和产业变革正在孕育兴起，一些重要科学问题和关键核心技术已经呈现出革命性突破的先兆，带动了关键技术交叉融合、群体跃进，变革突破的能量正在不断积累❶。进入新时代以来，我国逐渐进入高质量发展的阶段，依托新一代信息技术、人工智能、新能源、生物技术、大数据等前沿创新技术，社会生产范式已经发生了深刻的变革。

首先，随着人工智能、5G、物联网、大数据等信息技术的蓬勃发展，数

---

❶ 党的十八大报告文件起草组.中国共产党第十八次全国代表大会文件汇编[M].北京：人民出版社，2012：13.

字化已经成为新时代生产范式转变的一个显著标志。企业纷纷采用数字化技术来提升生产效率、优化资源配置，并通过构建工业互联网平台来实现智能化生产，提高了生产效率，降低了生产成本，还极大地增强了企业在市场中的竞争力。其次，智能制造是新时代生产范式转变的另一大亮点。通过深度融合物联网、人工智能及大数据等先进技术，成功实现了生产流程的自动化、智能化与高度灵活性。这一变革不仅带来了生产效率的飞跃，还确保了产品质量的稳步提升，优化了用户体验，同时还降低了能源消耗与排放，引领制造业向绿色、可持续的方向发展。

从市场需求视角审视，新时代的生产范式，如智慧城市、智慧医疗、智能汽车、智能家居、智能穿戴等领域的突破性发展，正以前所未有的方式重塑着人们的生产生活方式乃至整个社会的运行模式，消费者需求日趋多样化、个性化。借助数字化技术和智能制造手段，企业能够更精确地捕捉消费者的个性化需求，从而实现产品的定制化设计与生产。日益激烈的市场竞争和消费者需求的不断升级，正促使企业逐步从单一的产品制造商角色转变为综合服务提供商。这一转型不仅涵盖产品本身的创新与服务化改造，还扩展至围绕产品提供的全方位增值服务，如售后支持、维护保养、技术咨询等。

新时代生产范式还强调协同创新和资源共享。通过搭建开放的创新平台和推行共享机制，企业能够更有效地整合外部资源，加速技术创新步伐，推动产业升级。同时，协同创新也有助于打破行业壁垒，促进跨领域间的深度融合与协同发展。

持续演进的生产范式催生了以创新为内核驱动力，以"新"和"质"为显著标识的新质生产力。新质生产力已经在实践中形成并展现出对高质量发展的强劲推动力、支撑力。❶高质量发展的战略目标聚焦于质量变革、效率变革、动力变革，构建现代化经济体系，提升全要素生产率，进而助推建设社会主义现代化强国。新质生产力通过创新和科技手段提高生产效率和质量，其高效、智能、环保及创新的特质，与高质量发展的核心理念高度契合。作为一种能有效增进全要素生产率、驱动经济社会可持续发展的新型生产力形态，新质生产力正引领着时代前行的步伐。

---

❶ 新华社. 习近平在中共中央政治局第十一次集体学习时强调加快发展新质生产力 扎实推进高质量发展[N]. 人民日报，2024-02-02（1）.

科技创新尤其是前沿颠覆性技术及其应用已成为推动经济社会全新生产范式涌现的关键驱动力。在这一进程中，国际合作与竞争格局的新变化，为新质生产力的发展塑造了外部催生环境。随着新的生产范式发展与迭代，更高水平的生产力逐渐形成。在此背景下，新质生产力理论的诞生，是顺应时代潮流、发展中国特色社会主义的必然产物。它不仅反映了生产力进步的内在逻辑，也为指导中国特色社会主义事业的高质量发展提供了理论支撑与实践路径。

四、新质生产力的产业划分

战略性新兴产业作为新质生产力的主力，凭借众多原创性和颠覆性的科技创新应用，为高质量发展注入源源不断的发展新动能。未来产业在不断发展成熟的过程中，不断融入并壮大战略性新兴产业的队伍，为其构建丰富的后备资源。与此同时，传统产业凭借其长期积累的稳定优势，为战略性新兴产业和未来产业的培育与发展提供了坚实的支撑。积极推动传统产业的转型升级，不仅符合新质生产力的发展趋势，也是推动高质量发展的重要一环。在两者之外，传统产业依托其长期的稳定性，为培育发展战略性新兴产业和未来产业提供了强大后盾，积极调整传统产业改造升级，同样符合新质生产力的发展要求。这些产业构成了培育新质生产力的核心基地，主要包括以下领域。

（1）新一代信息技术产业：包括人工智能、云计算、大数据、物联网、5G/6G通信技术、数字经济、工业互联网、卫星互联网、量子信息与通信技术、电子商务、互联网金融、数字娱乐、软件与信息服务等。

（2）高端制造业：包括智能制造、电力设备、机械设备、国防军工、高速铁路、新能源汽车、航空航天、船舶与海洋工程装备、先进制造、工业机器人技术等。

（3）生物医药产业：包括生物技术、创新药研发、生物医药设备、精准医疗、健康管理与远程医疗服务。

（4）新能源产业：涉及新能源发电与设备制造、能源互联网、储能技术等。

（5）新材料产业：包括高性能复合材料、功能材料、纳米材料、生物医用材料、能源材料、稀土新材料等。

（6）现代服务业：涵盖互联网平台服务、数据服务、专业咨询服务、研发设计服务、现代物流与供应链管理、环保服务、数字金融等。

（7）节能环保产业：节能技术与装备、高效节能产品、节能服务、先进环保技术与装备、环保产品与服务、资源循环利用产业等。

（8）未来产业：包括元宇宙、基因工程、量子信息工程、脑机接口、人形机器人、生成式人工智能、生物制造等。

第二节　保护知识产权就是保护创新

一、知识产权保护为创新提供制度支持

知识产权制度是推动创新驱动发展战略的一项基础性制度，在推动科技进步和经济社会高质量发展等方面发挥着不可替代的关键作用。习近平总书记在十九届中共中央政治局第二十五次集体学习时强调，创新是引领发展的第一动力，保护知识产权就是保护创新。知识产权保护机制不仅能有效捍卫创新者的合法权益，避免创新成果被非法侵占，确保创新主体得到应有的回馈，从而保障创新活动的持续进行和涌现，还能极大地促进技术的转移与普及，从而形成规模化、产业化。新质生产力的核心要素是科技创新，知识产权保护策略与新质生产力鼓励创新的需求高度契合，二者具有紧密且深刻的内在联系。

知识产权在新质生产力发展的每一步中都扮演着保驾护航的重要角色，确保企业在创新之路上稳健前行。在创新的萌芽阶段，企业往往会运用专利导航分析手段，深入探索产业规模、技术演进路径及面临的壁垒，明确技术空白区域，从而精准设定研发目标，挖掘创新潜力。在技术创新的形成期，企业通过实施分级分类管理机制，挖掘优质技术，培育高价值专利，进行科学合理布局，以确保创新成果的稳定性和有效性。创新完成之后，企业要积极投入产业实践进行转化运用，实现创新链与产业链的无缝对接，最后形成产业化和市场应用。知识产权作为新质生产力孕育与发展的全程参与者，贯穿于创新活动的每一环节，在创新驱动的全过程中发挥着重要作用，是推动新质生产力形成与发展的坚强后盾，展现出显著的激励效应。将创新置于我国现代化建设全局的

战略核心，持续优化并强化知识产权制度，致力于提高知识产权保护的标准与效能，确保知识产权制度优势有效地转化为国家治理的实际成效，对于加速新质生产力的培育与全方位推进高质量发展具有深远的意义。

二、知识产权成果转化促进培育新质生产力

培育新质生产力，重要的一点是推动产业化、规模化进程。知识产权成果转化是实现创新的价值化和产业化的有效路径。知识产权成果转化是创新主体将技术和创意转化为实际生产力与商业价值的重要一步，提升了创新主体的积极性和自信心。通过有效的创新转移转化，创新主体可以不断优化生产流程，提高生产效率，提升产品质量，推动行业整体进步与发展，激发整个社会的创新活力，从而促进经济社会高质量发展。因此，需要多方面着手，探寻创新价值化、产业化道路，促进知识产权转化运用，加快培育新质生产力。

知识产权分级分类管理制度是确保知识产权得到有效管理和保护，促进知识产权的创造、流转和运用的高效管理制度。随着国家出台政策加快培育新质生产力，技术革新如雨后春笋般涌现，但科技创新的质量参差不齐，呈现出明显的差异化。若盲目整合科技创新资源，实行无差别全覆盖式的投入，不仅会导致资源分配泛化，降低新质生产力的培育效率，还会助长投机行为，形成"劣币驱逐良币"的不良现象。因此，通过对科技成果实施分级分类的转化管理，集中人力、物力、财力资源，优先转化那些具有原创性和颠覆性的创新成果，着重培育高价值专利，加速产业化和规模化进程，确保优质的科技创新成果能够迅速占领市场，形成竞争优势，从而加速构建高质量的新质生产力。

人才是第一资源，我国知识产权制度化建设培育了专业化的人才队伍，为发展新质生产力、推动高质量发展提供了至关重要的服务型人才支撑。知识产权作为科技服务业的关键领域，对专业从业人员，尤其是中高级复合型人才有着巨大需求。缺乏足够的人才支持将严重制约创新成果的转化效率和新型产业的构建速度。因此，培育新质生产力，需要在现有知识产权服务人员队伍中积极培养跨学科、跨行业的综合性服务人才，还要在技术人员队伍中重点培育技术和服务融合型人才，确保纸面上的优质科技成果能够被及时挖掘，并迅速、高效地转化为现实生产力。

为贯彻创新促进科技成果转化机制的部署要求，从 2020 年起，科技部着手打造国家科技成果转移转化示范区，聚焦加速科技成果的商业化进程，通过制度创新、服务能力升级以及转化链条的健全，为区域经济的高质量发展提供了强大驱动力。培育新质生产力，要充分发挥科技园、先进研究院、孵化器等平台的作用，进一步构建紧密的"产学研"合作机制，完善园区的激励、容错及退出机制，从而激发全社会的创新创业活力，减轻创新主体的风险负担，从而促使更多科技成果顺利转化为实际生产力，为经济社会发展注入新的活力。

第二章 知识产权助力科技创新实践路径

第一节 知识产权、科创板与新质生产力的关系

一、知识产权助力新质生产力发展的机制

科技创新是发展新质生产力的核心要素,而保护知识产权就是保护创新,知识产权制度在激励科技创新、促进产业发展和改善创新环境等方面均起到不可替代的作用。

发展新质生产力是推动高质量发展的内在要求和重要着力点,而知识产权是促进新质生产力发展的重要机制和手段。知识产权一头连着创新,一头连着市场,既是创新成果的保护网,更是新质生产力的催化剂。在加快发展新质生产力的过程中,知识产权无疑将发挥至关重要的作用,具体包括以下四个方面。

(一)知识产权激发发展新质生产力的创新活力

作为一种现代产权制度,知识产权制度旨在鼓励发明创造,通过赋予创新者在一定时间、一定地域的排他性权利,保护和激发科研人员的积极性和创造性。

知识产权制度将创新成果产权化,通过保护产权形成激励机制,承认科技创新成果的有偿性,保护发明创造者的合法利益,为发明人和权利人提供持久的创新动力。

加强知识产权保护有利于激发各类科技创新主体的活力和潜能,推动重大原创成果不断涌现。知识产权保护的力度和水平直接关系到保护创新成果、激发创新活力的效果,知识产权保护的力度大、水平高能为新质生产力的孕育

提供肥沃土壤。

（二）知识产权优化发展新质生产力的资源配置

知识产权保护作为创新成果产权化、产业化和市场化的重要因素，不仅可以有效提升产品的附加价值，而且能够推动产业链再造和价值链提升。知识产权的交易、许可、质押融资等活动让创新资源得以在市场中高效流动、合理配置，不仅提高了资源的使用效率，也加速了新质生产力的发展成长。

知识产权制度明确体现了法律对科技创新成果推广应用和转移转化的鼓励、推动及保护。通过促进创新成果产业化，将科技创新转化为现实生产力，有效推动产业转型升级并催生新产业、新业态、新模式。

知识产权作为发挥市场在创新资源配置中决定性作用的基础手段，将推动创新成果转化为实际的生产力，推动产业结构优化升级。

（三）知识产权维护加快发展新质生产力的发展环境

公平、公正、充满活力的创新环境，为科技创新和产业发展创造了良好的外部条件。知识产权制度通过维护市场公平竞争、规制知识经济市场秩序、保护创新要素全球流动、形成保护创新创造浓厚氛围、促进在全社会形成尊重知识尊重人才共识、打造良好创新生态等，为新质生产力的培育和发展营造有利的知识产权保护环境。

（四）知识产权拓展加快发展新质生产力的合作空间

知识产权是国际竞争的重要领域，也是构成国际竞争力的重要因素。中国深度参与世界知识产权组织框架下的全球知识产权治理，推动完善知识产权及相关国际贸易、国际投资等国际规则和标准。国际合作与技术交流将有力提升国内企业的国际竞争力，推动新质生产力的全球布局。

以知识产权中最常见的专利为例，其伴随并助力科技创新企业发展新质生产力的全过程：在企业创新产生之初，为了了解产业发展规模、技术发展壁垒，企业可以利用专利导航分析，了解技术空白、明确合适的研发定位，从而确定研发创新的方向；在技术创新成果形成的过程中，利用分级分类的管理思路，挖掘优质技术、培育高价值专利，并进行合理的专利布局，保障创新成果及时获得保护；在创新完成之后，要积极投入产业实践进行专利成果的转化运用，实现创新链与产业链深度融合，进而完成创新成果的产业化、市场化。

另外，新质生产力在受到知识产权保护和推动的同时，也对知识产权本身的发展产生了较大影响。伴随着新产业、新模式、新动能的不断催生，原创性、颠覆性科技创新成果的竞相涌现，以人工智能、大数据、基因编辑等为代表的新技术蓬勃发展，进而推动知识产权的保护类型、适用场景不断丰富和扩展。

二、科创板上市企业是新质生产力的典型代表

新质生产力是创新起主导作用，摆脱传统经济增长方式、生产力发展路径，具有高科技、高效能、高质量特征，符合新发展理念的先进生产力质态。它由技术革命性突破、生产要素创新性配置、产业深度转型升级而催生，以劳动者、劳动资料、劳动对象及其优化组合的跃升为基本内涵，以全要素生产率大幅提升为核心标志，特点是创新，关键在质优，本质是先进生产力。

科技创新能够催生新产业、新模式、新动能，是发展新质生产力的核心要素。新质生产力的提出，旨在推动高质量发展，强调科技创新在生产力发展中的核心地位，以及对传统经济增长方式的超越。新质生产力通常与高新技术产业和战略性新兴产业紧密相关。

科创板作为中国资本市场的重要改革举措，主要服务于符合国家战略、突破关键核心技术、市场认可度高的科技创新企业，为企业提供融资平台，促进科技与资本的深度融合，不断推动新技术的发展和应用，突破关键核心技术、解决"卡脖子"难题，进而促进整个社会生产力的提升和经济的高质量发展，其与新质生产力的关系主要体现在以下三个方面。

（一）硬科技定位方面

2024年6月19日，证监会发布《关于深化科创板改革 服务科技创新和新质生产力发展的八条措施》（以下简称《八条措施》），进一步强化科创板的"硬科技"定位。优先支持新产业、新业态、新技术领域突破关键核心技术的

"硬科技"企业在科创板上市。考虑新质生产力相关企业投入大、周期长、研发及商业化不确定性高等特点,支持具有关键核心技术、市场潜力大、科创属性突出的优质未盈利科技型企业在科创板上市,提升制度包容性。可见,科创板的硬科技定位要求科创板上市企业需在科技创新方面有显著表现,特别是要在关键核心技术领域能够取得突破,进而不断催生新质生产力。

(二)促进高质量发展方面

新质生产力涉及生产要素的创新性配置,包括更高素质的劳动者、更高技术含量的劳动资料、更广范围的劳动对象,而研发投入是创新性配置的物质基础,有助于提升这些生产要素的质量,增强生产工具的科技属性,推动生产过程的智能化和自动化,从而提高生产效率和产品质量,因此,研发投入的增加可以促进新技术的应用、新价值的创造、新产业的兴起以及新动能的形成。研发投入的多少是判定企业科创属性的重要标准之一,科创板上市企业通过高研发投入推动技术进步和产品创新,从而推动新质生产力持续高质量发展。

(三)推动产业升级方面

科创板通过资本市场的力量,加速创新资本的形成和有效循环,弥补了资本市场服务科技创新的短板。这种融合有助于科技创新企业获得长期资本的支持,推动创新成果转化,而企业是新质生产力的主要载体,企业的快速成长有利于推动产业的快速发展,实现产业的深度转型升级。因此科创板上市企业在产业链中发挥着引领作用,基于技术创新,推动了产业链的升级和创新,这有助于形成新的经济增长点,科创板上市企业往往代表了新质生产力的发展方向。

从前述对科创板上市企业的定位来看,科创板主要服务于符合国家战略、突破关键核心技术、市场认可度较高的科技创新企业,主要面向的是已经跨越创业阶段进入高速成长、具有一定规模的中小企业。所以,科创板的核心就是"科技创新企业",如果想要在科创板上市,那么企业一定是具有科技创新属性的、能够代表新质生产力的优质公司。

因此,我们选择以科创板上市企业作为研究对象,分析知识产权助力科创板上市企业发展的主要路径，进而探求知识产权在促进新质生产力发展中所起的作用。

三、知识产权为科创型企业创新发展提供新动能[1]

近年来，我国关键技术不断突破，在诸多领域实现从"跟跑""并跑"到"领跑"的跨越，越来越多的企业和产品参与到国际合作和竞争中，迫切需要更好地发挥知识产权制度供给和技术供给双重作用，强化专利在产业链中的强链增效作用，为重点产业快速健康发展保驾护航，为科创型企业创新发展提供新动能。

2023年10月，国务院办公厅印发了《专利转化运用专项行动方案（2023—2025年）》（以下简称《专项行动方案》），围绕大力推动专利产业化、做强做优实体经济，进行全面系统部署，并将"推进重点产业知识产权强链增效"作为一项重点任务，对发挥专利制度优势，激发创新发展动能，提升重点产业领域知识产权竞争力，助力实现高水平科技自立自强提出了明确要求。

为贯彻落实党中央、国务院决策部署，有力推动重点产业知识产权强链增效工作，国家知识产权局联合教育部、科技部、工业和信息化部、国务院国资委、市场监督管理总局、国家金融监督管理总局、中国科学院、中国国际贸易促进委员会等部门，在充分调研、广泛征求意见的基础上，研究制定了《关于推进重点产业知识产权强链增效的若干措施》（以下简称《若干措施》），于2024年6月21日正式印发。

《专项行动方案》在"关于推进重点产业知识产权强链增效"任务中，对标准必要专利、产业知识产权运营中心、产业知识产权创新联合体、专利池等方面进行了部署。《若干措施》结合产业发展实际需求，分别针对以上几项工作举措予以进一步明确。

（一）关于重点产业

《若干措施》围绕党中央、国务院有关产业创新发展的重大决策部署，按

---

[1] 国家知识产权局.《关于推进重点产业知识产权强链增效的若干措施》解读[EB/OL].（2024-07-29）. https://www.cnipa.gov.cn/art/2024/7/29/art_66_194010.html.

照习近平总书记关于"改造提升传统产业,培育壮大新兴产业,布局建设未来产业,完善现代化产业体系"的重要指示批示精神,聚焦传统产业、新兴产业、未来产业中知识产权密集度高、竞争激烈的领域,以提升重点产业国际竞争力、加速专利技术产业化、助力开辟新领域新赛道、促进产业转型升级等为着力点,进一步强化知识产权的制度供给和技术供给,提升知识产权的基础性支撑效能。围绕党中央、国务院高度关注的集成电路、光刻机、人工智能、量子信息技术等重点领域,将加大指导支持力度,确保政策举措覆盖全面、重点突出、落地见效。

(二)关于标准必要专利

标准必要专利作为技术标准和知识产权相结合的产物,已成为当前产业竞争、市场竞争的焦点和热点,也是以知识产权为切入点,提升产业竞争力的重要手段和工具。同时,将专利技术融入标准有利于鼓励创新、提高标准技术水平,而在标准中纳入专利技术有利于促进科技成果产业化和市场化,扩大专利技术推广应用范围。因此,在《若干措施》中,围绕推进标准与专利协同、提升创新主体参与并运用标准必要专利的综合能力,提出了有关工作举措。

(三)关于产业知识产权运营中心

产业知识产权运营中心是知识产权运营体系的重要组成部分。建设产业知识产权运营中心是《专项行动方案》中的一项重要工作任务。产业知识产权运营中心主要依托产业龙头企业、行业组织或者产业园区等建立,负责提供知识产权转移转化过程中的专利信息分析、专利导航、转化对接、投融资等相关运营服务,在推动知识产权转化运用,助力构建良好运营生态等方面发挥重要的支撑作用。自 2017 年以来,国家知识产权局已围绕重点产业支持建设了 36 家产业知识产权运营中心。《若干措施》结合产业知识产权强链增效工作要求,强化了产业知识产权运营中心聚焦产业、深耕产业、服务产业的功能属性,对产业知识产权运营中心的工作任务、作用发挥等,作出进一步明确,特别强调其在支撑产业知识产权创新联合体和专利池建设运行中的重要作用。

（四）关于产业知识产权创新联合体

组建产业知识产权创新联合体，是《专项行动方案》部署的一项重要工作。当前各部门、各地方都在积极推动建立各类创新联合体。《若干措施》提出的产业知识产权创新联合体同其他创新联合体相比较，既有相同之处，也有不同之处。两者的相同点在于，都是由产业链具有主导地位的经营主体牵头，以共同利益为纽带，协同产业链上下游企业、高校、科研机构等共同组成的合作组织。两者的主要区别在于，创新联合体以市场利益为纽带，以解决制约产业发展的关键性技术难题为目标，协同开展产业创新和技术攻关；产业知识产权创新联合体则侧重产业技术取得一定突破后，充分发挥知识产权的权益纽带作用，推进产业链上下游企业知识产权联合创造、协同运用、共同保护和集成管理，实现知识产权信息共通、利益共享、风险共担，提升产业链协同发展水平。《若干措施》对产业知识产权创新联合体的建设目标、组建方式、工作职责予以明确，强化产业链知识产权资源整合和战略协同，推动实现重点产业知识产权强链增效。

（五）关于重点产业专利池

专利池作为知识产权管理和运营的一种重要方式，能够有效整合专利资源，降低专利许可交易和技术推广成本，促进技术的交叉融合，激发市场活力和创新潜力。近年来，国外利用技术和知识产权的先发优势，围绕多媒体、通信及汽车等重点领域建立了一批专利池，形成了较为成熟的专利池组建模式、运营机制、盈利方式，在实践中获得了巨大的成功，对产业界影响深远。而我国虽然在音视频、集成电路等领域进行了专利池的探索，取得了一定成效，但也呈现出核心专利储备少、建设分散重复、缺乏市场化运行机制等诸多问题，亟须加强指导、支持和引导、规范。《若干措施》对专利池构建的原则、运营模式、作用发挥等予以明确；为规范专利池这一新生事物的有序健康发展，提出将制定发布专利池建设工作指引，主要目的是强化专利池产业链整体布局，立足全球视野，避免同一领域重复建设，促进产业有序竞争、协同发展。

第二节 知识产权在科创板中的定位和作用

一、科创板发展历程

（一）诞生及发展

本部分主要梳理科创板诞生及发展的时间脉络、大事记及相关内容摘录。

2013年11月12日，《中共中央关于全面深化改革若干重大问题的决定》提出："健全多层次资本市场体系，推进股票发行注册制改革，多渠道推动股权融资，发展并规范债券市场，提高直接融资比重。"

2018年11月5日，国家主席习近平在首届中国国际进口博览会开幕式上的主旨演讲《共建创新包容的开放型世界经济》中提出："将在上海证券交易所设立科创板并试点注册制，支持上海国际金融中心和科技创新中心建设，不断完善资本市场基础制度。"

2018年12月19日—21日，中央经济工作会议指出："资本市场在金融运行中具有牵一发而动全身的作用，要通过深化改革，打造一个规范、透明、开放、有活力、有韧性的资本市场，提高上市公司质量，完善交易制度，引导更多中长期资金进入，推动在上交所设立科创板并试点注册制尽快落地。"

2019年1月28日，证监会发布《关于在上海证券交易所设立科创板并试点注册制的实施意见》（以下简称《实施意见》）指出："着眼于加快形成融资功能完备、基础制度扎实、市场监管有效、投资者合法权益得到有效保护的多层次资本市场体系，从设立上交所科创板入手，稳步试点注册制，统筹推进发行、上市、信息披露、交易、退市等基础制度改革，发挥资本市场对提升科技创新能力和实体经济竞争力的支持功能，更好服务高质量发展。"

2019年3月1日，证监会发布设立科创板并试点注册制主要制度规则，包括：《科创板首次公开发行股票注册管理办法（试行）》（以下简称《注册办法》)、《科创板上市公司持续监管办法（试行）》《公开发行证券的公司信息披露内容与格式准则第41号——科创板公司招股说明书》（以下简称《第41号准则——科创板公司招股说明书》)和《公开发行证券的公司信息披露内容与格式准则第 42 号——首次公开发行股票并在科创板上市申请文件》。上海证券交易所(以下简称"上交所")发布:《上海证券交易所科创板股票上市规则》(以下简称《上市规则》)、《上海证券交易所科创板股票发行上市审核规则》(以下简称《上市审核规则》)。

2019 年 3 月 3 日,上交所发布《上海证券交易所科创板企业上市推荐指引》:规范和引导保荐机构准确把握科创板定位,做好科创板企业上市推荐工作。

2019 年 3 月 3 日、3 月 24 日,上交所分别发布《上海证券交易所科创板股票发行上市审核问答》(以下简称《发行上市审核问答》)、《上海证券交易所科创板股票发行上市审核问答(二)》(以下简称《发行上市审核问答(二)》):就科创企业发行条件和上市条件相关事项进行解答。

2019 年 6 月 13 日,上交所科创板正式开板:在第十一届陆家嘴论坛开幕式上,证监会和上海市人民政府联合举办了上交所科创板开板仪式。

2019 年 7 月 22 日,科创板首批公司上市。

2019 年 11 月 3 日,习近平在上海考察时指出:设立科创板并试点注册制要坚守定位,提高上市公司质量,支持和鼓励"硬科技"企业上市,强化信息披露,合理引导预期,加强监管。

2020 年 3 月 20 日,证监会公布《科创属性评价指引(试行)》(以下简称《评价指引》):落实科创板定位,支持和鼓励硬科技企业在科创板上市。

2021 年 6 月 11 日,上交所发布《上海证券交易所科创板上市公司自律监管规则适用指引第 3 号——科创属性持续披露及相关事项》(以下简称《科创属性持续披露及相关事项》)。

(二)规章制度再完善

《注册办法》2019 年 3 月发布,2020 年 7 月第一次修订。

《上市规则》2019 年 3 月发布,2019 年 4 月第一次修订,2020 年 12 月第二次修订,2023 年 8 月第三次修订,2024 年 4 月第四次修订。

《上市审核规则》2019 年 3 月发布,2020 年 12 月第一次修订,2023 年 2

月第二次修订时更名为《上海证券交易所股票发行上市审核规则》，2024年4月第三次修订。

《上海证券交易所科创板企业上市推荐指引》2019年3月发布，2020年3月第一次修订时更名为《上海证券交易所科创板企业发行上市申报及推荐暂行规定》（以下简称《申报及推荐暂行规定》），2021年4月第二次修订，2022年12月第三次修订，2024年4月第四次修订。

《科创属性评价指引（试行）》2020年3月实施，2021年4月第一次修订。

二、科创板上市过程涉及的科技创新与知识产权

（一）科创属性

1.《实施意见》（2019年1月发布）的基本内涵

准确把握科创板定位。在上交所新设科创板，坚持面向世界科技前沿、面向经济主战场、面向国家重大需求，主要服务于符合国家战略、突破关键核心技术、市场认可度高的科技创新企业。重点支持新一代信息技术、高端装备、新材料、新能源、节能环保以及生物医药等高新技术产业和战略性新兴产业，推动互联网、大数据、云计算、人工智能和制造业深度融合，引领中高端消费，推动质量变革、效率变革、动力变革。

制定更具包容性的科创板上市条件。更加注重企业科技创新能力，允许符合科创板定位、尚未盈利或存在累计未弥补亏损的企业在科创板上市。综合考虑预计市值、收入、净利润、研发投入、现金流等因素，设置多元包容的上市条件。

2.《注册办法》（2020年7月修订）的基本内涵

发行人申请首次公开发行股票并在科创板上市，应当符合科创板定位，面向世界科技前沿、面向经济主战场、面向国家重大需求。优先支持符合国家战略，拥有关键核心技术，科技创新能力突出，主要依靠核心技术开展生产经营，具有稳定的商业模式，市场认可度高，社会形象良好，具有较强成长性的企业。

3.《申报及推荐暂行规定》(2024年4月修订)的基本内涵

1)科创板支持的方向及领域

科创板面向世界科技前沿、面向经济主战场、面向国家重大需求,主要服务于符合国家战略,拥有关键核心技术,科技创新能力突出,主要依靠核心技术开展生产经营,行业地位突出或者市场认可度高,具有较强成长性的企业。

保荐机构应当顺应国家战略和产业政策导向,立足促进新质生产力发展,贯彻高质量发展理念,准确把握科创板定位,推荐拥有关键核心技术,科技创新能力突出,科研成果转化运用能力突出,行业地位突出或者市场认可度高,具有较强成长性的"硬科技"企业申报科创板。

申报科创板发行上市的发行人,应当属于下列行业领域的高新技术产业和战略性新兴产业。

①新一代信息技术领域,主要包括半导体和集成电路、电子信息、下一代信息网络、人工智能、大数据、云计算、软件、互联网、物联网和智能硬件等;

②高端装备领域,主要包括智能制造、航空航天、先进轨道交通、海洋工程装备及相关服务等;

③新材料领域,主要包括先进钢铁材料、先进有色金属材料、先进石化化工新材料、先进无机非金属材料、高性能复合材料、前沿新材料及相关服务等;

④新能源领域,主要包括先进核电、大型风电、高效光电光热、高效储能及相关服务等;

⑤节能环保领域,主要包括高效节能产品及设备、先进环保技术装备、先进环保产品、资源循环利用、新能源汽车整车、新能源汽车关键零部件、动力电池及相关服务等;

⑥生物医药领域,主要包括生物制品、高端化学药、高端医疗设备与器械及相关服务等;

⑦符合科创板定位的其他领域。

2)科创板属性指标

(1)公司符合科创属性指标见表2-1。

表 2-1　科创属性相关指标一的匹配情况

科创属性相关指标一	是否符合	指标情况
最近 3 年累计研发投入占最近 3 年累计营业收入比例≥5%，或最近 3 年累计研发投入金额≥8 000 万元	□是　□否	
研发人员占当年员工总数的比例≥10%	□是　□否	
应用于公司主营业务并能够产业化的发明专利≥7 项	□是　□否	
最近三年营业收入复合增长率≥25%，或最近一年营业收入金额≥3 亿	□是　□否	

（2）公司符合科创属性的情形见表 2-2。

表 2-2　科创属性相关指标二的匹配情况

科创属性相关指标二	是否符合	主要依据
拥有的核心技术经国家主管部门认定具有国际领先、引领作用或者对于国家战略具有重大意义	□是　□否	
作为主要参与单位或者核心技术人员作为主要参与人员，获得国家自然科学奖、国家科技进步奖、国家技术发明奖，并将相关技术运用于公司主营业务	□是　□否	
独立或者牵头承担与主营业务和核心技术相关的国家重大科技专项项目	□是　□否	
依靠核心技术形成的主要产品（服务），属于国家鼓励、支持和推动的关键设备、关键产品、关键零部件、关键材料等，并实现了进口替代	□是　□否	
形成核心技术和应用于主营业务，并能够产业化的发明专利（含国防专利）合计 50 项以上	□是　□否	

4.《科创属性持续披露及相关事项》（2021 年 6 月发布）的基本内涵

科创公司应当确保充足的研发投入，保障研发项目有序推进，保持核心技术先进性。科创公司应当在年度报告中披露研发投入较上一完整会计年度的变化情况，存在下列情形之一的，应当充分说明原因、合理性及影响：①研发投入金额大幅下降；②研发投入占营业收入比例大幅下降；③研发投入费用化或资本化金额或比重发生大幅变化。

科创公司应当维持研发人员整体稳定，不断提升研发能力与水平。科创公司应当在年度报告中披露研发人员数量、占比、学历结构、年龄结构及针对核心技术人员及其他研发人员的股权激励情况等信息；前述信息发生重大变化的，应当充分说明原因、合理性及影响。

科创公司应当定期评估并认定核心技术人员，并在年度报告、半年度报告中披露认定情况。

科创公司核心技术人员离职的，应当按照本所规定及时披露，说明原因及对公司未来发展的影响。

科创公司应当积极推动核心技术与产品的研发和商业化，保持技术与产品优势，并在年度报告中充分披露核心技术及其先进性，科研实力和成果，主要在研项目进展、应用前景、可能存在的重大风险以及重大不确定性等情况。

科创公司应当及时披露核心技术、主要在研产品的重大进展、阶段性成果。科创公司核心技术、主要在研产品发生下列重大风险事项，应当及时披露原因及对公司核心竞争力和持续经营能力的具体影响：①核心商标、专利、专有技术、特许经营权或核心技术许可丧失、到期或出现重大纠纷；②主要产品、业务或所依赖的基础技术研发失败或被禁止使用；③主要产品或核心技术丧失竞争优势；④其他重大风险事项。

（二）相关主体

首次公开发行股票并在科创板上市，应当符合发行条件、上市条件以及相关信息披露要求，依法经上交所发行上市审核并报经中国证券监督管理委员会履行发行注册程序。（引自《注册办法》）

1. 证监会

证监会负责科创板股票发行注册。上交所审核通过后，将审核意见及发行人注册申请文件报送证监会履行注册程序。证监会对上交所审核工作进行监督。（引自《实施意见》）

2. 上交所

上交所负责科创板发行上市审核。上交所受理企业公开发行股票并上市的申请，审核并判断企业是否符合发行条件、上市条件和信息披露要求。审核工作主要通过提出问题、回答问题的方式展开，督促发行人完善信息披露内容。上交所制定审核标准、审核程序等规则，报证监会批准。上交所成立由相关领域科技专家、知名企业家、资深投资专家等组成的科技创新咨询委员会，为发行上市审核提供专业咨询和政策建议。必要时可对申请发行上市的企业进行询问。（引自《实施意见》）

交易所设立独立的审核部门,负责审核发行人公开发行并上市申请;设立科技创新咨询委员会,负责为科创板建设和发行上市审核提供专业咨询和政策建议;设立科创板股票上市委员会,负责对审核部门出具的审核报告和发行人的申请文件提出审议意见。交易所主要通过向发行人提出审核问询、发行人回答问题方式开展审核工作,基于科创板定位,判断发行人是否符合发行条件、上市条件和信息披露要求。(引自《注册办法》)

发行人申请股票首次发行上市,应当向本所提交发行上市申请文件。本所对发行人的发行上市申请文件进行审核(以下简称"发行上市审核"),认为发行人符合发行条件、上市条件和信息披露要求的,将审核意见、发行上市申请文件及相关审核资料报送中国证监会履行注册程序;认为发行人不符合发行条件、上市条件或者信息披露要求的,作出终止发行上市审核的决定。(引自《上市审核规则》)

本所发行上市审核中,按照实质重于形式的原则,着重从以下方面关注发行人的自我评估是否客观,保荐机构的核查把关是否充分并作出综合判断:①发行人是否符合科创板支持方向;②发行人的行业领域是否属于《评价指引》和本规定所列行业领域;③发行人的科创属性是否符合《评价指引》和本规定所列相关指标或情形要求;④发行人是否具有突出的科技创新能力;⑤本所规定的其他要求。本所可以就发行人的科创属性向科技创新咨询委员会进行咨询,参考咨询意见作出是否符合科创板定位的审核判断。(引自《申报及推荐暂行规定》)

3. 发行人和保荐人

发行人应当根据证监会和本所相关规定,结合科创板定位,就是否符合相关行业范围和科创属性要求等事项进行审慎评估,并提交符合科创板定位的专项说明;保荐人应当就发行人是否符合相关行业范围和科创属性要求等事项进行专业判断,并出具发行人符合科创板定位的专项意见。(引自《上市审核规则》)

科创公司应当按照证监会及本所相关规定,通过定期报告、临时报告持续披露与公司科创属性相关的事项。保荐机构应当勤勉尽责履行持续督导职责。(引自《科创属性持续披露及相关事项》)

发行人申报时,应当按照本规定所附示范格式的要求,提交关于符合科

创板定位的专项说明。专项说明应当突出重点，直接明了，有针对性评估是否符合科创属性要求。（引自《申报及推荐暂行规定》）

保荐机构应当围绕科创板定位，对发行人自我评估涉及的相关事项进行尽职调查，重点对发行人科创属性认定的依据是否真实、客观、合理，以及申请文件中的相关信息披露进行核查把关，并按照本规定所附示范格式的要求，出具专项意见，说明具体的核查内容、核查过程等，同时在上市保荐书中说明核查结论及依据。（引自《申报及推荐暂行规定》）

（三）发行条件

发行人申请股票首次发行上市的，应当符合证监会《注册办法》规定的发行条件。（引自《上市审核规则》）

发行人是依法设立且持续经营3年以上的股份有限公司，具备健全且运行良好的组织机构，相关机构和人员能够依法履行职责。（引自《注册办法》）

发行人主营业务、控制权、管理团队和核心技术人员稳定，最近2年内主营业务和董事、高级管理人员及核心技术人员均没有发生重大不利变化；发行人不存在主要资产、核心技术、商标等的重大权属纠纷。（引自《注册办法》）

（四）上市条件

发行人申请在本所科创板上市，应当符合下列条件：①符合证监会规定的发行条件；②发行后股本总额不低于人民币3 000万元；③公开发行的股份达到公司股份总数的25%以上；公司股本总额超过人民币4亿元的，公开发行股份的比例为10%以上；④市值及财务指标符合本规则规定的标准；⑤本所规定的其他上市条件。（引自《上市规则》）

发行人申请在本所科创板上市，市值及财务指标应当至少符合下列标准中的一项：①预计市值不低于人民币10亿元，最近两年净利润均为正且累计净利润不低于人民币5 000万元，或者预计市值不低于人民币10亿元，最近一年净利润为正且营业收入不低于人民币1亿元；②预计市值不低于人民币15亿元，最近一年营业收入不低于人民币2亿元，且最近三年累计研发投入占最近三年累计营业收入的比例不低于15%；③预计市值不低于人民币20亿元，最近一年营业收入不低于人民币3亿元，且最近三年经营活动产生的现金流量净额累计不低于人民币1亿元；④预计市值不低于人民币30亿元，且最近一年营业收入不低于人民币3亿元；⑤预计市值不低于人民币40亿元，主要业务或产品需经国家有关部门批准，市场空间大，目前已取得阶段性成果。医药行业企业需至少有一项核心产品获准开展二期临床试验，其他符合科创板定位的企业需具备明显的技术优势并满足相应条件。（引自《上市规则》）

（五）信息披露要求

科创板上市公司要根据自身特点，强化对业绩波动、行业风险、公司治理等相关事项的针对性信息披露。明确要求发行人披露科研水平、科研人员、科研资金投入等相关信息，督促引导发行人将募集资金重点投向科技创新领域。（引自《实施意见》）

发行人应当在招股说明书中，就科创板支持方向、行业领域、科创属性指标或者相关情形进行相应的信息披露。（引自《申报及推荐暂行规定》）

发行人应结合科创企业特点，披露由于重大技术、产品、政策、经营模式变化等可能导致的风险：技术风险，包括技术升级迭代、研发失败、技术专利许可或授权不具排他性、技术未能形成产品或实现产业化等风险；内控风险，包括管理经验不足，特殊公司治理结构，依赖单一管理人员或核心技术人员等；法律风险，包括重大技术、产品纠纷或诉讼风险，土地、资产权属瑕疵，股权纠纷，行政处罚等方面对发行人合法合规性及持续经营的影响；尚未盈利或存在累计未弥补亏损的风险，包括未来一定期间无法盈利或无法进行利润分配的风险，对发行人资金状况、业务拓展、人才引进、团队稳定、研发投入、市场拓展等方面产生不利影响的风险等。（引自《第41号准则——科创板公司招股说明书》）

发行人应结合所处行业基本情况披露其竞争状况，主要包括：所属行业在新技术、新产业、新业态、新模式等方面近三年的发展情况和未来发展趋势，发行人取得的科技成果与产业深度融合的具体情况；发行人产品或服务的市场地位、技术水平及特点、行业内的主要企业、竞争优势与劣势、行业发展态势、面临的机遇与挑战，以及上述情况在报告期内的变化及未来可预见的变化趋势；发行人与同行业可比公司在经营情况、市场地位、技术实力、衡量核心竞争力的关键业务数据、指标等方面的比较情况。（引自《第41号准则——

科创板公司招股说明书》)

发行人应披露对主要业务有重大影响的主要固定资产、无形资产等资源要素的构成，分析各要素与所提供产品或服务的内在联系，是否存在瑕疵、纠纷和潜在纠纷，是否对发行人持续经营存在重大不利影响。(引自《第41号准则——科创板公司招股说明书》)

发行人应披露主要产品或服务的核心技术及技术来源，结合行业技术水平和对行业的贡献，披露发行人的技术先进性及具体表征。披露发行人的核心技术是否取得专利或其他技术保护措施、在主营业务及产品或服务中的应用和贡献情况。发行人应披露核心技术的科研实力和成果情况，包括获得的重要奖项，承担的重大科研项目，核心学术期刊论文发表情况等。发行人应披露正在从事的研发项目、所处阶段及进展情况、相应人员、经费投入、拟达到的目标；结合行业技术发展趋势，披露相关科研项目与行业技术水平的比较；披露报告期内研发投入的构成、占营业收入的比例。与其他单位合作研发的，还应披露合作协议的主要内容，权利义务划分约定及采取的保密措施等。发行人应披露核心技术人员、研发人员占员工总数的比例，核心技术人员的学历背景构成，取得的专业资质及重要科研成果和获得奖项情况，对公司研发的具体贡献，发行人对核心技术人员实施的约束激励措施，报告期内核心技术人员的主要变动情况及对发行人的影响。发行人应披露保持技术不断创新的机制、技术储备及技术创新的安排等。(引自《第41号准则——科创板公司招股说明书》)

发行人应分析披露其具有直接面向市场独立持续经营的能力：资产完整方面。生产型企业具备与生产经营有关的主要生产系统、辅助生产系统和配套设施，合法拥有与生产经营有关的主要土地、厂房、机器设备以及商标、专利、非专利技术的所有权或者使用权，具有独立的原料采购和产品销售系统；非生产型企业具备与经营有关的业务体系及主要相关资产。发行人主营业务、控制权、管理团队和核心技术人员稳定，最近2年内主营业务和董事、高级管理人员及核心技术人员均没有发生重大不利变化；控股股东和受控股股东、实际控制人支配的股东所持发行人的股份权属清晰，最近2年实际控制人没有发生变更，不存在导致控制权可能变更的重大权属纠纷。发行人不存在主要资产、核心技术、商标的重大权属纠纷，重大偿债风险，重大担保、诉讼、仲裁等或有事项，经营环境已经或将要发生的重大变化等对持续经营有重大影响的

事项。(引自《第41号准则——科创板公司招股说明书》)

科创公司应当确保充足的研发投入,保障研发项目有序推进,保持核心技术先进性。科创公司应当在年度报告中披露研发投入较上一完整会计年度的变化情况,存在下列情形之一的,应当充分说明原因、合理性及影响:①研发投入金额大幅下降;②研发投入占营业收入比例大幅下降;③研发投入费用化或资本化金额或比重发生大幅变化。

科创公司应当维持研发人员整体稳定,不断提升研发能力与水平。科创公司应当在年度报告中披露研发人员数量、占比、学历结构、年龄结构及针对核心技术人员及其他研发人员的股权激励情况等信息;前述信息发生重大变化的,应当充分说明原因、合理性及影响。

科创公司应当定期评估并认定核心技术人员,并在年度报告、半年度报告中披露认定情况。报告期内,科创公司新增技术负责人、研发负责人或履行类似职责的人员,但未认定为核心技术人员的,应当在年度报告、半年度报告中说明理由。

科创公司核心技术人员离职的,应当按照本所规定及时披露,说明原因及对公司未来发展的影响。科创公司应当在年度报告、半年度报告中汇总披露报告期内核心技术人员离职的情况,并综合评估影响;报告期内核心技术人员数量较期初下降超过50%的,应当充分揭示核心技术人员变动风险,进一步说明公司维护研发人员稳定的合理措施。

科创公司应当积极推动核心技术与产品的研发和商业化,保持技术与产品优势,并在年度报告中充分披露核心技术及其先进性,科研实力和成果,主要在研项目进展、应用前景、可能存在的重大风险以及重大不确定性等情况。

根据《上市规则》第2.1.2条第五项市值及财务指标上市的公司除遵守前款规定外,还应当在年度报告中披露各项主要在研产品在实现商业化过程中所处的主要阶段、研发投入情况、预计实现商业化的时点,并充分揭示在研核心产品可能存在的研发或商业化风险。

科创公司应当及时披露核心技术、主要在研产品的重大进展、阶段性成果。科创公司核心技术、主要在研产品发生下列重大风险事项,应当及时披露原因及对公司核心竞争力和持续经营能力的具体影响:①核心商标、专利、专有技术、特许经营权或核心技术许可丧失、到期或出现重大纠纷;②主要产品、业务或所依赖的基础技术研发失败或被禁止使用；③主要产品或核心技术丧失竞争优势；④其他重大风险事项。（引自《科创属性持续披露及相关事项》）

（六）首次公开发行股票（IPO）审核流程

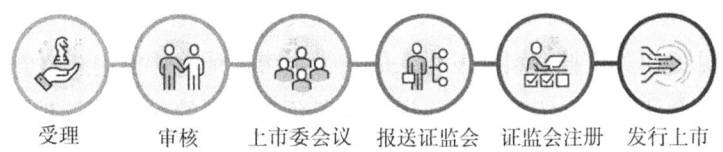

图 2-1 首次公开发行股票审核流程

1. 受理

上交所股票发行上市审核工作实行全程电子化，申请、受理、问询、回复等事项均通过上交所发行上市审核系统办理。发行人应当通过保荐人以电子文档形式向上交所提交发行上市申请文件，上交所收到发行上市申请文件后 5 个工作日内作出是否予以受理的决定。上交所受理的，发行人于受理当日在上交所网站等指定渠道预先披露招股说明书及相关文件。

2. 审核

上交所审核机构自受理之日起 20 个工作日内发出审核问询，发行人及保荐人应及时、逐项回复上交所问询。审核问询可多轮进行。

首轮问询发出前，发行人及其保荐人、证券服务机构及其相关人员不得与审核人员接触，不得以任何形式干扰审核工作。首轮问询发出后，发行人及其保荐人如确需当面沟通的，可通过发行上市审核系统预约。

审核机构认为不需要进一步问询的，将出具审核报告提交上市审核委员会（以下简称"上市委"）。

上交所审核和中国证监会注册的时间总计不超过三个月，发行人及其保荐人、证券服务机构回复上交所审核问询，以及中止审核、向科技创新咨询委员会咨询、请示有权机关、实施现场检查或现场督导、落实上市委意见、暂缓审议、处理会后事项、进行专项核查，并要求发行人补充或修改申请文件等情形，不计算在上述时限内。

3. 上市委会议

发行人申请首次公开发行股票并上市的，上市委召开审议会议，对上交所发行上市审核机构出具的审核报告以及发行上市申请文件进行审议。上市委可以向发行人、保荐人等相关主体代表询问并要求回答。上市委通过合议形成发行人是否符合发行条件、上市条件和信息披露要求的审议意见。

4. 报送证监会

上交所结合上市委审议意见，出具相关审核意见。上交所审核通过的，将审核意见、相关审核资料和发行人的发行上市申请文件报送证监会履行注册程序。证监会认为存在需要进一步说明或者落实事项的，可以要求上交所进一步问询。

上交所审核不通过的，作出终止发行上市审核的决定。

5. 证监会注册

证监会在 20 个工作日内对发行人的注册申请作出同意或者不予注册的决定。

6. 发行上市

证监会同意注册的决定自作出之日起 1 年内有效，发行人应当按照规定在注册决定有效期内发行股票，发行时点由发行人自主选择。

（七）审核问答

1. 针对部分申请科创板上市的企业尚未盈利或最近一期存在累计未弥补亏损的情形，在信息披露方面有什么特别要求？（引自《发行上市审核问答》）

答：（1）原因分析

尚未盈利或最近一期存在累计未弥补亏损的发行人，应结合行业特点分析并披露该等情形的成因，例如：产品仍处于研发阶段，未形成实际销售；产品尚处于推广阶段，未取得客户广泛认同；产品与同行业公司相比技术含量或品质仍有差距，未产生竞争优势；产品产销量较小，单位成本较高或期间费用率较高，尚未体现规模效应；产品已趋于成熟并在报告期内实现盈利，但由于前期亏损较多，导致最近一期仍存在累计未弥补亏损；其他原因。发行人还应说明尚未盈利或最近一期存在累计未弥补亏损是偶发性因素还是经常性因素导致。

（2）影响分析

发行人应充分披露尚未盈利或最近一期存在累计未弥补亏损对公司现金流、业务拓展、人才吸引、团队稳定性、研发投入、战略性投入、生产经营可持续性等方面的影响。

（3）趋势分析

尚未盈利的发行人应当披露未来是否可实现盈利的前瞻性信息，对其产品、服务或者业务的发展趋势、研发阶段以及达到盈亏平衡状态时主要经营要素需要达到的水平进行预测，并披露相关假设基础；存在累计未弥补亏损的发行人应当分析并披露在上市后的变动趋势。披露前瞻性信息时应当声明其假设的数据基础及相关预测具有重大不确定性，提醒投资者进行投资决策时应谨慎使用。

（4）风险因素

尚未盈利或最近一期存在累计未弥补亏损的发行人，应充分披露相关风险因素，包括但不限于：未来一定期间无法盈利或无法进行利润分配的风险，收入无法按计划增长的风险，研发失败的风险，产品或服务无法得到客户认同的风险，资金状况、业务拓展、人才引进、团队稳定、研发投入等方面受到限制或影响的风险等。未盈利状态持续存在或累计未弥补亏损继续扩大的，应分析触发退市条件的可能性，并充分披露相关风险。

（5）投资者保护措施及承诺

尚未盈利或最近一期存在累计未弥补亏损的发行人，应当披露依法落实保护投资者合法权益规定的各项措施；还应披露本次发行前累计未弥补亏损是否由新老股东共同承担以及已履行的决策程序。尚未盈利企业还应披露其控股股东、实际控制人和董事、监事、高级管理人员、核心技术人员按照相关规定作出的关于减持股份的特殊安排或承诺。

2. 对发行条件中发行人最近2年内"董事、高级管理人员及核心技术人员均没有发生重大不利变化"，应当如何理解？（引自《发行上市审核问答》）

答： 申请在科创板上市的企业，应当根据企业生产经营需要和相关人员对企业生产经营发挥的实际作用，确定核心技术人员范围，并在招股说明书中披露认定情况和认定依据。原则上，核心技术人员通常包括公司技术负责人、研发负责人、研发部门主要成员、主要知识产权和非专利技术的发明人或设计人、主要技术标准的起草者等。

对发行人的董事、高级管理人员及核心技术人员是否发生重大不利变化的认定,应当本着实质重于形式的原则,综合两方面因素分析:一是最近2年内的变动人数及比例,在计算人数比例时,以上述人员合计总数作为基数;二是上述人员离职或无法正常参与发行人的生产经营是否对发行人生产经营产生重大不利影响。

变动后新增的上述人员来自原股东委派或发行人内部培养产生的,原则上不构成重大不利变化。发行人管理层因退休、调任等原因发生岗位变化的,原则上不构成重大不利变化,但发行人应当披露相关人员变动对公司生产经营的影响。

如果最近2年内发行人上述人员变动人数比例较大或上述人员中的核心人员发生变化,进而对发行人的生产经营产生重大不利影响的,应视为发生重大不利变化。

3.《上市规则》规定的财务指标包括"最近三年累计研发投入占最近三年累计营业收入的比例不低于15%",其中"研发投入"如何认定?研发相关内控有哪些要求?信息披露有哪些要求?中介机构应当如何进行核查?(引自《发行上市审核问答》)

答:(1)研发投入认定

研发投入为企业研究开发活动形成的总支出。研发投入通常包括研发人员工资费用、直接投入费用、折旧费用与长期待摊费用、设计费用、装备调试费、无形资产摊销费用、委托外部研究开发费用、其他费用等。

本期研发投入为本期费用化的研发费用与本期资本化的开发支出之和。

(2)研发相关内控要求

发行人应制定并严格执行研发相关内控制度,明确研发支出的开支范围、标准、审批程序以及研发支出资本化的起始时点、依据、内部控制流程。同时,应按照研发项目设立台账归集核算研发支出。发行人应审慎制定研发支出资本化的标准,并在报告期内保持一致。

(3)发行人信息披露要求

发行人应在招股说明书中披露研发相关内控制度及其执行情况,并披露研发投入的确认依据、核算方法、最近三年研发投入的金额、明细构成、最近三年累计研发投入占最近三年累计营业收入的比例及其与同行业可比上市公司的对比情况。

4.《上市审核规则》规定发行人应当符合科创板定位。对此应如何把握？（引自《发行上市审核问答》）

答：《上市审核规则》规定，本所对发行上市进行审核。审核事项包括三个方面：一是发行人是否符合发行条件；二是发行人是否符合上市条件；三是发行人的信息披露是否符合要求。在对上述事项进行审核判断时，将关注发行人是否符合科创板定位。发行人应当对其是否符合科创板定位进行审慎评估，保荐机构应当就发行人是否符合科创板定位进行专业判断。

发行人进行自我评估时，应当尊重科技创新规律、资本市场规律和企业发展规律，并结合自身和行业科技创新实际情况，准确理解、把握科创板定位，重点考虑以下因素：①所处行业及其技术发展趋势与国家战略的匹配程度；②企业拥有的核心技术在境内与境外发展水平中所处的位置；③核心竞争力及其科技创新水平的具体表征，如获得的专业资质和重要奖项、核心技术人员的科研能力、科研资金的投入情况、取得的研发进展及其成果等；④保持技术不断创新的机制、技术储备及技术创新的具体安排；⑤依靠核心技术开展生产经营的实际情况等。

5.《上市审核规则》规定，发行人应当主要依靠核心技术开展生产经营，对此应当如何理解？信息披露有哪些要求？（引自《发行上市审核问答》）

答：（1）主要依靠核心技术开展生产经营的理解

主要依靠核心技术开展生产经营，是指企业的主要经营成果来源于依托核心技术的产品或服务。一是发行人能够坚持科技创新，通过持续的研发投入积累形成核心技术。二是发行人主要的生产经营能够以核心技术为基础，将核心技术进行成果转化，形成基于核心技术的产品（服务）。如果企业核心技术处于研发阶段，其主要研发投入均应围绕该核心技术及其相关的产品（服务）。三是核心技术的判断主要结合发行人所处行业的国家科技发展战略和政策、整体技术水平、国内外科技发展水平和趋势等因素，综合判断。

（2）发行人信息披露要求

发行人应在招股说明书中披露以下信息：

①报告期内通过核心技术开发产品（服务）的情况，报告期内核心技术产品（服务）的生产和销售数量，核心技术产品（服务）在细分行业的市场占

有率;

②报告期内营业收入中,发行人依靠核心技术开展生产经营所产生收入的构成、占比、变动情况及原因等。

6.发行人租赁控股股东、实际控制人房产或者商标、专利、主要技术来自于控股股东、实际控制人的授权使用,中介机构核查应当注意哪些方面?(引自《发行上市审核问答(二)》)

答:发行人存在从控股股东、实际控制人租赁或授权使用资产的,中介机构应当予以关注。存在以下两种情况的:一是生产型企业的发行人,其生产经营所必需的主要厂房、机器设备等固定资产系向控股股东、实际控制人租赁使用;二是发行人的核心商标、专利、主要技术等无形资产是由控股股东、实际控制人授权使用,中介机构应结合相关资产的具体用途、对发行人的重要程度、未投入发行人的原因、租赁或授权使用费用的公允性、是否能确保发行人长期使用、今后的处置方案等,充分论证该等情况是否对发行人资产完整性和独立性构成重大不利影响,督促发行人做好信息披露和风险揭示,并就发行人是否符合科创板发行条件审慎发表意见。

7.影响发行人持续经营能力的重要情形有哪些?中介机构应当如何进行核查?(引自《发行上市审核问答(二)》)

答:发行人存在以下情形的,保荐机构和申报会计师应重点关注是否影响发行人持续经营能力,其中包括:对发行人业务经营或收入实现有重大影响的商标、专利、专有技术以及特许经营权等重要资产或技术存在重大纠纷或诉讼,已经或者未来对发行人财务状况或经营成果产生重大影响。

第三节 以科创板为代表的新质生产力发展状况

一、地域分布

截至2024年12月,已在科创板注册生效的我国企业共计590家,对上述企业的注册地进行统计分析,得到以上述企业为代表的新质生产力的地域分布情况,见图2-2。

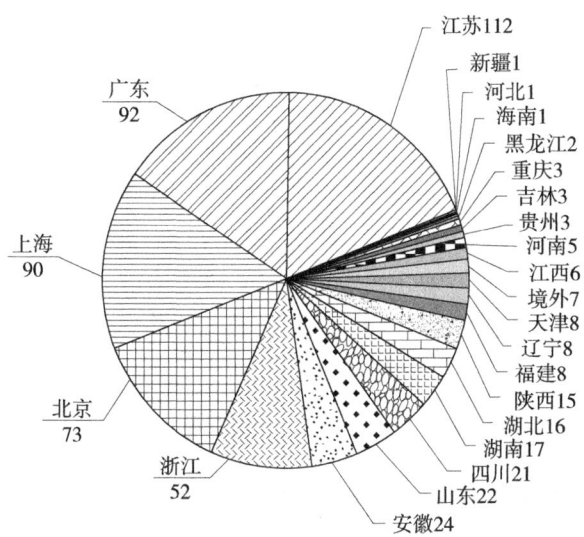

图 2-2 以科创板上市企业为代表的新质生产力的地域分布情况（单位：家）❶

由图 2-2 可以看出：

（1）沿海地区集聚效应明显。科创板企业分布大体呈沿海往内陆递减态势，具体为，江苏、广东、上海、北京、浙江等地的集聚效应最为明显，这些地区注册生效的科创板企业数量占了总数的 71%。

（2）以上海为核心的长三角区域（包括江苏、浙江和安徽）表现更为突出，这些地区注册生效的科创板企业数量占总数的 47%，其中江苏省位居第一。

这表明，以科创板上市企业为代表的新质生产力具有明显的地域分布特点，集中分布在沿海地区和长三角地区。

二、产业分布

科创板上市企业所涉及的产业均属于高新技术产业和战略性新兴产业，包括新一代信息技术、高端装备、新材料、新能源、节能环保以及生物医药等产业。截至 2024 年 12 月，已在科创板注册生效的企业共计 590 家，对上述企业所属产业进行统计分析，可以看出各产业下的企业数量，见图 2-3。

---

❶ 第二章第三节、第四节中饼图、柱状图、折线图中的数据来源：选取上海证券交易所官方网站已公布的在科创板注册生效的科创 50 成份企业，对这些企业的领域、地域等信息进行标引，获取相关信息；通过 HimmPat 专利检索数据库检索、获取相关知识产权信息。

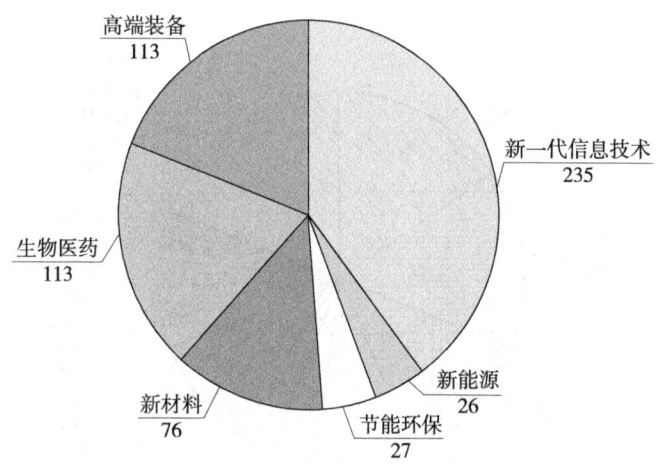

图 2-3　科创板上市企业的产业分布情况（单位：家）

由图 2-3 可以看出，涉及新一代信息技术产业的企业有 235 家，是所有注册生效的科创板企业中数量最多的产业；其次是高端装备和生物医药产业，均有 113 家；涉及新材料产业的企业有 76 家；涉及节能环保和新能源产业的企业数量最少，分别为 27 家、26 家。可见，新一代信息技术是新质生产力发展的重要方向。

分产业对上述 590 家企业的注册地进行统计，得到不同产业的地域分布情况。

1. 新一代信息技术产业

新一代信息技术产业主要包括半导体和集成电路、电子信息、新一代信息网络、人工智能、大数据、云计算、软件、互联网、物联网和智能硬件等。近年来，新一代信息技术产业的发展得到国家政策的大力支持，被视为推动技术创新和产业升级的关键领域之一。其不仅推动了传统产业的数字化转型，也为新兴产业的发展提供了强大的技术支撑，是推动经济高质量发展的重要力量。

从区域分布来看，新一代信息技术产业主要分布在广东、上海、江苏、北京和浙江等地。这些地区经济发达、产业配套基础好，为新一代信息技术产业的发展提供了良好的条件（图 2-4）。

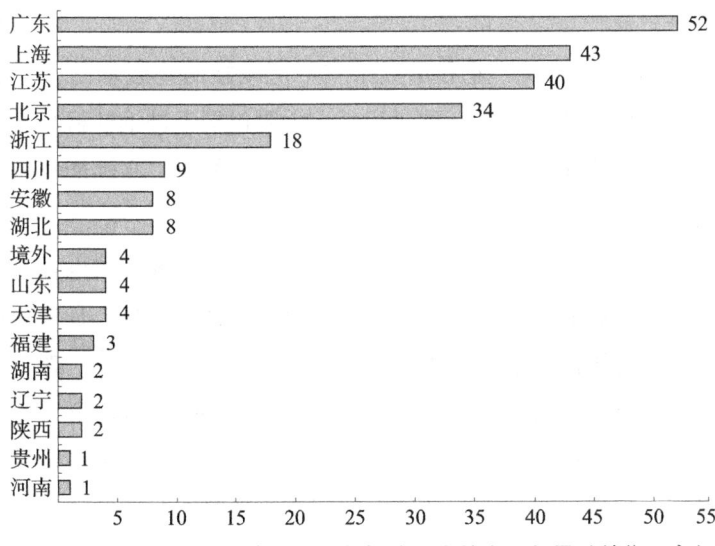

图 2-4　新一代信息技术产业科创板注册生效企业数量（单位：家）

2. 高端装备产业

高端装备产业是中国制造业的重要组成部分，主要包括智能制造、航空航天、先进轨道交通、海洋工程装备及相关服务等。

高端装备产业在全国的分布呈现以下特点：主要聚集在经济较为发达的地区，尤其是江苏、广东、浙江、北京、上海及安徽等地，初步形成了以长三角、珠三角地区为核心，辐射中西部地区快速发展的产业空间格局（图2-5）。

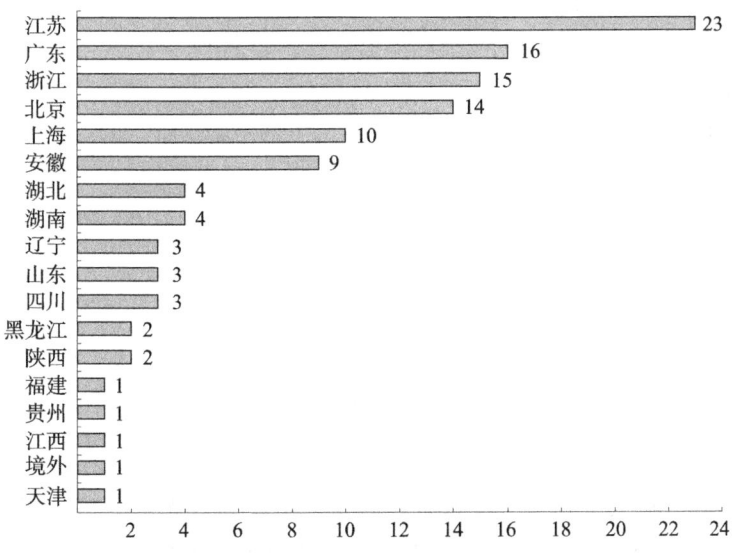

图 2-5　高端装备产业科创板注册生效企业数量（单位：家）

3. 新材料产业

新材料是战略性新兴产业和重大工程不可或缺的物质基础，对促进技术创新和提升产业核心竞争力具有重要意义。主要包括先进钢铁材料、先进有色金属材料、先进石化化工新材料、先进无机非金属材料、高性能复合材料、前沿新材料及相关服务等。

由图2-6所示，该产业的地域分布相对均衡，各区域发展也各有侧重。京津冀地区重点发展新能源材料、生物医用材料等高精尖材料；长三角地区在高性能金属材料、先进高分子材料等领域形成了代表性产业集群；珠三角地区在电子信息材料、化工新材料等领域培育出了具有优势的产业集群。中部地区主要发展特色新材料产业基地，如江西赣州新型功能材料产业集群、湖南株洲硬质合金材料产业集群、河南郑州超硬材料产业集群等。西部地区依托资源转化优势，在稀有金属材料、新型轻合金等领域形成了一批特色新材料产业基地。东北地区依托老工业基地优势，在高端金属结构材料、先进高分子材料和高性能复合材料等领域初步形成集聚发展态势。

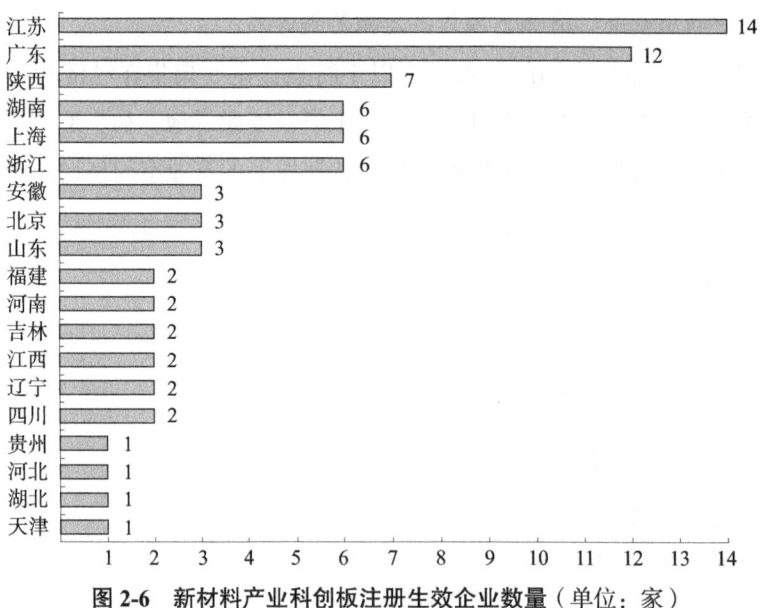

图2-6　新材料产业科创板注册生效企业数量（单位：家）

4. 新能源产业

新能源产业主要包括先进核电、大型风电、高效光电光热、高效储能及相关服务等；与传统的化石能源（如煤炭、石油和天然气）相比，新能源通常具有清洁、可再生的特点。

新能源产业主要分布在东部沿海地区，如江苏、浙江等地区，这与上述地区在太阳能方面的快速发展密不可分（图2-7）。同时，在新疆也有一些新能源产业分布，这可能与其自然资源优势有一定关系。

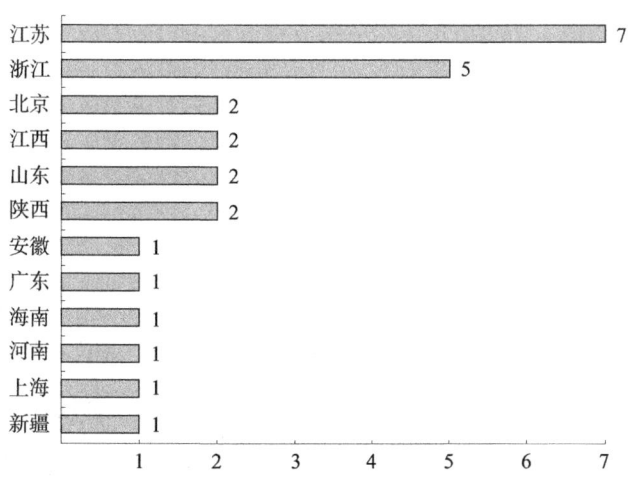

图2-7 新能源产业科创板注册生效企业数量（单位：家）

5. 节能环保产业

中国的节能环保产业近年来发展迅速，已经成为国民经济的重要组成部分，主要包括高效节能产品及设备、先进环保技术装备、先进环保产品、资源循环利用、新能源汽车整车、新能源汽车关键零部件、动力电池及相关服务等。

从节能环保产业的区域分布情况来看，江苏、广东、山东、北京聚集的企业较多（图2-8）。这些地区由于经济发展水平较高，对节能环保技术的需求大，因此形成了较为集中的产业分布。当前，全球都在关注环境保护和可持续发展问题，节能环保市场仍有较大的增长潜力。

6. 生物医药产业

生物医药产业是生物经济的重要组成部分，它由生物技术产业与医药产业共同组成，主要涉及将现代生物技术与新药研发、生产相结合，以及与疾病的诊断、预防和治疗相结合的高技术产业。主要包括生物制品、高端化学药、高端医疗设备与器械及相关服务等。

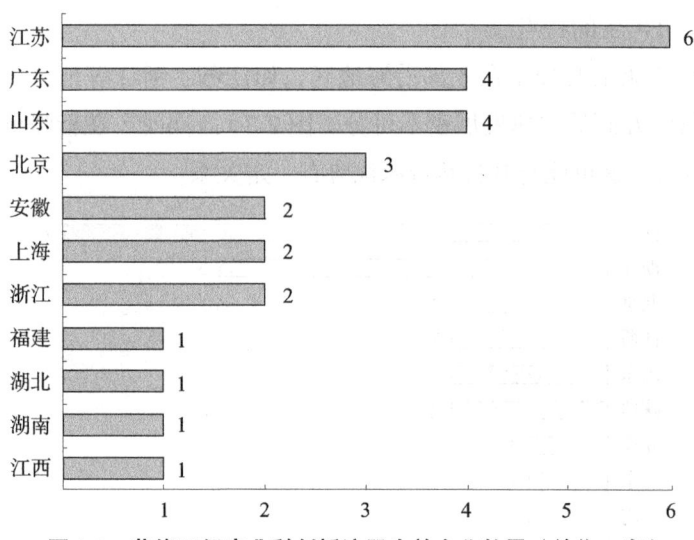

图 2-8　节能环保产业科创板注册生效企业数量（单位：家）

其在全国主要分布在以上海为核心的长三角地区，该区域逐渐成为生物医药技术创新和产业高质量发展的主引擎，而随着市场前景的扩大以及国家政策的推动，该产业也将迎来更快速更全面的发展（图 2-9）。

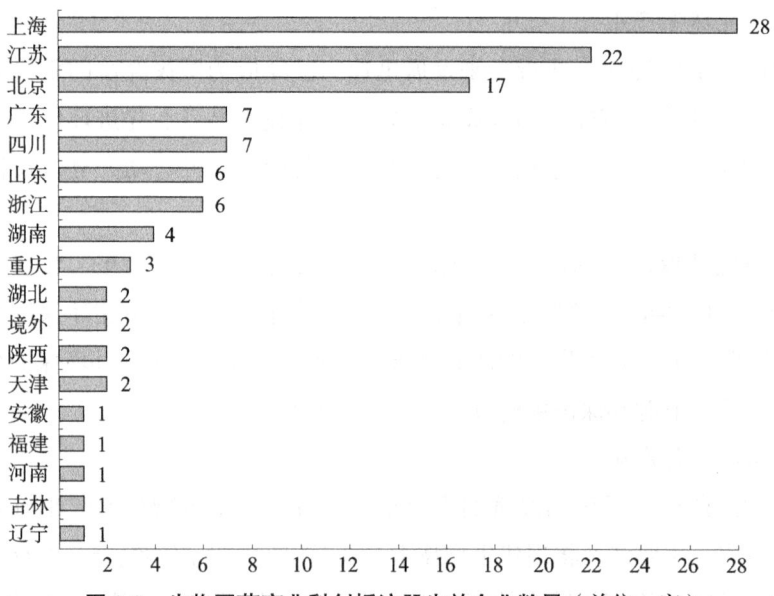

图 2-9　生物医药产业科创板注册生效企业数量（单位：家）

第四节　科创 50 成份企业涉知识产权问题研究

科创 50 指数由上交所科创板中市值大、流动性好的 50 只证券组成，反映最具市场代表性的一批科创企业的整体表现。科创 50 指数背后的 50 家科创板上市公司可以说是科创板市场的核心动力，也是中国新质生产力的最突出代表。

下面对科创 50 成份企业的产业分布、知识产权发展状况等进行统计分析，并摘录 13 家企业在科创板上市过程中涉及知识产权问询及答复的典型案例。

一、科创 50 成份企业的知识产权概况

（一）产业及地域分布

1. 产业分布

对科创 50 成份企业所属领域、行业进行统计分析，可以看出各领域、行业下的企业数量（图 2-10），其中，涉及新一代信息技术产业的企业有 28 家，是科创 50 成份企业中数量最多的产业；其次是高端装备和生物医药产业、均有 6 家；涉及新材料和新能源产业的企业各有 5 家。

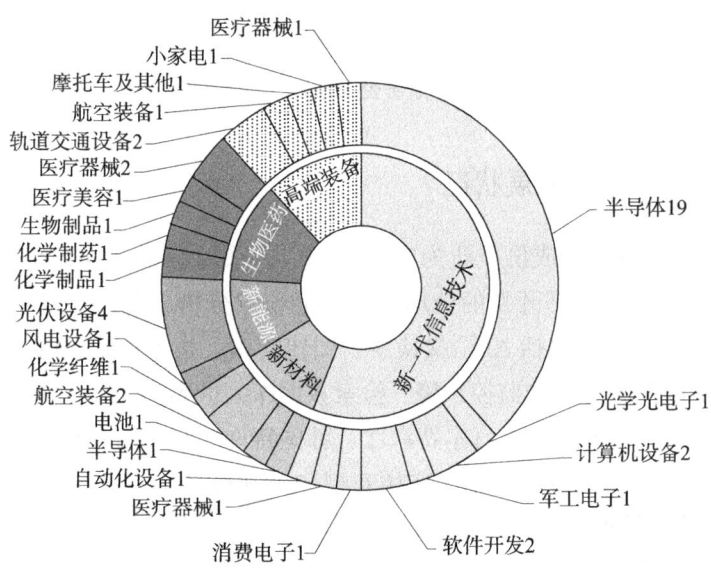

图 2-10　科创 50 成份企业所属领域、行业分布（单位：家）

2. 地域分布

对科创 50 成份企业的注册地进行统计分析，得到以上述企业为代表的新质生产力的地域分布情况（图 2-11），可以看出：

（1）区域集聚效应明显。科创 50 成份企业主要分布在长三角、环渤海及珠三角，其中，上海、北京的集聚效应尤为明显。这些地区的企业数量占据了较大比例。

（2）长三角地区表现突出。长三角地区，以上海为核心，覆盖江苏和浙江的区域，科创板 50 成份企业的数量最多。

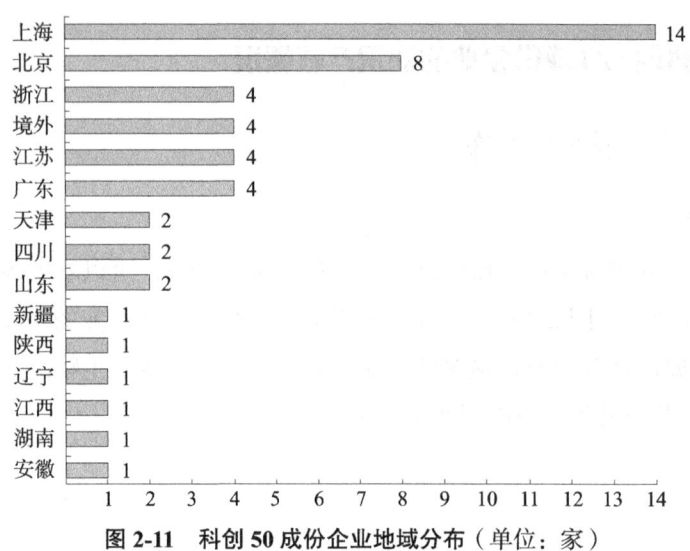

图 2-11　科创 50 成份企业地域分布（单位：家）

（二）知识产权发展状况

以前述的科创 50 成份企业为申请人入口，采用 HimmPat 系统进行检索。HimmPat 是由天启黑马开发的全球专利智能检索分析平台，支持中英文检索全球专利。核心功能包括 AI 语义检索、图像检索、指令检索，以及工作空间管理、多维度专利分析和监控预警。检索数据库为世界五大局（包括中国国家知识产权局、欧洲专利局、日本特许厅、韩国特许厅和美国专利商标局）数据库，检索专利类型为发明申请、实用新型和外观设计，检索截止日期为 2024 年 12 月，检索结果共计 82 093 件。

1. 专利申请量趋势

由图 2-12 可以看出，科创 50 成份企业在 2005 年以前的专利申请量极少，一直呈平缓状，2006—2014 年，专利申请量呈现了快速增长的态势，2015—2018 年的增长略微放缓，2019—2022 年又高速增长。由于专利申请公开的时间存在延迟，所以图 2-12 显示的 2023—2024 年的专利申请量数据存在较大偏差。

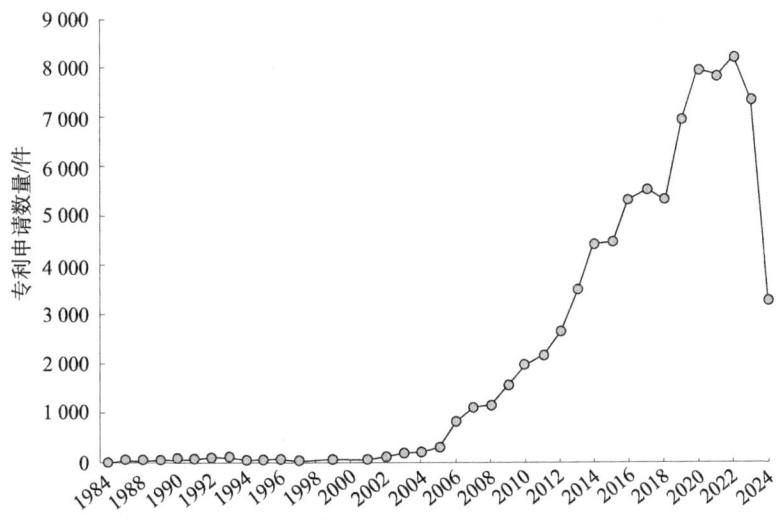

图 2-12 科创 50 成份企业专利申请量趋势

2. 专利有效性分析

由图 2-13 可以看出，在众多专利申请中，维持有效的专利占比为 55%，在审中的专利申请占比为 23%，目前已失效的专利占比仅为 22%。可见，科创 50 成份企业有近 80% 的专利都处于有效或在审状态，这在一定程度上表明，相关企业对以专利为代表的知识产权相当重视，对进一步发挥企业专利的技术价值和商业价值具有较高影响。

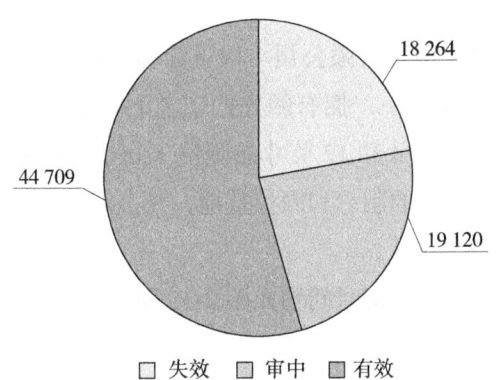

图 2-13 科创 50 成份企业专利申请状态（单位：件）

3. 专利国内外布局分析

对上述专利申请的同族情况进行统计分析，如图 2-14 所示，目前的专利申请中，无国外同族的专利申请占比为 81.7%，有国外同族的专利申请占比为 18.3%，这表明上述企业在重点关注国内市场的同时，也开始加大对海外市场的布局。

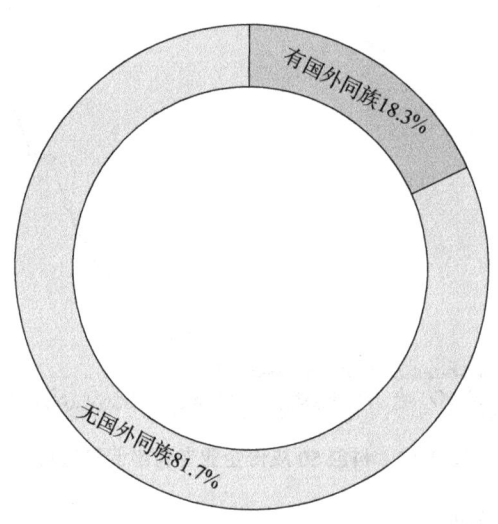

图 2-14　科创 50 成份企业专利国内外布局

二、科创 50 成份企业上市涉知识产权问询案例

（一）中芯国际

中芯国际集成电路制造有限公司（以下简称"中芯国际"）是世界领先的集成电路晶圆代工企业之一，拥有领先的工艺制造能力、产能优势、服务配套，向全球客户提供 8 英寸和 12 英寸晶圆代工与技术服务。中芯国际总部位于中国上海，拥有全球化的制造和服务基地，在上海、北京、天津、深圳建有多座 8 英寸和 12 英寸晶圆厂。

中芯国际在科创板的上市时间轴如图 2-15 所示。

第二章　知识产权助力科技创新实践路径

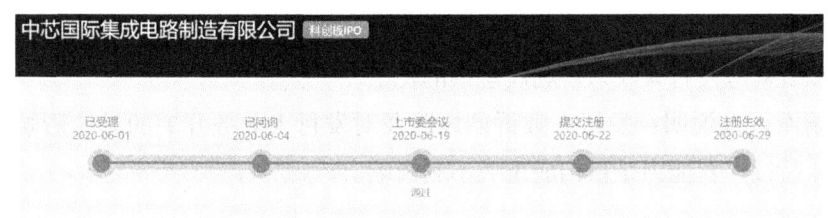

图 2-15　中芯国际在科创板的上市时间轴

公司在科创板上市审核环节，涉及多处与知识产权相关的问询及答复，摘录如下。❶

涉知识产权相关问询摘录一：

请发行人说明：对照《关于创新试点红筹企业在境内上市相关安排的公告》（中国证券监督管理委员会公告〔2020〕26号）的规定，逐项说明是否符合相关规定。

涉知识产权相关答复摘录一：

发行人一直以来十分重视技术创新与工艺研发，形成了自主高效的研发体系，在研发平台、研发团队、技术体系等方面形成了较强的优势。截至2019年12月31日，登记在公司及其控股子公司名下的与生产经营相关的主要专利共8 122件，其中境内专利6 527件，包括发明专利5 965件，境外专利1 595件，此外公司还拥有集成电路布图设计94件。发行人在集成电路设计、半导体器件及工艺等方面积累了众多核心技术，形成了完善的知识产权体系和独特的技术优势。

涉知识产权相关问询摘录二：

招股说明书披露，2019年12月20日，Innovative Foundry Technologies LLC（"IFT"）在美国得克萨斯州西区联邦地区法院针对发行人以及与发行人无关联的共同侵权人Broadcom、Cypress和Dish Network提起了专利诉讼。IFT诉称发行人及共同侵权人制造的产品及工艺侵犯了IFT美国专利的专利权。

请发行人披露：①相关诉讼的具体诉讼事由、事实依据和IFT的具体诉求（如撤销发行人美国专利或预计索赔金额上限）；②截至目前的诉讼进展和

---

❶ 13家上市企业"涉知识产权相关问询摘录和答复摘录"依据上海证券交易所官方网站"发行上市"板块下设的"审核信息披露"及"审核项目动态"两个板块中的相关内容进行整理。

反诉情况；③发行人涉及被诉产品及工艺对应的专利权的数量、范围和具体用途，以及对应发行人收入、利润总额的比重。

请发行人说明：发行人败诉的风险及对发行人业务开展的具体影响，对发行人持续经营能力是否构成重大不利影响。

涉知识产权相关答复摘录二：

（1）2019年12月20日，IFT在美国得克萨斯州西区联邦地区法院针对发行人及相关子公司的下游客户提起了专利诉讼。IFT诉称发行人的产品侵犯了其持有的编号为US6580122B1、US6806126B1、US6933620B2及US7009226B1 4项美国专利权，要求发行人及相关子公司的下游客户承担侵权赔偿责任，并支付与本案相关的律师费用及诉讼费用。IFT的诉讼请求主要为经济赔偿（但不涉及确切索赔金额），不涉及请求撤销发行人美国专利等其他相关情况。

（2）2020年4月8日，该案召开了案件管理会议，各方就案件涉及的部分程序和实体问题发表了初步意见。2020年4月29日，发行人向美国得克萨斯州西区联邦地区法院提交了撤销动议（Motion to Dismiss），主张原告对发行人的起诉缺乏事实和法律依据，请求法院撤销对发行人的起诉。

同时，2020年4月2日，发行人的相关子公司作为原告，主动在美国加利福尼亚州北区联邦地区法院针对IFT提起了确认不侵权之反诉，陈述并诉请法院判决确认发行人及相关子公司并未侵犯涉案专利权。此外，发行人的相关子公司也同时在美国专利商标局针对本案所涉及的由IFT持有的专利权提起了专利复审程序的申请（即Inter Parte Review）。

（3）根据IFT提供的证据材料，本案主要针对发行人65nm的产品及工艺。本案涉案专利权为IFT持有的集成电路制造领域编号为US6580122B1、US6806126B1、US6933620B2及US7009226B1等4项专利权。涉诉专利权的具体情况见下表。

专利号	主要特征
US6580122B1	与器件沟道结构相关，其主要特征为通过回蚀刻器件隔离结构形成凸形的器件沟道结构以增加器件有效宽度
US6806126B1	与自对准硅化物工艺相关，其主要特征为通过双氮化硅侧墙过蚀刻增加自对准硅化物表面积以降低电阻
US6933620B2	
US7009226B1	与应力技术相关，其主要特征为采用均一厚度的氮化硅应力层作为通孔蚀刻阻挡层以增加电子或空穴迁移率

报告期内，发行人及其子公司向作为本案共同被告的 Broadcom Incorporated、Broadcom Corporation 和 Cypress Semiconductor Corporation（共同被告中 DISH Network Corporation 不是发行人的直接客户）等下游客户销售 65nm 工艺相关产品的收入约占发行人报告期内营业收入总额的 1%。

本案中，IFT 系一家非专利实施主体（Non-Practicing Entity，以下简称"NPE"），该类型诉讼在美国科技类企业中较为常见。NPE 利用美国民事诉讼程序复杂、费用高昂等特点，通过提起诉讼或威胁提起诉讼的方式迫使案件相对方支付专利许可费用。结合 NPE 诉讼的性质、本案涉及专利情况以及发行人处理过的相关 NPE 诉讼和争议的结果及经验，本案不会对发行人业务开展及持续经营能力产生重大不利影响。

（二）寒武纪

中科寒武纪科技股份有限公司（以下简称"寒武纪"）成立于 2016 年，是中国科学院计算技术研究所（以下简称"计算所"）通过科技成果转化孵化的企业，专注于人工智能芯片产品的研发与技术创新，致力于打造人工智能领域的核心处理器芯片。寒武纪产品广泛应用于服务器厂商和产业公司，面向互联网、金融、交通、能源、电力和制造等领域的复杂 AI 应用场景提供充裕算力，推动人工智能赋能产业升级。

寒武纪在科创板的上市时间轴如图 2-16 所示。

图 2-16　寒武纪在科创板的上市时间轴

寒武纪在科创板的上市审核环节，涉及多处与知识产权相关的问询及答复，摘录如下。

涉知识产权相关问询摘录：

请发行人说明：①计算所许可使用的知识产权在发行人产品中的具体应

用情况,是否涉及核心技术、产品;②结合前述技术授权、委托开发协议及人员兼职情况,分析发行人是否对计算所存在人员、技术上的依赖,并充分揭示相关风险。

涉知识产权相关答复摘录:

(1)计算所许可公司使用的知识产权在公司产品中的应用情况具体如下:

许可使用的专利类别	在公司产品中的应用说明
处理器数据传输机制	公司在寒武纪1A、寒武纪1H终端智能处理器IP产品和思元100云端智能芯片及加速卡产品中相关模块使用的机制与此类专利存在相关性

计算所许可公司使用的专利不涉及公司的核心技术。

公司仅在寒武纪1A、寒武纪1H终端智能处理器IP产品和思元100云端智能芯片及加速卡产品中使用了"处理器数据传输机制"类专利。除上述专利外,公司未在产品中使用其他类计算所许可使用的专利。

报告期内,公司基于研发与业务开展需要使用相关专利技术,其中,2018年度确认的授权费为9.19万元,2019年度确认的授权费为15.91万元,前述关联交易参照计算所惯例并由双方协商定价。

(2)公司对计算所不存在人员上的依赖。公司自成立以来一直从事人工智能芯片的研发,并建立了芯片、硬件加速卡、基础系统软件三大核心研发团队,公司研发管理团队一直保持稳定,且均具有丰富的集成电路产品的技术研发与项目实施经验。截至2019年12月31日,公司的研发人员共680人,占其员工总数比例约79.25%。

存在计算所部分在职人员在公司兼职的情况。截至2019年年末,在公司兼职的计算所在职人员占公司全部研发人员的比例约3.97%,占比较小;截至本回复报告出具之日,该等计算所在职人员在公司兼职主要从事研发工作,上述兼职人员未担任寒武纪董事、监事、高级管理人员及核心技术人员等关键岗位。

公司对计算所不存在技术上的依赖。公司的核心技术主要集中在智能芯片技术、基础系统软件技术等人工智能处理芯片及软硬件系统领域,其核心技术均系自主研发的成果。公司全面系统地掌握了智能芯片及其基础系统软件研发和产品化核心技术,能提供云边端一体、软硬件协同、训练推理融合、具备统一生态的系列化智能芯片产品和平台化基础系统软件。截至 2020 年 2 月 29 日，公司已获授权的专利有 65 项。

如前所述，公司仅在寒武纪 1A、寒武纪 1H 终端智能处理器 IP 产品和思元 100 云端智能芯片及加速卡产品中使用"处理器数据传输机制"类专利，计算所许可公司使用的知识产权并非公司的核心技术；公司委托计算所参与研发的目的主要为节省人员投资、加速 BANG 语言开发进度，委托开发工作的可替代性较强，公司依据《委托开发合同》有权使用由计算所提供的所有开发成果，并有权将开发成果应用于寒武纪的商业用途，公司对计算所的相关委托研发工作不存在依赖性。

因此，公司对计算所不存在人员、技术上的依赖，相关风险较低。计算所在职员工在公司兼职的情况，以及发行人获得计算所知识产权授权、委托计算所参与研发的情况，不影响公司的独立性。

（三）海光信息

海光信息技术股份有限公司（以下简称"海光信息"）成立于 2014 年，主要从事高端处理器、加速器等计算芯片产品和系统的研究、开发，目标是成为世界一流的芯片企业。

海光信息在科创板的上市时间轴如图 2-17 所示。

图 2-17　海光信息在科创板的上市时间轴

公司在科创板上市审核环节，涉及多处与知识产权相关的问询及答复，摘录如下。

涉知识产权相关问询摘录：

请发行人说明：①美国超威半导体公司（以下简称"AMD"）对子公司出资专利的具体内容是否经评估及作价公允性；② AMD 将相关技术授权给海光

微电子是否存在纠纷或潜在纠纷。

涉知识产权相关答复摘录：

（1）AMD 对海光微电子出资 7 项专利的具体内容、在子公司产品中应用情况、评估价值情况如下（本书略去具体表格）。

AMD 对海光微电子出资的上述 7 项专利的价值已经北京中同华资产评估有限公司评估，并出具中同华评报字（2016）第 57 号的评估说明，评估价值 4 738.00 万美元，经双方协商作价 4 683.673 5 万美元作为 AMD 对海光微电子的出资作价。综上，该等专利出资作价具有公允性。

AMD 对海光集成出资 12 项专利的具体内容、在子公司产品中的应用情况、评估价值情况如下（本书略去具体表格）。

AMD 对子公司上述出资的 12 项专利的价值已经北京中同华资产评估有限公司评估，并出具中同华评报字（2016）第 58 号的评估说明，评估价值 8 800.00 万美元，经双方协商作价 8 785.7143 万美元作为 AMD 对海光集成的出资作价。综上，前述专利出资作价具有公允性。

AMD 用于出资的上述 19 项专利权的转让手续已全部办理完成，该等专利权均已分别登记在海光微电子和海光集成两家子公司名下。

上述出资业经北京英特纳尔仲德会计师事务所有限公司出具的京仲验资〔2017〕第 1-025 号、京仲验资〔2017〕第 1-026 号验资报告予以验证。

（2）海光微电子符合《专利交叉许可协议》"附属公司"的约定。海光微电子设立后，AMD 持有其 51.00% 股权，海光信息公司持有其 49.00% 股权。AMD 持有海光微电子 50.00% 以上股权以及与此相对应的表决权、分红权等权利，并承担相应比例的股东义务，海光微电子符合《专利交叉许可协议》规定的作为 AMD 附属公司的条件。海光微电子设立后至今，海光微电子的股权结构、董事会成员结构均未因公司历次股权变动、整体变更及公司对其合并报表、申报上市而发生变化，海光微电子作为 AMD 附属公司符合《专利交叉许可协议》的规定。

根据 AMD 公开说明，AMD 向海光微电子授权技术为 AMD 自有技术，不存在因向海光微电子授权而引发的争议或纠纷。AMD 以其拥有的 7 项专利权向海光微电子出资、以其拥有的 12 项专利权向海光集成出资，前述出资专利均为 AMD 的自有专利。AMD 许可给海光微电子使用的为处理器核相关技术及软件，许可给海光集成使用的为处理器外围相关技术及软件。

Seeking Alpha（美国主流投资者交流网站，seekingalpha.com）披露的AMD 2016年Q1季度财报电话会议记录披露了AMD因向海光信息技术授权获得技术授权费事项。AMD CEO在该财报会议上回复分析师关于AMD进行技术授权及与Intel关系问题时，明确表示AMD（对公司）授权的所有技术都由AMD研发，不存在产权负担。

海光信息已于2021年1月就中国境内首次公开发行股票并上市事项在天津证监局申请辅导备案并进行公示，本次发行上市的中介机构于2021年1月访谈了AMD，AMD表示其与公司之间目前无诉讼和仲裁事项。

因此，自海光微电子成立以来，AMD一直未将海光微电子认定为其子公司，海光微电子符合《专利交叉许可协议》"附属公司"的约定。根据AMD公开披露信息显示，AMD曾公开确认其向海光微电子授权技术为AMD的技术。

经网络检索AMD官网及其在纳斯达克证券交易所公开披露信息，截至本回复报告出具日，不存在因向海光微电子授权而引发的争议或纠纷。

（四）中微公司

中微半导体设备（上海）股份有限公司（以下简称"中微公司"）是一家以中国为基地、面向全球的微观加工高端设备公司，为集成电路和泛半导体行业提供极具竞争力的高端设备和高品质的服务。中微公司开发的等离子体刻蚀设备和化学薄膜设备是制造各种微观器件的关键设备，可加工微米级和纳米级的各种器件。

中微公司在科创板的上市时间轴如图2-18所示。

图2-18　中微公司在科创板的上市时间轴

公司在科创板上市审核环节，涉及多处与知识产权相关的问询及答复，摘录如下。

涉知识产权相关问询摘录一：

发行人目前申请了1 201项专利，其中发明专利1 038项，海外发明专利465项。报告期内，发行人还承担了两项国家科技重大专项科研项目。

请发行人补充披露：①相关专利的发明人、取得方式，通过受让取得的专利是否设置了他项权利安排，相关专利的权属是否存在瑕疵、纠纷或潜在纠纷；②境内取得的发明专利是否可以在海外进行相同发明专利的申请和注册，海外注册是否会侵犯国际竞争对手的相关知识产权等情况；③海外发明专利的取得对发行人境外销售的影响。

涉知识产权相关答复摘录一：

（1）截至2019年2月末，中微公司已获授权的专利合计951项，其中已获授权的境内发明专利384项，已获授权的海外发明专利416项；中微公司正在申请中的专利合计239项，其中正在申请中的境内发明专利185项，正在申请中的海外发明专利45项。在前述已获授权或正在申请中的发明专利中，均是通过中微公司自行研发单独申请的方式取得，该等专利的发明人绝大部分为公司的在职/离职员工；少量是通过公司或与合作伙伴在合作过程中以共同申请的方式取得；公司不存在通过受让取得发明专利的情形。公司拥有的发明专利不存在瑕疵、纠纷或潜在纠纷。

（2）根据《保护工业产权巴黎公约》（Paris Convention for the Protection of Industrial Property）、《专利合作条约英文》（Patent Cooperation Treaty）以及美国、韩国、欧洲等地的法律规定，发明专利申请人从首次向中国提出合格申请之日起，可以在12个月内以同一发明向其他成员国提出申请，而以第一次申请的日期为以后提出申请的日期，其条件是第一次申请的内容与日后向其他成员国所提出的专利申请的内容必须完全相同。中微公司在中国首次提出合格申请后，会挑选对公司海外业务比较重要的专利及时在美国、韩国、欧洲同步申请专利，以获得申请时机的优势。

中微公司自成立至今，在海外申请注册的专利从未被当地司法机构或知识产权主管部门认定为侵犯第三方的知识产权。中微公司在海外注册专利的行为不会侵犯国际竞争对手的相关知识产权。

（3）中微公司取得的海外发明专利，有助于公司在境外销售的产品获得特定的专利权保护，同时防止公司产品中的关键技术被第三方侵权；同时，基于专利权的保护，公司在海外市场销售产品时获得了因专利权保护而取得的排他权，可以使公司在海外市场竞争中取得一定的竞争优势。

涉知识产权相关问询摘录二：

招股说明书披露，报告期内，发行人、美国维易科、某海外供应商就三方之间的未决诉讼达成和解，友好地解决了知识产权纠纷。截至 2018 年年末，发行人历史上共涉及 4 起海内外知识产权诉讼案件，2 件专利案件和 2 件商业秘密案件。请发行人补充披露：上述 4 起诉讼情况，历史上是否存在其他重要专利纠纷或诉讼及截至目前的进展。

涉知识产权相关答复摘录二：

1. 发行人尚未了结的诉讼情况

截至本招股说明书签署日，发行人及其境内子公司存在 1 起尚未了结的诉讼案件，具体情况如下。

2010 年 12 月 7 日，中微有限❶以泛林半导体及其境内子公司泛林半导体设备技术（上海）有限公司、LIAO DANIEL JEEN-LONG（廖振隆）、张校维、Rajinda Phindsa（以下合并简称"五被告"）侵犯其商业秘密为由，向上海市第一中级人民法院提起诉讼，请求判令五被告禁止使用高端电浆刻蚀设备的技术信息（以下简称"相关商业秘密"），停止侵权，销毁所有含有相关商业秘密的信息及其载体（含相关培训材料、照片），并赔偿经济损失 5 000 万元、承担中微有限因诉讼发生的合理费用 91 万余元。

2017 年 3 月，上海市第一中级人民法院作出《〔2010〕沪一中民五（知）初字第 225 号民事判决书》，判决泛林半导体立即销毁其持有的电浆密封环照片，禁止五被告披露、使用或者允许其他使用相关商业秘密，直至相关商业秘密为公众知悉时为止；判令泛林半导体赔偿中微有限诉讼相关支出 90 万元，并驳回中微有限关于泛林半导体停止侵权、销毁其取得的培训资料、赔偿研发费用等其余诉讼请求。

---

❶ 中微有限指中微半导体设备（上海）有限公司，为发行人前身，也是诉讼时的企业名称。

2017年4月10日，中微有限向上海市高级人民法院提起上诉，请求认定一审认定的事实（中微有限未遭受任何损害或导致其市场优势丧失）错误，改判支持中微有限一审的全部诉讼请求。

2017年4月20日，泛林半导体向上海市高级人民法院提起上诉，要求撤销一审判决，判令由中微有限承担全部诉讼费用及一审鉴定费用等。

截至本回复出具日，该案正在二审审理中。

2. 发行人历史上其他诉讼情况

（1）应用材料公司及其关联方与中微有限及其关联方的商业秘密侵权案件。

2007年10月，应用材料公司在美国联邦法院北加州地区法院以商业秘密侵权为由起诉中微亚洲、中微开曼及尹志尧等人，并于2007年11月改为起诉中微开曼、中微亚洲和中微有限。2009年11月，中微有限向上海市第一中级人民法院以不正当竞争为由起诉应用材料公司和应用材料（中国）有限公司。2010年1月，应用材料与中微开曼、中微亚洲、中微有限达成和解，双方随后撤销起诉。

（2）中微有限及其供应商与维易科及其关联方的专利侵权案件。

2017年4月，美国维易科以侵犯其专利、未经维易科同意向中微有限及其客户供应基片托盘为由，在纽约东区法院对SGL Carbon, LLC及SGL Group SE（以下统称"SGL"）提起专利侵权之诉。此后，纽约东区法院作出禁止SGL向中微有限及其客户供应基片托盘的禁令。

2017年7月，中微有限以上海维易科侵犯专利权为由向福建省高级人民法院提起诉讼。继而，双方均提起对方专利无效宣告请求。经审查，国家知识产权局专利复审委员会决定维持中微有限的涉诉专利权继续有效、美国维易科中国同族专利全部无效。

2017年12月，福建省高级人民法院裁定上海维易科立即停止一切侵权行为。

经多轮谈判，2018年2月，中微有限与SGL、美国维易科签订《和解协议》，三方均撤回相关诉讼及未决的专利复审请求。

（五）澜起科技

澜起科技股份有限公司（以下简称"澜起科技"）成立于2004年，是国际领先的数据处理及互连芯片设计公司，致力于为云计算和人工智能领域提供高性能、低功耗的芯片解决方案。目前公司拥有互连类芯片和津逮®服务器平台两大产品线。

澜起科技在科创板的上市时间轴如图2-19所示。

图2-19　澜起科技在科创板的上市时间轴

澜起科技在科创板上市审核环节，涉及多处与知识产权相关的问询及答复，摘录如下。

涉知识产权相关问询摘录一：

招股说明书将杨崇和、山岗、常仲元、史刚认定为核心技术人员。戴光耀（Stephen Kuong-Io Tai）拥有逾25年的半导体架构、设计和工程管理经验，2004年澜起科技创立至今其任公司董事兼总经理。

请发行人说明：①结合公司研发部门主要成员、主要专利发明人、主要研发项目参与人、员工持股数量及变化等情况充分、恰当地认定核心技术人员；②请发行人说明戴光耀等公司董事、高管未被认定为核心技术人员的原因及合理性。

涉知识产权相关答复摘录一：

（1）公司核心技术人员为杨崇和、山岗、常仲元和史刚。其中，杨崇和作为公司董事长，主要负责公司战略方向和核心技术研发方向。公司主要研发部门包括市场应用技术部、研发部以及运营部。山岗、常仲元及史刚，分别担任上述部门负责人，直接参与公司研发工作，是公司主要研发项目参与人、负责人。公司将杨崇和、山岗、常仲元及史刚认定为核心技术人员，具体情况如下。

杨崇和先生为公司董事长兼首席执行官，自公司成立以来主要负责公司的战略发展及核心技术研发方向。自2016年以来，杨崇和先生参与的职务发明共获得授权及申请专利9项，为公司主要专利发明人之一。

山岗先生为公司市场应用技术部负责人。公司市场应用技术部主要负责芯片应用方案设计、技术支持等事务,包括应用方案中软件开发、测试、硬件设计、技术支持等工作。自2016年以来,山岗先生参与的职务发明共获得授权及申请专利13项,为公司主要专利发明人之一。

常仲元先生为公司研发部负责人。公司研发部主要负责公司集成电路设计的相关事务,包括数字电路设计、模拟电路设计、芯片验证、后端设计、辅助设计等工作。自2016年以来,常仲元先生参与的职务发明共获得授权及申请专利3项,其为公司主要专利发明人之一。

史刚先生为公司运营部负责人。公司运营部主要负责芯片营运、量产等相关事务,包括物料管理、晶圆工艺设计、芯片封装测试、量产管理等工作。自2017年8月加入公司以来,史刚先生参与的职务发明共申请专利1项。

综上所述,杨崇和、山岗、常仲元、史刚为主要技术负责人及公司主要研发部门负责人,为公司主要专利发明人及研发项目参与人。公司核心技术人员均间接持有公司股份,并与公司签署了保密协议及竞业禁止协议,保证了公司具有较强的持续研发能力。核心技术人员认定依据充分、恰当。

(2)戴光耀为公司董事、总经理。其拥有逾25年的半导体架构、设计和工程管理经验,在公司设立初期参与公司产品的研发。但近年来,根据公司内部分工,其作为公司总经理主要负责公司的日常经营,重点分管市场拓展和销售工作,不再直接从事公司的产品研发工作。自2016年以来并无授权及申请专利,因此未将戴光耀先生认定为核心技术人员。

除杨崇和及戴光耀外,公司其他董事均未在公司担任其他职务,未被认定为核心技术人员。

梁铂钴先生为公司副总经理兼董事会秘书,苏琳女士为公司副总经理兼财务负责人,均未参与公司的研发,因此未被认定为公司核心技术人员。

因此,公司未将戴光耀等公司董事、高管认定为核心技术人员具有合理性。

涉知识产权相关问询摘录二:

发行人董事长及核心技术人员均在IDT担任过职务,常仲元于2010年至2013年任上海贝岭首席技术官。IDT是发行人主要竞争对手之一,上海贝岭主营业务中包括集成电路设计。

请发行人说明：①杨崇和及各位核心技术人员从 IDT 离职并创立或加入发行人的背景情况，与 IDT、上海贝岭之间是否存在竞业禁止、保密协议等约定，上述人员是否违反了相关约定；与 IDT、上海贝岭是否存在纠纷或潜在纠纷；②发行人专利、集成电路布图设计专有权、核心技术等是否来源于 IDT，是否为杨崇和及核心技术人员在 IDT 等竞争方的职务发明，使用或申请专利是否需要取得 IDT 等竞争方的同意，发行人是否采取了防范风险、解决争议或潜在纠纷的有效措施；③发行人人员、技术是否独立，是否存在对 IDT 的重大依赖，是否存在纠纷或潜在纠纷。

涉知识产权相关答复摘录二：

（1）公司核心技术人员在 IDT 的任职及离职情况如下。

杨崇和于 1997 年与同仁共同创建了新涛科技，主要从事通信及消费类芯片的研发工作，该公司于 2001 年与 IDT 公司成功合并，2001 年杨崇和因 IDT 收购新涛科技任职于 IDT 副总裁，并继续担任 IDT- 新涛科技总经理（此时 IDT- 新涛科技的产品为通信类芯片）。杨崇和在 IDT 工作期间同 IDT 签署了保密协议，无竞业禁止协议。2004 年杨崇和自 IDT 离职，并同戴光耀共同创立澜起科技，主要产品为机顶盒芯片以及内存接口芯片，与杨崇和在 IDT- 新涛科技任职期间负责的通信类芯片业务不同，两类业务在商业和技术上均不存在重合。

公司自 2004 年创立至今，IDT 从未对杨崇和创立澜起科技并参与研发提起过诉讼或仲裁，不存在纠纷及潜在纠纷。

山岗于 2000 年曾就职于新涛科技，主要负责语音编解码芯片的研发工作，2001 年因 IDT 收购新涛科技山岗任职于 IDT- 新涛科技，任芯片设计经理，负责语音编解码芯片及时钟芯片等的研发工作。山岗在 IDT 任职期间签署了保密协议，其中存在竞业禁止条款，自其离职后一年终止。2005 年山岗根据职业规划考虑决定加入澜起科技，主要负责公司内存接口芯片、津逮®服务器平台芯片的应用测试以及新产品定义等工作。由于山岗从事产品研发与他在 IDT- 新涛科技任职期间技术、产品完全不同，因此不存在违反竞业禁止协议的情形。自 2005 年加入澜起科技以来，IDT 从未对山岗的任职及参与研发提起过诉讼或仲裁，不存在纠纷及潜在纠纷。

常仲元于 2000 年曾就职于新涛科技，主要负责通信类及电源管理、音响等消费类芯片产品的设计和研发工作，2001 年因 IDT 收购新涛科技常仲元任职于 IDT，任研发副总裁，继续主要负责原新涛科技通信类等芯片的研发。2010 年自 IDT 离职后常仲元加入上海贝岭任首席技术官，主要负责电源管理等芯片的研发。常仲元在 IDT 及上海贝岭任职期间与雇主签署了保密协议，并未签署竞业禁止协议。2013 年常仲元离职加入澜起科技，任研发部负责人，主要负责澜起科技内存接口芯片、津逮®服务器平台芯片的研发和设计工作。自 2013 年加入澜起科技以来，IDT 及上海贝岭对常仲元的任职及参与研发从未发起过诉讼或仲裁，不存在纠纷及潜在纠纷。

史刚于 1998 年任新涛科技营运副总经理，主要负责生产、封装、产品管控等工作，2001 年因 IDT 收购新涛科技史刚任职于 IDT-新涛科技，任营运副总经理；2004 年从 IDT 离职，任上海新进半导体制造有限公司营运副总裁、第一产品事业群总经理；2012—2017 年任 Diodes Inc 分立器件事业群保护类产品事业部总经理兼分立器件事业群中国市场总监。史刚在 IDT 任职期间，签署了保密协议，其中竞业禁止条款有效期为 1 年，其之后加入上海新进半导体及 Diodes Inc 等公司，同其在 IDT 从事业务均不同，不存在违反竞业禁止协议的情形。史刚同新进半导体、Diodes Inc 等雇主均签署了保密协议，未签署竞业禁止协议。2017 年史刚离职加入澜起科技，任运营部负责人，负责生产工艺管控、供应商质量管控等。自 2017 年加入澜起科技以来，IDT 及其他雇主对史刚的任职及参与研发从未发起过诉讼或仲裁，不存在纠纷及潜在纠纷。

综上所述，杨崇和等核心技术人员于 IDT 任职，主要原因系 IDT 于 2001 年收购新涛科技导致，相关人员在 IDT 负责的产品技术同目前在公司所研发的产品不同。公司核心技术人员在 IDT 任职期间均签署了保密协议，同时不存在违反竞业禁止协议的情形，不存在纠纷及潜在纠纷。

（2）公司核心技术人员在 IDT 等公司任职时，均签署了保密协议，任职期间职务发明所有权归前雇主所有，且其在前雇主参与研发的产品、技术等同公司目前产品、技术等均不同。公司专利、集成电路布图设计专有权、核心技术等均来源于公司自主研发，无须取得 IDT 等竞争方同意。

公司自成立以来，就十分重视对核心技术的保密，及时将研发成果申请专利，并制定了严格完善的内控制度，保障核心技术的保密性，报告期内不存在有关专利产权的诉讼或纠纷。

（3）公司在2004年成立以来，始终坚持自主研发的理念，其专利等核心技术均为自主研发获得，并通过自有技术同IDT等竞争对手进行竞争，其研发人员及技术均保持独立，不存在对IDT的任何依赖。公司自成立以来，包括公司原境外母公司于美国上市期间，从未受到过IDT等竞争对手发起的相关诉讼或仲裁，不存在纠纷或潜在纠纷。

涉知识产权相关问询摘录三：

招股说明书披露，公司发明的DDR4全缓冲"1+9"架构被采纳为国际标准。请发行人补充披露：发行人的核心技术是否取得专利或其他技术保护措施、核心技术的科研实力和成果情况。

涉知识产权相关答复摘录三：

公司的核心技术均已申请专利或集成电路布图设计专有权，保障公司核心技术的安全。截至2019年4月1日，公司已获授权的国内外专利达90项，获集成电路布图设计证书39个。

公司具备自有的集成电路设计平台，包括数字信号处理技术、内存管理与数据缓冲技术、模拟电路设计技术、高速逻辑与接口电路设计技术以及低功耗设计技术，方案集成度高，可有效提高系统能效和产品性能。

上述"1+9"分布式缓冲内存子系统框架对应专利包括：

序号	国别	知识产权类别	授权号	名称
1	美国	授权发明专利	US9201817	Method for allocating addresses to data buffers in distributed buffer chipset
2	美国	授权发明专利	US9836415	Buffer device, method and apparatus for controlling access to internal memory
3	中国	授权发明专利	ZL201110221491.9	分布式缓存芯片组中的数据缓存器的地址分配方法
4	中国	授权发明专利	ZL200910200826.1	存储器模组及存储器模组内的数据交换方法

公司提出了一种内存接口校准算法，发明了新型高速、低抖动收发器，

解决了多点通信、突发模式下内存总线的信号完整性问题。在服务器内存最大负载的情况下，该技术可支持 DDR4 内存实现最高速率（3200MT/s），达到国际领先水平。

上述内存接口校准算法对应专利包括：

序号	国别	知识产权类别	授权号	名称
1	中国	授权发明专利	ZL201110443575.7	用于内存系统的电压与时序校准方法
2	中国	授权发明专利	ZL201110193167.0	写入电路、读取电路、内存缓冲器及内存条
3	中国	授权发明专利	ZL200910054716.9	产生读使能信号的方法以及采用该方法的存储系统
4	中国	授权发明专利	ZL200910161562.3	已注册 DIMM 存储器系统
5	中国	授权发明专利	ZL200610066292.4	低功耗的高速收发器

此外，公司还提出一种先进的内存子系统的低功耗设计技术，发明了新型自适应电源管理电路，并采用动态时钟分配等创新技术，显著降低了相关内存接口芯片产品的功耗。上述发明对应专利包括：

序号	国别	知识产权类别	授权号	名称
1	美国	授权发明专利	US9240758	Voltage regulator and method of regulating voltage
2	美国	授权发明专利	US9231576	Device and method for clock signal loss detection
3	美国	授权发明专利	US7558980	Systems and methods for the distribution of differential clock signals to a plurality of low impedance receivers
4	中国	授权发明专利	ZL201110449754.1	主从式超前负载补偿稳压装置
5	中国	授权发明专利	ZL201410041038.3	一种稳压器及稳压的方法
6	中国	授权发明专利	ZL201110349001.3	一种信号延迟控制电路

（六）金山办公

北京金山办公软件股份有限公司（以下简称"金山办公"）是全球知名的办公软件产品和服务提供商，金山办公旗下核心产品包括全新升级的 WPS Office、面向组织和企业的办公新质生产力平台 WPS 365，以及智能办公助手 WPS AI。

金山办公在科创板的上市时间轴如图 2-20 所示。

图 2-20　金山办公在科创板的上市时间轴

公司在科创板上市审核环节，涉及多处与知识产权相关的问询及答复，摘录如下。

涉知识产权相关问询摘录：

招股说明书披露，公司主要从事 WPS Office 办公软件产品及服务的设计研发及销售推广，公司特有的文档格式、美化技术、识别体系等都是公司重要的核心竞争力。

请发行人说明：核心技术及专利的形成过程，是否存在对核心技术人员的依赖，是否与其他机构或研发人员存在纠纷及潜在纠纷。

涉知识产权相关答复摘录：

公司除少部分专利从关联方受让取得外，核心技术和专利皆来源于自主研发。

发行人的 13 项核心技术及相关专利 / 专利申请（截至本问询回复出具之日）是发行人众多业务技术人员共同参与的研究成果，主要专利 / 专利申请技术的参与人情况如表所示（本书略去具体表格）。

核心技术人员章庆元、庄湧作为管理人员和技术人员参与了相关核心技术研发并作为部分专利技术的发明人署名，为发行人的技术研发作出了突出贡献，但前述核心技术人员并不是相关核心技术的唯一发明人，也不是发行人全部或绝大部分核心技术的发明人，相关核心技术及专利 / 专利申请权全部归属于发行人。

因此，发行人核心技术及其研发不存在对核心技术人员的依赖。

根据发行人的说明，13 项核心技术均为发行人自有知识产权，通过自主研发或从关联方受让取得，不涉及与第三方就相关知识产权的形成进行合作研发、使用其他机构专有知识产权授权的情形，发行人就核心技术与其他机构不存在纠纷。

依据公司内部管理制度，相关职务发明的所有权及知识产权归发行人所有。

发行人中参与相关核心技术研发的研发人员，未就核心技术及相关专利/专利申请权的归属与发行人产生任何诉讼或仲裁，亦无因核心技术归属产生任何财产或劳动纠纷。

综上，就 13 项核心技术，发行人与其他机构或研发人员不存在纠纷，亦未知悉任何潜在纠纷情况。

（七）联影医疗

上海联影医疗科技股份有限公司（以下简称"联影医疗"）致力于为全球客户提供全线自主研发的高性能医学影像诊断与治疗设备、生命科学仪器，以及覆盖"基础研究—临床科研—医学转化"全链条的创新解决方案。通过与全球高校、医院、研究机构及产业合作伙伴深度协同，加速推进精准诊疗与前瞻科研探索，持续提升全球高端医疗设备及服务可及性。

联影医疗在科创板的上市时间轴如图 2-21 所示。

图 2-21　联影医疗在科创板的上市时间轴

公司在科创板上市审核环节，涉及多处与知识产权相关的问询及答复，摘录如下。

涉知识产权相关问询摘录：

根据申报材料，发行人的部分人员有在西门子、飞利浦等同行业公司任职的经历。报告期内，发行人存在合作研发、专利技术由第三方授权许可等情形。

请发行人说明：①是否存在主要资产、核心技术、商标等的重大权属纠纷，是否存在重大偿债风险，重大担保、诉讼、仲裁等或有关事项；②合作研发、专利技术许可在公司核心技术体系形成过程中是否发挥关键作用，专利技术许可的终止风险以及公司的应对措施。

涉知识产权相关答复摘录：

（1）发行人高度重视关键技术、核心部件的研发，历经多年积累，逐步掌握了高端医学影像设备和放射治疗设备的核心技术，并向市场推出了一批行业首款或国产首款创新产品。自发行人设立以来，其竞争对手曾以联影医疗荣获第十八届中国专利奖金奖的专利不符合专利权授予条件为由，请求宣告联影医疗的获奖专利无效，亦曾以专利申请权权属纠纷、专利权权属纠纷、著作权权属和侵权纠纷、不正当竞争纠纷为由起诉联影医疗，主要情况如下。

①发行人的竞争对手曾就发行人荣获第十八届中国专利奖金奖的名称为"平面回波成像序列图像的重建方法"的发明专利（专利号：ZL201310072198.X）向中华人民共和国国家知识产权局专利复审委员会❶（以下简称"专利复审委员会"）提出无效宣告请求。在专利复审委员会作出维持 ZL201310072198.X 号发明专利权有效的审查决定后，发行人竞争对手不服专利复审委员会作出的审查决定而将国家知识产权局诉至北京知识产权法院，发行人作为该案第三人参加诉讼。该案最终经中华人民共和国最高人民法院审理，确定联影医疗的该等金奖发明专利有效，发行人竞争对手的相关诉讼请求未被支持。

②于报告期前，发行人的竞争对手曾就发行人申请的名称为"一种磁共振超导磁体集成线圈及其制作方法"的发明专利（专利申请号：201110445950.1）、获授的名称为"一种磁共振超导磁体集成线圈"的实用新型专利（专利号：ZL201120557037.6），以及前述发明专利和实用新型专利所涉两幅附图对发行人提起了专利申请权权属纠纷、专利权权属纠纷、著作权权属和侵权纠纷三项诉讼，发行人的竞争对手主张前述发明专利的申请权、实用新型专利的专利权应归其所有，前述发明专利和实用新型专利所涉两幅附图侵害了其著作权。该等诉讼历经一审、二审及相关审判监督程序，发行人竞争对手的相关诉讼请求均未被支持。

③于报告期前，发行人的竞争对手曾以其三位离职技术人员违反竞业限

---

❶ 2019年，国家知识产权局专利复审委员会更名为国家知识产权局专利局复审和无效审理部。

制义务，离职后实际到发行人处任职为由提起三项诉讼，主张前述技术人员、发行人以及其他相关主体构成对发行人竞争对手的不正当竞争，该等诉讼历经上海市浦东新区人民法院、上海市第一中级人民法院两级法院的审理，法院认为发行人的竞争对手的主张缺乏事实和法律依据，前述技术人员、发行人以及其他相关主体不构成对发行人竞争对手的不正当竞争，发行人竞争对手的相关诉讼请求均未被支持。

上述案件均未涉及发行人的核心技术，且上述案件均以发行人竞争对手的相关诉讼请求未被支持而完结。有鉴于此，前述案件不会对发行人的核心技术及生产经营产生重大不利影响。

于本回复报告出具日，发行人不存在主要资产、核心技术、商标等的重大权属纠纷，不存在涉及核心技术来源的重大偿债风险，不存在重大担保、诉讼、仲裁等事项。

（2）公司积极与知名医院及行业知名研究机构建立合作关系，通过建立联合开发等方式发挥双方的技术资源和能力，共同研究前沿技术，公司与其他单位主要合作研发情况如下表（本书略去具体表格）。

虽然公司存在与其他单位开展合作研发的情形，但是不存在对外部合作研发机构依赖的情形，主要原因如下。

首先，上述合作研发的主要原因系发行人在申请国家或省级重大科技专项时，通常会作为牵头方与其他合作方一起申请，在重大科技专项实施过程中，由发行人独立或者与其他方合作完成相应课题。

其次，在合作研发过程中，发行人与其他合作方就知识产权归属进行了清晰约定，根据发行人与各合作方签署的《科研项目合作协议书》《项目组织实施协议》和《科研项目联合申报协议书》等，上述协议中对合作研发项目的工作成果和权益分配进行约定，主要包括两种模式：

①各方独立完成的工作成果归开发方所有；对于双方共同所有的工作成果，如可能获得知识产权保护，双方应共担费用，以双方的名义共同申请知识产权；经双方事先书面同意，可以对双方共同所有的工作成果进行转让或授权第三方使用，转让或授权使用所得根据各方贡献大小，进行相应的利益分配。

②公司独立完成的工作成果归公司所有；合作方独立完成的工作成果或双方共同完成的工作成果归双方共同所有，并且：a.公司享有产业化权利；

b. 对于双方共同所有的工作成果，如可能获得知识产权保护，双方应共担费用，以双方的名义共同申请知识产权；c. 经双方事先书面同意，可以对双方共同所有的工作成果进行转让或授权第三方使用，转让或授权使用所得根据各方贡献大小，进行相应的利益分配。

最后，在合作研发过程中，发行人作为牵头单位通常承担影像设备整机和核心部件的研制工作，而高校、医疗机构等其他合作方主要负责影像设备的临床验证和临床应用研究工作，充分发挥双方在技术和产品研发、临床应用和验证领域的互补优势，发行人不存在对外部合作研发机构依赖的情形。

截至 2021 年 12 月 31 日，发行人对外获得专利许可具体情况如下表（本书略去具体表格）。

发行人对外获得专利许可所涉技术主要用于：①满足少部分科研客户的非必需选配需求。②技术储备。相关专利均不涉及发行人的核心技术，上述专利技术许可终止对发行人的正常生产经营和产品功能不会造成重大不利影响，且发行人通过自研替代、寻求替代等途径较好地进行应对。

综上所述，合作研发、专利技术许可未在发行人核心技术体系形成过程中发挥关键作用。

（八）传音控股

深圳传音控股股份有限公司（以下简称"传音控股"）致力于成为新兴市场消费者最喜爱的智能终端产品和移动互联服务提供商，着力为用户提供优质的以手机为核心的多品牌智能终端，并基于自主研发的智能终端操作系统和流量入口，为用户提供移动互联网服务。

传音控股在科创板的上市时间轴如图 2-22 所示。

图 2-22　传音控股在科创板的上市时间轴

公司在科创板上市审核环节，涉及多处与知识产权相关的问询及答复，摘录如下。

涉知识产权相关问询摘录：

招股说明书披露，公司在生产、制造、销售相关移动通信终端设备时，不可避免地将会实施相关无线标准必要专利。公司手机产品所使用的基带芯片覆盖的通信协议主要为 GSM、WCDMA 和 LTE 等。鉴于公司目前未与高通等无线通信技术企业签订专利授权许可协议，存在专利侵权纠纷的风险。发行人手机产品所使用的基带芯片主要从 MTK 和展讯采购，尚未获得相关标准必要专利的实施许可授权。

请发行人补充说明：①上述情况是否与同行业可比公司（包括已上市和未上市）相一致、对此情况拟采取的解决措施；②是否存在被标准必要专利权人提起专利侵权的可能性，如被起诉，是否会影响发行人的持续经营能力。

涉知识产权相关答复摘录：

（1）以手机为代表的移动通信终端设备需要遵循 GSM、WCDMA 或 LTE 等移动通信协议标准，这些移动通信协议标准主要由通信标准制定组织牵头，主要通信行业企业参与制定。全球范围内主要的通信厂商凭借其在通信行业长期的技术积累，逐步形成了数量众多的通信专利，并在参与制定现行主要通信协议标准时将其自身持有的专利技术纳入通信协议标准中，因而形成了被移动终端所实施的通信领域标准必要专利。

由于通信技术的快速发展，纳入到移动通信协议标准的标准必要专利持续变化且拥有这些标准必要专利的标准专利权人亦有所变化，包括发行人在内的大部分手机厂商无法实时掌握并判断；同时，我国手机行业起步较晚，绝大多数国内手机厂商的技术开发局限于应用性技术层面，底层软件技术均来自芯片厂商的授权，且由于各种条件所限，手机厂商无法了解其产品中底层软件的具体构成及实现方式，故存在使用第三方标准必要专利的可能性，因此发行人的手机产品存在因实施第三方标准必要专利而支付许可费的可能性。

经查询小米集团、天珑移动公开信息披露文件以及爱立信诉小米、三星、高通诉苹果、诺基亚诉华为等专利侵权纠纷案件情况，手机厂商未获授权情况下使用第三方标准专利是行业普遍存在的风险，公司披露的专利风险与同行业可比公司相一致。

为尽可能避免上述风险对公司的生产经营产生重大影响，公司已采取如下解决措施：

①公司遵循公平、合理、无歧视（FRAND）原则就移动通信领域标准必要专利许可事宜，与标准必要专利权人积极进行磋商谈判；

②对于未经许可授权的标准必要专利，公司已根据聘请的第三方专业机构对未来可能支付的专利许可费或损害赔偿进行评估，并本着审慎原则计提费用；

③公司的控股股东传音投资已出具承诺函，承诺："若因公司及其子公司因在未获授权情况下使用第三方标准专利或侵犯第三方标准专利权承担侵权损害赔偿责任而受到损失，且该等损失金额超过公司或其子公司相应的财务计提费用，本公司将对超过的部分承担赔偿责任或向公司及其子公司予以补偿。"

综上所述，公司手机产品底层软件所涉及的标准专利风险可控。

（2）相关情况说明。

①关于通信领域标准必要专利许可费过高的现实及各国法律规制。

在通信领域，包括发行人在内的手机制造厂商都需要遵循 GSM、WCDMA、LTE 移动通信协议制造产品。随着通信技术的快速发展，纳入移动通信协议标准的标准必要专利持续变化，包括高通在内的诸多标准专利权人，通过专利许可的方式实现专利价值。

专利许可费用无国际统一标准，各标准专利权人基于自身考虑，分别向包括发行人在内的手机制造厂商主张标准必要专利许可费，导致标准必要专利费过高。该问题已受到各国反垄断机构的关注及审查，如中国国家发展和改革委员会针对高通专利许可的反垄断调查、国家市场监督管理总局针对爱立信专利许可的调查，以及美国联邦贸易委员会针对高通专利许可的调查等。

为避免标准专利权人滥诉以及被许可人不合理的谈判行为，行业内发布关于专利权人以及被许可人许可谈判行为指引，规范标准专利权人与被许可人之间进行专利许可谈判。

②关于专利谈判及诉讼风险评估。

根据全球专利标准化组织 ETSI、3GPP 的要求，标准专利权人应根据公平、合理、无歧视（FRAND）原则授予被许可人实施标准必要专利。公平、合理、无歧视原则通常包括如下三方面的内容：a.无正当理由不得拒绝许可第三方，以防止利用标准任意限制其他企业进入该领域而制造垄断。b.合理的许可费用。该原则要求对外许可条款特别是专利许可应当合理。至于合理的判断标准目前尚无标准化组织做出清晰界定，一般通过专利许可方和被许可方之间依据专利的贡献度、专利的法律状态等多种因素协商谈判来确定合理的许可费用。c.无歧视性地对外许可。FRAND原则是指对所有同等条件下的技术标准被许可人提供无歧视性的同等待遇，不得厚此薄彼或拒绝许可。

结合各国已有案例、国际上通用做法及相关法律规定，若公司未经标准专利权人许可，实施其专利，标准专利权人首先应根据公平、合理、FRAND原则与公司就实施标准必要专利的许可费用进行磋商谈判。在经与公司充分协商，仍无法达成一致的情况下，标准专利权人可请求人民法院确定许可费用，或提起侵权之诉。除非公司在磋商谈判过程中有明确过错，标准专利权人不得请求人民法院要求公司停止标准实施行为。

发行人已根据FRAND原则与标准专利权人进行磋商谈判，在磋商谈判过程中不存在如不理睬、提出不合理要求等明显过错，各方均在积极进行谈判；此外，非洲各国专利保护尚处于发展阶段，标准专利权人在非洲专利申请数量较少，公司未来发生专利诉讼风险较低。

③如被起诉，专利侵权诉讼对发行人持续经营能力的影响。

（i）标准必要专利侵权诉讼不会对公司市场销售及准入构成重大不利影响。

标准专利权人应根据公平、合理、FRAND原则与被许可人就实施标准必要专利的许可费用进行磋商谈判，如果因标准专利权人或被许可人诉求不合理导致无法就许可费达成一致，可能会出现标准专利权人起诉被许可人专利侵权或被许可人向法院请求确定许可费用的情况。

因标准必要专利诉讼涉及公众利益，若被许可人在遵循FRAND原则下，善意与标准专利权人进行谈判，法院通常不会要求被许可人停止标准实施行为。由于发行人一直在遵循FRAND原则下，善意与标准专利权人进行积极的磋商谈判，即便发生专利侵权诉讼，不会导致产品禁售，不会给公司的市场销售及准入带来重大影响。

（ii）支付专利许可费及损害赔偿金不会对公司产品竞争力构成重大不利影响。

公司已按照谨慎性原则对标准必要专利许可计提了预计负债，同时，公司控股股东传音投资已针对标准必要专利许可事项作出了承诺，避免标准专利费计提及损害赔偿金的不足导致产品成本或其他费用的增加。

因此，公司未来发生专利许可费及损害赔偿金的支付不会对公司产品的竞争力构成重大不利影响。

（iii）支付专利许可费及损害赔偿金不会对公司盈利能力构成重大不利影响。

鉴于公司产品在主要销售市场的占有率较高，公司品牌优势明显，产品定价能力较强，公司可以通过提高产品竞争力等方式将因支付专利许可费及损害赔偿金可能带来的成本增加风险向市场转移。由于此类影响并非存在于个别经营主体，而属于整个行业普遍存在的经营风险，因此，公司采取前述成本转嫁措施，并不必然导致公司在整个市场的竞争地位下降，不会对公司的持续盈利能力构成重大不利影响。此外，公司手机产品灵活性较高，单品迭代周期较短，公司可通过技术创新不断推出新产品，从而减少专利许可费用对公司盈利能力的影响。

综上所述，专利侵权诉讼风险不会对公司持续经营能力构成重大不利影响。

（九）沪硅产业

上海硅产业集团股份有限公司（以下简称"沪硅产业"）专注于半导体硅材料产业及其生态系统发展。公司致力于提升我国半导体硅片产业综合竞争力，夯实我国集成电路产业发展的基础。

沪硅产业在科创板的上市时间轴如图2-23所示。

图2-23　沪硅产业在科创板的上市时间轴

公司在科创板上市审核环节，涉及多处与知识产权相关的问询及答复，摘录如下。

涉知识产权相关问询摘录：

中国科学院上海微系统与信息技术研究所（以下简称"微系统所"）为公司股东的控股股东，亦是公司子公司新傲科技的发起人与现任股东。公司与微系统所共建了高端硅基材料技术研发中心，公司与微系统所曾共同承担了多项研究课题，微系统所向公司输送了众多人才，发行人存在部分专利与微系统所共有。

请发行人说明：发行人核心技术来自于自主研发还是合作研发。

涉知识产权相关答复摘录：

发行人核心技术来自于自主研发，具体情况如下：

（1）除与微系统所共有的 19 项专利、与中芯国际共有的 3 项专利及 Smart Cut^{TM} 生产技术为 Soitec 授权外，发行人全部专利自主研发且拥有独家所有权，共有专利数量占比很低。公司及控股子公司拥有已获授权的专利 300 项，公司共有所有权专利数量占比不到 10%。公司及控股子公司拥有重要专利 88 项，其中重要共有专利为 7 项，占比亦不到 10%。

（2）发行人与微系统所合作研发中，承担了自身的研发工作，对专利的形成作出了相应的贡献。发行人与微系统所共有专利权为双方根据相关协议，合作研发、联合申请，该种研发模式有助于双方优势互补、产学研结合，一定程度上提升了发行人研发的效率。发行人目前已具备较强的科研实力，脱离合作研发的模式亦能独立进行相关研发和专利申请。

（3）发行人鼓励创新和研发工作，拥有很强的自主研发能力。发行人自设立以来持续引进全球半导体行业高端人才，经过多年的积累，发行人拥有了一支国际化、专业化的管理和技术研发团队。目前发行人已形成了以李炜博士等为核心的国际化技术研发团队。截至 2019 年 3 月 31 日，公司技术研发人员 368 人。公司主要研发人员具有较强的自主研发和创新能力，专业领域涵盖电子、材料、物理、化学等众多学科。

综上所述，发行人核心技术来自自主研发。

（十）晶科能源

晶科能源股份有限公司（以下简称"晶科能源"）是一家全球领先的光伏组件和储能产品制造企业。公司战略性布局光伏产业链核心环节，聚焦光伏产品一体化研发制造和清洁能源整体解决方案。晶科能源在行业中率先建立了从硅片、电池片到组件生产的"垂直一体化"产能。

晶科能源在科创板的上市时间轴如图 2-24 所示。

图 2-24　晶科能源在科创板的上市时间轴

公司在科创板上市审核环节，涉及多处与知识产权相关的问询及答复，摘录如下。

涉知识产权相关问询摘录：

招股书披露，发行人及其控股子公司作为被告，尚未了结的且未履行金额或涉案金额超过 1 000 万元，金额尚未确定的诉讼、仲裁案件共 5 起，包括韩国韩华集团专利系列诉讼、美国反倾销和反补贴诉讼、新加坡产品质量仲裁及西班牙销售合同纠纷仲裁。

请发行人说明：对于韩华系列诉讼，分别列明涉及的发行人产品，报告期内在相应地区的销售收入及占比情况。

涉知识产权相关答复摘录：

2019 年 3 月和 4 月，韩华先后向美国国际贸易委员会（ITC）、美国特拉华州地区法院、澳大利亚联邦法院、德国杜塞尔多夫地方法院提起专利侵权诉讼，宣称晶科能源及其下属控股子公司在上述所在地区销售的部分产品侵犯韩华专利权（在美国的 US9893215 专利及在欧洲和澳大利亚的同族专利 EP2220689 和 AU2008323025），专利名称为"用于制造具有表面钝化介电双层的太阳能电池的方法以及对应的太阳能电池"。因韩华在不同国家或地区就同族专利所受到的保护范围本身不同,且在韩华系列诉讼过程中,该等涉案专利权的专利保护范围曾发生过修正,在不同国家及地区可能因落入涉案专利保护范围而被认定为构成侵权的产品范围各不相同。同时,由于案件在不同的阶段,根据当地的诉讼程序和案情发展,诉讼涉及的产品范围也可能会发生变化。

据发行人提供的相关诉讼文件、相应地区的销售收入明细、境外律师出具的法律意见书、尽调报告及法律函件,经与发行人知识产权部门、法务部门负责人及财务总监访谈确认,并根据目前美国、德国及澳大利亚专利诉讼现有发展情况,汇总相关涉案侵权产品及报告期内在相应地区的销售收入及占比情况具体如下。

1. 美国专利诉讼

根据《晶科能源美国法律意见书》《美国专利案件法律函件》及美国专利诉讼相关诉讼文件,针对韩华就ITC裁决结果向联邦巡回上诉法院提起的上诉,联邦巡回上诉法院已于2021年7月12日作出判决,维持ITC作出的非侵权认定,晶科能源参与实体在该侵权纠纷案件中获得胜诉。

此前,韩华在美国特拉华州地区法院提起的诉讼因需待前述的ITC调查(包括上诉)完结后方可继续审理,因此案件处于中止审理状态。截至本问询回复出具日,该案未恢复继续审理。根据《美国专利案件法律函件》,美国斐锐律师事务所已收到了联邦巡回上诉法院关于ITC裁定结果准予简易裁定的确认书,确认ITC裁定晶科能源参与实体销售的产品不侵犯韩华专利权的裁定结果。该确认使ITC的专利范围解释对地区法院具有约束力,因此,该确认书将阻却针对基于"215专利"相关产品的后续诉讼案件于地区法院发生。并且,经美国斐锐律师事务所的确认,若韩华在美国继续就前述专利权纠纷提起诉讼,仅可向美国最高法院提起诉讼,针对该专利在美国继续提起诉讼程序,美国最高法院受理审理该案件的可能性非常小。

截至本问询回复出具日,晶科能源参与实体于美国市场销售的产品已经ITC裁决及联邦巡回上诉法院判决认定不构成对韩华专利权的侵权。报告期内,发行人不存在于美国市场销售侵犯韩华专利产品的情形。

2. 德国专利诉讼

根据德国CMS律师事务所于2021年2月18日及2021年4月23日出

具的关于德国专利诉讼事宜的法律函件（以下简称《德国专利诉讼法律意见书》），2020年6月，德国杜塞尔多夫地区法院出具一审判决公告，判决认定晶科德国（发行人控股的境外企业）侵犯韩华专利权，主要判决内容包括：①晶科德国涉诉产品禁止在德国市场销售；②晶科德国召回自2019年1月30日起面向商业客户销售的涉诉产品；③销毁晶科德国直接或间接占有或所有的涉诉产品。截至本问询回复出具日，晶科德国已就前述一审判决结果提起上诉，德国专利诉讼案件的上诉程序预计最早于2021年底完结。

前述一审判决中明确认定晶科德国销售的侵犯韩华专利权的组件产品型号为JKM295M-60。根据《德国专利诉讼法律意见书》，该被认定为侵犯韩华专利权的组件产品为使用第三方制造商的电池生产的组件产品。自2019年1月30日起，晶科德国已不再投放使用已被法院认定为涉案侵权产品的第三方制造商的电池生产的组件产品。因此，2019年及2020年，发行人均未于德国地区销售该型号组件产品并产生相应销售收入；2018年，发行人于德国地区销售JKM295M-60型号组件产品所产生的销售收入为187.40万元，占德国地区营业收入的比例为0.40%，占发行人当年度总营业收入的比例为0.01%。

根据《德国专利诉讼法律意见书》，除上述诉讼程序外，2020年9月28日，韩华向杜塞尔多夫地方法院递交了罚款申请，主张晶科德国违反一审判决仍在继续销售侵权产品，并要求法院裁定晶科德国支付罚金（以下简称"罚款程序"）。

韩华于罚款程序中就晶科德国销售的具体型号组件产品及其以外的全部同系列产品（以下简称"全系列产品"）均构成侵权。根据《德国专利诉讼法律意见书》，截至本问询回复出具日，罚款程序所涉及的全系列产品未经相关法院判决认定构成侵权，韩华亦未在相关诉讼程序中明确针对罚款程序所涉及的具体型号产品提出赔偿诉讼主张。另外，晶科德国目前在德国市场范围内正常销售的组件产品已不再使用上述罚款程序所涉及的产品结构，不会涉及对上述涉案专利的侵权。截至本问询回复出具日，前述罚款程序正在进行。

3. 澳大利亚专利诉讼

根据澳大利亚专利诉讼相关诉讼材料、澳大利亚康斯律师事务所于2021年1月15日出具的关于澳大利亚专利诉讼事宜的法律意见书，韩华于其提交的第四次修改的诉讼请求声明（No. NSD395 of 2019）中主张发行人的组件产品可能涉及侵犯韩华专利权，并就该等组件产品要求进行产品测试。截至2021年7月23日，韩华与晶科澳洲（发行人控股的境外企业）尚未就所有产品测试问题达成一致方案。

（十一）石头科技

北京石头世纪科技股份有限公司（以下简称"石头科技"）于2014年7月在北京成立，是一家专注于智能清洁机器人及其他智能电器研发和生产的公司，在人工智能、软件算法、电子工程、机械结构设计与供应链管理等多个领域拥有丰富的创新和实践经验。

石头科技在科创板的上市时间轴如图2-25所示。

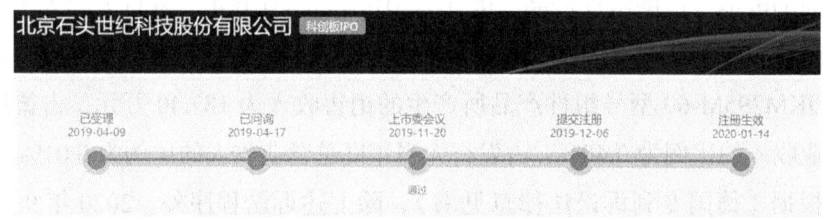

图2-25　石头科技在科创板的上市时间轴

公司在科创板上市审核环节，涉及多处与知识产权相关的问询及答复，摘录如下。

涉知识产权相关问询摘录一：

招股说明书披露，发行人主要产品为智能扫地机器人，核心技术及其表征，包括激光雷达与定位算法、运动控制模块。发行人47项境内专利、2项境外专利系与小米科技有限责任公司（以下简称"小米"）共有。

请发行人：补充披露公司与小米共有知识产权在公司自有品牌产品上的应用情况，相关知识产权的技术升级改造是否主要依赖或受制于小米，公司自有品牌生产对小米是否存在技术依赖。

涉知识产权相关答复摘录一：

（1）公司与小米共有知识产权在公司自有品牌产品上的应用情况。

截至 2018 年 12 月 31 日，公司与小米共有的 47 项境内专利中有 20 项应用在了自有品牌产品中，公司与小米共有的 2 项境外专利中有 1 项应用在了自有品牌产品中。

（2）共有专利的技术升级改造不依赖或受制于小米，公司自有品牌生产对小米不存在技术依赖。

①合作模式。

从业务合作的角度，发行人为小米定制米家产品并销售给小米。同时，小米既是合作方，也是投资人，对发行人开拓自有品牌产品并无限制性条款。

②技术共有情况与业务合作条款。

小米对上述共有专利不具有控制权，石头科技专利技术的研发、取得与使用不存在对小米的重大依赖。

同时，根据公司与小米签订的业务合作协议及其附件中的约定，公司有权自行实施使用共有知识产权，无须向小米通报及分享收益。上述条款保障了公司对共有知识产权的使用权，即可以将共有产权用于公司自有品牌产品的设计、研发及生产过程中。

综上所述，共有专利的技术升级改造不依赖且不受制于小米，公司自有品牌生产对小米不存在技术依赖。

涉知识产权相关问询摘录二：

招股说明书披露，截至 2018 年 12 月 31 日，发行人拥有境内商标 75 项、境外商标 71 项、软件著作权 4 项、作品著作权 11 项、境内专利 64 项、境外专利 10 项、域名 6 个。

请发行人：①补充披露自有商标、专利、软件著作权等知识产权的法律状态，是否存在权利提前终止等异常情况；②补充披露相关商标、专利、软件著作权等知识产权管理的内部控制制度是否建立健全并有效运行；③补充披露相关专利的保护范围是否覆盖公司全部产品；④删除未获授权的专利申请，避免对投资者形成误导。

涉知识产权相关答复摘录二：

（1）截至 2018 年 12 月 31 日，公司拥有的无形资产主要包括境内外商标、著作权、境内外专利和域名等。详细情况如下（本书略去具体表格）。

（2）相关情况说明。

①知识产权管理的内部控制基本情况。

为规范知识产权管理工作，公司制定了《北京石头世纪科技股份有限公司知识产权管理办法》《北京石头世纪科技股份有限公司专利管理办法》《北京石头世纪科技股份有限公司商标管理办法》《北京石头世纪科技股份有限公司著作权管理制度》，构建了完备的知识产权内部控制制度，完善了知识产权管理体系。

公司设立了知识产权工作的管理部门，主要负责组织知识产权的宣传、培训和普及工作；制订知识产权工作的战略、规划；指导各部门、各分子公司开展知识产权的推广及保护工作；研究制定并组织实施公司知识产权保护方案，监测、遏制、追究他人对公司知识产权的侵权行为；统一收集、整理、分析知识产权信息，建立、维护、管理知识产权档案库；管理和指导知识产权申请、保护、许可使用、转让的相关工作。

公司聘请外部顾问机构协助审查与知识产权相关的合同、协议；协助知识产权申请、保护、许可使用、转让的相关工作；协助处理与公司相关的知识产权纠纷。

公司各部门、各分子公司负责本部门、本单位相关的知识产权事项的具体申请、管理和保护工作，落实执行公司有关知识产权规章制度。

②商标权管理。

在对商标权管理方面，公司制定了《北京石头世纪科技股份有限公司商标管理办法》规定，公司的知识产权管理部是商标管理的主管部门，负责本公司商标的申请、注册、续展、转让、评估、使用许可的审核及办理。公司业务部门在新产品开发初期，必须同时考虑新产品商标使用的合法性，提前向公司知识产权管理部申报商标查询和商标注册。对拟使用公司注册商标的企业，应与公司签订商标使用合同，并支付许可使用费。公司因经营的确需要受让他人注册商标的，需对受让商标进行充分论证，并确认该商标权利人没有与第三人发生商标权利纠纷和质押后，方可受让商标。

③专利、软件著作权管理。

在对专利权的管理上，公司制定了《北京石头世纪科技股份有限公司专利管理办法》。在公司工作的人员，因执行公司的工作任务或以公司名义或主要利用公司提供的物质技术条件完成的智力成果为职务发明创造,相关知识产权的权利属于公司所有,但发明人或者设计人依法享有在专利文件上署名的权利和获得奖励的权利。

在对著作权的管理上,公司制定了《北京石头世纪科技股份有限公司著作权管理办法》。由公司所有的计算机软件、设计图、文字、音乐、美术、摄影、录音录像、动画等著作权,作者享有署名的权利和获得奖励的权利。公司因业务发展需要,与他人合作开发或委托他人开发的操作系统、计算机软件、广告宣传等形成的知识产权,应在合同中约定归公司所有或共有。对于侵犯公司知识产权的行为,公司将采取法律手段制止侵权。

(3)截至 2018 年 12 月 31 日,公司的产品包括小米定制产品"米家智能扫地机器人"及发行人自有品牌"石头智能扫地机器人""小瓦智能扫地机器人",公司已取得的授权专利保护范围可以覆盖公司全部产品,具体情况如下表。

序号	公司产品	对应的专利数量 / 项
1	米家智能扫地机器人	23
2	石头智能扫地机器人	40
3	小瓦智能扫地机器人	31

(4)公司已删除招股说明书中披露的未获授权的专利申请。

(十二)华熙生物

华熙生物科技股份有限公司(以下简称"华熙生物")成立于 2000 年,主要聚焦于功能糖、蛋白质、多肽、氨基酸、核苷酸、天然活性化合物等有助于生命健康的生物活性物开发和产业化应用。作为生物科技全产业链平台型企业,公司业务目前涵盖生物活性物原料、医疗终端产品、消费终端产品(功能性护肤品和功能性食品)。

华熙生物在科创板的上市时间轴如图 2-26 所示。

图 2-26 华熙生物在科创板的上市时间轴

公司在科创板上市审核环节，涉及多处与知识产权相关的问询及答复，摘录如下。

涉知识产权相关问询摘录：

招股说明书披露，华熙生物经过多年的研发生产积累和工艺改进，在国内拥有济南、上海两大研发中心，在法国拥有专业的皮肤管理研究团队，已建成具有国际领先水平的微生物发酵技术、交联技术两大核心技术平台，开发出多糖、氨基酸等系列生物发酵活性物产品，实现透明质酸在多个领域的应用。

请发行人：①披露与江南大学授权发行人使用与透明质酸、软骨素相关的三项专利相关的产品的生产、销售情况，并分析上述专利授权相关情况对发行人持续经营的影响；②说明核心专利的形成过程，关联方拥有或使用与发行人业务相关的商标、专利等知识产权的情况，是否与其他机构或研发人员存在纠纷及潜在纠纷。

涉知识产权相关答复摘录：

1. 相关情况说明一

（1）江南大学授权发行人实施情况。

2018年10月，发行人与江南大学签订《专利实施许可合同》，双方约定江南大学授权发行人使用与透明质酸、软骨素相关的三项专利，许可方式为独占使用，许可期至2034年9月11日。

江南大学授权发行人实施专利用于公司技术研发储备，暂未用于生产、销售。双方在专利实施许可合同中明确约定，在上述三项专利的法定届满日内，公司拥有以独占许可的方式实施专利涉及的技术秘密和工艺的权利，公司可在中国大陆使用其专利方法以及使用、销售依照该专利方法直接获得的产品，并且公司有权将前述产品不受限制地在全球范围内销售。因此，未来产品实现生产及销售后，公司亦不会受到专利授权的制约与限制，能够保证产品的持续经营。

（2）清华大学许可发行人实施专利情况。

2018年6月，发行人与清华大学签署《专利实施许可合同书》，由清华大学许可发行人以排他许可方式实施：①一种生产透明质酸的基因工程菌及其应用，许可期至2034年4月23日；②一种高产透明质酸的基因工程菌及其构建方法与应用；若该发明获得专利权授权，许可期至该专利法定有效期届满之日止（专利法定有效期限为20年）。发明授权的许可范围：在中国和发酵法生产透明质酸技术范围内实施本发明并制造、加工、销售依照发明技术所获得的产品。在实施许可授权期限内，华熙生物有权指定其关联公司履行该协议项下的权利和承担相应义务。

该专利技术目前用于公司技术研发储备，暂未用于生产、销售。双方专利实施许可合同中约定，清华大学许可发行人以排他方式，在中国和发酵法生产透明质酸技术范围内实施本发明并制造、加工、销售依照本发明技术所获得的产品，授权期限内至本专利法定有效期届满之日止。因此，未来产品实现生产及销售后，公司亦不会受到专利授权的制约与限制，能够保证产品的持续经营。

2. 相关情况说明二

（1）核心专利的形成过程。

发行人已获授权的专利绝大部分为自主研发取得，其中包括酶切法生产透明质酸、3D梯度交联等核心技术的相关专利。

发行人与北京泰克美高新技术有限公司共同拥有原料包装袋的1项发明专利和1项实用新型专利；与湖南御家化妆品制造有限公司共同拥有2项专利。

上述专利为发行人与专利共有方合作研发并共同申请取得，发行人其余已获授权专利均为自主研发取得。

（2）关联方拥有或使用与发行人业务相关的商标、专利等知识产权的情况。

报告期内，华熙国际投资集团有限公司持有部分与发行人及其子公司业务相关类别的商标，以及具有一定相关性的商标及注册商标申请权。目前上述商标及商标申请权正在办理相关转让手续。除上述情况外，发行人控股股东华熙昕宇、实际控制人赵燕及其关联企业等关联方无拥有或使用与发行人业务相关的商标、专利等知识产权的情况。

（3）发行人与其他机构或研发人员不存在纠纷及潜在纠纷。

公司的核心技术和专利来源明确，不存在违反竞业禁止有关规定或违反竞业禁止约定、保密义务的情形，不会导致发行人与其他机构或人员存在纠纷及潜在纠纷。

公司与北京泰克美高新技术有限公司共同拥有 2 项专利，与湖南御家化妆品制造有限公司共同拥有 2 项专利，公司与上述机构签署的协议中明确约定了双方的权利与义务，发行人与上述机构不存在纠纷及潜在纠纷。

公司与清华大学、天津科技大学、江南大学、哈佛大学等国内外高校和科研机构，对透明质酸等生物活性物质的开发和应用展开合作，发行人与上述机构均签署了合作协议，明确约定了各方的权利、义务、技术保密措施等，发行人与上述机构不存在纠纷及潜在纠纷。

（十三）中控技术

中控技术股份有限公司（以下简称"中控技术"）成立于 1999 年，致力于推动 AI 技术的突破与创新，公司构建起"AI+5T"的技术体系，依托"技术创新＋模式创新"的双轮驱动，为客户提供"AI+ 安全""AI+ 质量""AI+ 低碳""AI+ 效益"的智能化解决方案，产品覆盖化工、石化、油气、电力、制药、冶金、建材、造纸、新材料、新能源、食品等数十个重点行业。

中控技术在科创板的上市时间轴如图 2-27 所示。

图 2-27　中控技术在科创板的上市时间轴

公司在科创板上市审核环节，涉及多处与知识产权相关的问询及答复，摘录如下。

涉知识产权相关问询摘录：

招股说明书披露，发行人存在 48 项与其他方共有的专利，其中 45 项系与浙江大学共有，2项系与浙江大学、中控集团共有，1项系与浙江致中和实业有限公司共有。此外，公司董事金建祥、副总裁兼总工程师黄文君及副总裁俞海斌系浙江大学在职人员。

请发行人披露：上述共有专利形成的原因，发行人与专利共有权人关于专利使用的约定，上述专利在发行人生产经营中发挥的具体作用，是否属于核心技术。

涉知识产权相关答复摘录：

截至报告期末，发行人存在51项与其他方共有的专利，其中46项系与浙江大学共有，2项系与浙江大学、中控集团共有，2项系与新能源有限公司共有，1项系与浙江致中和实业有限公司共有。

1. 与浙江大学共有的专利

发行人与浙江大学共有的专利合计48项，其中46项系与浙江大学共有，2项系与浙江大学、中控集团共有。全部专利中，"一种总线高速通信的方法及接口""一种动态链接库DLL文件的处理方法和装置""一种计算硫元素含量的方法和系统""一种对工业领域通讯过程加密的方法及数据采集设备""无纸记录仪及无纸记录仪数据存储方法"和"一种热能量收集的无线数据采集系统"等6项专利系基于共同研发取得，双方共同申请专利；其余42项与浙江大学共有的专利系发明人于2019年5月将浙江大学增补为共同申请人或共同专利权人而形成，尽管专利发明人在公司担任职务、领取薪酬，从事公司的研发活动，但因该类专利的部分发明人当时系浙江大学教师，公司综合考虑支持学校发展和避免潜在纠纷等因素，主动将浙江大学增补为共同申请人或共同专利权人。

发行人与浙江大学不存在诉讼、仲裁，未产生过相关纠纷，亦未就上述共有专利与浙江大学进行专门约定，而系根据《中华人民共和国专利法（2008年修正）》（以下简称《专利法》）行使专利权。根据《专利法》，发行人和浙江大学均可以单独实施或者以普通许可方式许可他人实施该类专利（如收取许可使用费，应当与共有人进行分配），但未经发行人许可不得将该类共有专利转让给第三方。

发行人与浙江大学之间共有的48项专利按使用范围划分，包括EPA相关专利、控制系统相关专利、工业软件相关专利和自动化仪表相关专利四种情形。根据共有专利在生产经营中发挥的具体作用和行业影响力，48项共有专利可以分为两类：一是在生产经营中不发挥主要作用，且不具有较强行业影响力的专利，包括《一种能实现网络冗余供电的以太网集线器》等42项专利，其主要系研究过程中产生的备用技术、对产品贡献率较低且已被替代的技术或用户单一项目产生为推广应用的技术等；二是对应公司核心产品或具有较强的行业影响力，主要包括《一种网络隔离型工业现场控制控制器及其实现方法》等6项专利。

（1）EPA相关专利：EPA相关共有专利是公司和浙江大学联合制定EPA国际标准，以及公司承担EPA控制系统（EPA-100系统）产品研发过程中产生的专利技术。EPA-100系统占公司营业收入的比重较小，相关专利在公司生产中的作用较小。但鉴于EPA标准具有较强的行业影响力，因而将其中的《一种网络隔离型工业现场控制控制器及其实现方法》和《实现以太网确定性通信的调度方法》）两项专利认定为核心专利。《智能网桥及其实现网络隔离控制的方法》等8项专利为发行人研究过程中产生的备用技术，对发行人生产经营影响较小，认定为非核心专利。

（2）控制系统相关专利：控制系统相关专利是公司在控制系统研发过程中产生的专利技术，《控制器、多重冗余控制系统及其同步控制方法》《对IP地址冲突进行容灾处理的方法和装置、以及相应设备》和《基于SNTP的时钟同步控制方法、装置及系统》三项专利分别系对应公司TCS-900系统、GCS G5系统和ECS-700系统应用的重要技术之一，将其认定为核心专利。但是，随着持续的研发投入和技术迭代更新，公司已在上述三项专利技术方面储备了多套技术方案或研发了更高精度的控制技术。此外，发行人控制系统是由数十个专利技术、潜在平台技术和行业经验综合而成，单一专利共享或第三方授权不能复制一套控制系统，不构成对公司生产经营的重大不利影响。《一种电机驱动器的硬件自检方法及系统》等13项专利为研究过程中产生的备用、已被替代或对产品贡献率较低的技术，对发行人生产经营影响较小，认定为非核心专利。

（3）工业软件相关专利：工业软件相关专利是公司在工业软件研发过程中产生的专利技术，《一种复杂管网模拟仿真计算方法及装置》专利是公司工业软件产品应用的重要技术，公司将该专利认定为核心专利。但是，该专利技术系公司早期版本的管网模拟软件重要技术之一，经过近几年技术积累和发展，公司已经开发了新技术框架下功能多元的管网模拟软件技术。此外，发行人工业软件对单一专利不存在依赖关系，单一专利共享或第三方授权不能复制一套工业软件产品，不构成对公司生产经营的重大不利影响。《基于令牌的任务调度方法》等18项专利为研究过程中产生的备用、已被替代、对产品贡献率较低或仅应用于用户单一项目中的技术，对发行人生产经营影响较小，认定为非核心专利。

（4）自动化仪表相关专利：自动化仪表相关专利是公司在自动化仪表研发过程中产生的专利技术，全部三项共有专利均未在生产过程中发挥重要作用，不涉及核心专利，其中两项系实用新型专利，一项系公司研制无纸记录仪过程中产生的备用技术，未实际应用。

综上，全部48项共有专利中，2项专利具有较强的行业影响力，4项专利属于对应公司主要产品的重要技术，合计占发行人全部专利数量的比重仅为2.21%，占全部发明专利数量的比重仅为3.51%，且发行人已经拥有相关的技术储备或实现了技术升级，发行人核心产品不存在对某项共有专利的依赖关系。因此，发行人与浙江大学共有专利的重要性程度总体较小。

2. 与浙江大学、中控集团的共有专利

《瓦斯系统平衡与优化调度方法、装置及系统》和《无纸记录仪及无纸记录仪数据存储方法》两项专利系发行人与中控集团、浙江大学共有。中控集团系发行人实际控制人控制的其他企业，上述专利系发行人与中控集团共同申请取得，后于2019年5月增补浙江大学为共同专利权人。

根据中控集团出具的《确认函》，发行人实施、许可或质押该类各项专利时，无须取得中控集团同意，由此所获得的归属于中控集团的利益（如有）由发行人享有；未经发行人同意，中控集团不主动实施或许可上述各项专利；发行人与中控集团就上述专利不存在诉讼、仲裁或其他纠纷。

两项专利均为非核心专利，其中《瓦斯系统平衡与优化调度方法、装置及系统》为"镇海炼化瓦斯系统平衡与优化调度项目"定制，仅在该项目中使用，未推广应用；《无纸记录仪及无纸记录仪数据存储方法》系公司研制无纸记录仪过程中产生的备用技术，未实际应用。

3. 与新能能源有限公司的共有专利

《煤加氢气化安全监控系统》和《煤催化气化安全监控系统》两项实用新型专利，系发行人与新能能源有限公司共有。新能能源有限公司系发行人客户，根据发行人与新能能源有限公司签署的技术协议，发行人为新能能源有限公司定制开发催化气化、加氢气化装置仿真系统，在项目实施过程中，双方共同申请并取得上述专利。

双方未就相关专利进行约定，《煤加氢气化安全监控系统》和《煤催化气化安全监控系统》两项专利均系实用新型专利，均为非核心专利，且均与新能能源有限公司项目相关，发行人未将其应用至其他产品的生产中。

4. 与浙江致中和实业有限公司的共有专利

《白酒自动化勾兑生产线中自动清理管道余酒系统》实用新型专利系发行人与浙江致中和实业有限公司共有。浙江致中和实业有限公司系发行人客户，根据发行人与浙江致中和实业有限公司签署的购销合同，发行人负责浙江致中和实业有限公司莲子酒酿造车间管道安装及自动化工程项目，在项目实施过程中，双方共同申请并取得上述专利。

双方未就相关专利进行约定，《白酒自动化勾兑生产线中自动清理管道余酒系统》系实用新型专利，为非核心专利，与客户的设备工艺相关，发行人未将其应用至其他产品的生产中。

第三章 知识产权助力科技创新实践路径之专利篇

第一节 专利转化运用概论

一、专利转化运用的含义

（一）专利的常见类型及选择

专利权（简称专利）是指国家根据发明人或设计人的申请，以向社会公开发明创造的内容，以及发明创造对社会具有符合法律规定的利益为前提，根据法定程序授予申请人在一定期限内对其发明创造成果所享有的独占、使用、处分和收益的权利。专利权作为一种典型的知识产权，其具有无形性、专有性、时间性、地域性等特点。

我国专利共分为三类：发明专利、实用新型专利和外观设计专利。

发明专利：适用于产品、方法或者其改进所提出的新的技术方案，且能够提供较长时间的保护（一般为20年）。如果创新成果具有较高的技术含量、创新性强、研发周期较长、投入成本较高等特点，如历时几年研发出的一种全新的产品或方法，那么企业通常可以选择发明专利对上述创新成果进行保护。此外，由于发明专利需要经过严格的实质性审查，因此虽然发明专利的整体审批周期相对较长，但其授予的专利权整体也更加稳定，后续被无效的概率相对较低。

实用新型专利：适用于产品的形状、构造或者其结合所提出的适于实用的新的技术方案，其具有审查程序相对简化、审批周期较快、成本相对较低等特点。因此，如果某一项技术成熟度相对较低，属于微小改进型的技术方案，或产品技术更新换代较快，所需保护的周期短，则企业可以选择实用新型专利予以一定保护（一般为10年）。

外观设计专利：适用于产品的形状、图案或者其结合以及色彩与形状、图案的结合所作出的富有美感并适于工业应用的新设计。如果企业的创新成果主要集中在产品的外观、图案、颜色等方面，那么外观设计专利可以提供相应的保护（一般为15年）。

企业在申请专利时，通常根据其创新成果的性质、市场需求度、技术价值以及技术迭代速度等因素来确定具体申请何种类型的专利，由于不同类型的专利在申请流程、审批周期和维护经费上有所不同，因此，企业还需要根据自身的财务状况，结合实际市场策略来选择合适的专利类型，从而最大限度地保护创新成果、最大程度地获得经济收益。

（二）专利转化运用的常见方式

专利作为企业创新发展的重要保障，如果其仅作为一纸证书，于企业而言是没有任何现实意义的，只有将专利转化为现实生产力，才能真正实现创新驱动发展。目前对于专利转化运用还没有统一的定义。有的学者认为专利实施与专利产业化、商品化是同一概念，有的学者认为专利转化具体包括了专利自主产业化、转让或许可他人使用，也有的学者认为专利实施与产业化是专利运用中最重要的组成。因此，专利转化运用实质上是与专利转化为现实生产力密切相关的概念，其是指专利权人将专利成果进一步推广和应用，将专利产品化、商品化、市场化，以获得实际收益，从而实现专利商业价值和市场价值的过程。专利转化运用的概念随着市场中各类专利实践经验的不断丰富而不断延伸。例如，早期专利转化运用与专利法中的一般定义有关，我国《专利法》明确规定：发明或实用新型专利权被授予后，除本法另有规定的以外，任何单位或者个人未经专利权人许可，都不得实施其专利，即不得为生产经营目的制造、使用、许诺销售、销售、进口其专利产品，或者使用其专利方法以及使用、许诺销售、销售、进口依照该专利方法直接获得的产品。外观设计专利权被授予后，任何单位或者个人未经专利权人许可，都不得实施其专利，即不得为生产经营目的制造、许诺销售、销售、进口其外观设计专利产品。因此，若参考《专利法》的规定，可以认为专利转化运用是指专利实施的具体行为，包括制造、使用、许诺销售、销售和进口五类行为，是指将专利技术运用到实际生产中，将技术成果转化为产品并完成规模化生产或销售或进口的过程。而随着技术和经济的不断发展，专利在实际市场行为中扮演的角色也逐渐呈现多样性和灵活性的特点，专利转化运用所涵盖的范围也因此扩展，专利质押融资、专利许可转让、专利战略制定等也都被认为属于专利转化运用的实际范畴。

从企业市场实践的角度，专利转化运用可以分为两类：一类是以直接实施专利为基础，通过产品销售和市场经营交易直接获得利润收益的行为。该行为中，专利技术转化为产品，产品由于受到专利保护而能够在一定程度上避免竞争对手的模仿，进而能够在一定时期内抢占市场。另一类是以非直接实施专利为基础，通过专利分析，制定专利战略或进行专利储备、形成专利资本的行为。该行为中，专利自身及相关分析方法能够帮助专利权人提升自身竞争力，牵制竞争对手，即获得产品销售之外的间接收益。

直接实施专利行为具体包括：专利自主产业化、专利转让实施和专利许可实施等，其核心体现在专利直接实施。专利技术可能来自不同主体，但最终专利转化为现实生产力的主要方式在于将专利技术直接实施为产品，并进一步实现产品的规模化经营。

非直接实施专利行为具体包括：专利许可、专利转让、专利质押融资、专利布局策略制定、专利纠纷应对策略制定等。在专利许可、专利转让以及专利质押融资中，专利自身呈现被物化、商品化的特点，即专利自身可被用于许可、转让或质押，基于被许可、被转让和被质押的行为来给专利权人带来收益，帮助专利权人解决资金问题，这与将专利技术直接转化为产品以获得收益是完全不同的路径。专利布局策略和专利纠纷应对策略的制定则是基于市场竞争的深层含义，考虑企业在创新发展中的长远利益，将专利作为企业参与竞争的重要筹码而涉及的转化运用方式，制定专利战略有助于企业构建专利壁垒，降低专利纠纷风险。

二、专利转化运用的作用

2023 年 10 月，国务院办公厅印发《专利转化运用专项行动方案（2023—2025 年）》，指出要大力推进专利产业化，加快专利价值实现，重点工作任务包括：梳理盘活高校和科研机构存量专利、以专利产业化促进中小企业成长、推进重点产业知识产权强链增效、培育推广专利密集型产品。科技创新型企业作为一批主攻硬科技、掌握好专利的中小企业，其一般为技术密集型企业，专利技术是企业发展的重要基石，专利数量的多少、专利质量的高低以及专利产业化的成效综合体现了企业的核心竞争力，因此，专利转化运用对科技创新型企业的发展壮大具有重要助力作用。主要体现在以下几方面。

（1）保护创新成果、激发创新活力：专利为企业的创新成果提供法律保护，防止他人未经授权使用、制造、销售或进口其专利产品或方法，通过授予专利权人一定期限的独家使用权，使得专利权人能够从中获得经济回报、回收研发投资，从而增强了企业的研发动力和创新意愿。完善健全的知识产权制度是保护创新成果不被侵犯的重要法律保障，通过对侵权行为的打击和制裁，不仅能够保护创新主体的合法权益，防止不正当竞争行为的发生，更有助于建设法治化营商环境，激发创新主体热情，推动科技进步和产业升级。

（2）明确创新方向、推动技术升级：对于注重创新发展的企业，专利导航能够为企业提供全面的创新战略支持，包括技术创新方向、研发路径等，确保企业创新活动具有前瞻性，提升创新效率。具体的，通过收集专利信息资源，企业可以分析确定出行业发展的重点方向，发现技术空白点和创新点，引导企业针对性攻克技术难题，从而优化技术方案。专利导航不仅为技术创新指明方向和路径，还能帮助企业避免重复研发，缩短研发周期，推动技术的发展升级和商业化应用。

（3）制定专利策略、提高市场竞争力：对于科技创新型企业而言，拥有高质量的专利技术则代表企业拥有较高的技术水平和创新能力，专利是科创型企业参与竞争的重要武器，一定数量的专利储备和有效的专利布局，有助于企业围绕关键核心技术构建专利壁垒，并进一步形成技术壁垒。通过分析竞争对手的专利申请、专利诉讼和专利交易等信息，企业能够时时监控竞争对手的技术动向，了解其专利布局和技术战略，制定相应的竞争策略，避免技术重复和专利侵权，显著提高自身的市场竞争力，最大程度地限制竞争对手的多方突破，从而占据市场竞争优势地位。

（4）灵活转化方式、盘活专利价值：专利转化是指将专利作为一种资源进行有效管理和运营，将专利成果产品化、商业化、资本化等，从而实现创造价值和推动创新的目的。专利许可、专利转让、专利质押融资、专利标准化等专利转化方式有利于将技术转化为产能，激发各类主体创新活力和转化动力，促进中小企业成长，培育专利密集型产品。

（5）全面预警风险、灵活应对纠纷：企业可以通过专利检索和分析，了解现有专利技术，研究竞争对手的专利布局形式，制定相应的规避策略，从而有助于企业评估技术研发中的专利风险，针对潜在风险，全面建立预警机制，及时应对专利诉讼和侵权风险挑战，避免不必要的法律纠纷和经济损失。

三、我国专利转化运用概况

2023年中国专利调查报告披露，2019—2023年我国专利产业化率、实施率保持升势，产业化收益稳步提高，专利与品牌综合运用效益更加显著，专利转化运用成效稳步提升。同时，我国专利权人的法律意识和维权意识不断增强，专利侵权行为被有效遏制，但我国企业整体上专利的国际竞争力仍偏弱，风险防范意识有待进一步加强。

专利产业化方面，2019—2023年，我国发明专利产业化率从32.9%提升至39.6%，实用新型专利产业化率从39.2%提升至57.1%，外观设计专利产业化率从42.8%提升至66%，连续五年呈稳步上升的态势，且实用新型和外观设计专利的产业化率显著提升。对不同规模企业的专利产业化率情况作进一步分析发现，中型规模企业的发明专利产业化率从47.2%上升至57.9%，小型规模企业的发明专利产业化率从42.1%上升至53.9%。这表明，2019—2023年中小型企业逐渐盘活了专利价值，将更多的专利技术转化为实际的产品和服务，通过专利产业化实现了企业的快速成长,从而推动了整个产业的创新发展。

专利许可和转让方面,2019—2023 年,我国发明专利许可率 2022 年达到峰值 12.1%,2023 年下降至 7.4%,整体与 2020 年持平;我国发明专利转让率 2022 年达到峰值 11.5%,2023 年下降至 9.1%,但较 2019—2021 年仍有明显提升。专利许可转让率的变化反映了专利流转活跃程度的变化,专利的高效流转有助于实现创新资源要素的有序流动和优化配置。2019—2023 年我国专利许可转让率整体平稳,在波动中有一定提升,这表明专利的转让和许可活动保持在一个相对稳定的水平,没有出现大幅波动,专利权人在专利流转方面的策略没有发生剧烈变化,以企业为代表的专利权人主要还是以专利自主产业化来实现其商业价值。

专利保护方面,2019—2023 年,我国专利权人遭遇过侵权的比例整体呈下降趋势,从 13.3% 下降至 6.7%,显著降低了近 6 个百分点;相应的,在遭遇侵权后专利权人采取维权措施的比例从 72.7% 上升至 83.1%。就诉讼金额而言,侵权诉讼赔偿金额或和解金额为 50 万元以下的占比从 2019 年的 53.2% 下降至 2023 年的 32.9%,而赔偿金额或和解金额为 100 万元以上的占比却从 2019 年的 7.2% 显著上升至 2023 年的 19.4%。通过维权比例和相关金额占比情况可以看出,越来越多的专利权人愿意运用法律手段维护自身的合法权益,而且随着近年来我国知识产权司法实践对知识产权侵权行为的打击力度进一步加大,侵权行为的违法成本越来越高,高额赔偿下侵权行为占比的显著降低表明法律威慑作用开始显现,我国知识产权保护状况持续改善,法律环境和市场环境不断优化。

第二节 专利自主产业化

一、专利自主产业化概述

专利产业化是指专利技术产业化,即通过实验、组合、生产、应用等诸多环节,将专利技术转化为产品,通过产品化、商品化的形式创造价值。其中,专利自主产业化是指专利权人自己将专利技术应用于工业生产、制造、使用、销售等活动,即专利权人将专利转化为实际的生产力和经济效益的过程。专利自主产业化一般是企业将技术创新成果转化为生产力和经济效益最直接的方式,这不仅意味着相应的专利技术已经转化为产品或服务进入市场,更要求进入市场的专利产品或服务能够给创新主体带来相应的经济回报。

专利自主产业化的技术来源一般可分为以下两种:①源自企业自主研发,指企业自身是唯一的创新主体,其将自身研发的新技术转化为自主知识产权后,将相应专利直接应用在自身的产品上,并且专利权人自己进行产品的生产、销售等活动,从而实现了技术创造和应用的一体化,企业通过自主研发到自主生产的专利实施过程对其自身的科技创新能力和生产实力均提出了较高要求。②源自合作开发模式,指企业、高校或科研院所等主体共同参与技术的开发,各主体成员在技术研发和后期技术实施中扮演的角色与其自身特点有关,例如,企业分析市场前景后与具有科研实力的企业、高校或科研院所等合作,实现共同科技攻关、技术改进,共同参与研发的成员一般共同享有上述创新成果,或者由企业委托研发实力较强的高校、科研院所进行技术创新,后期基于合作协议完成创新成果专利技术的转让,最后由企业结合市场需求,将技术转化为产品,完成专利产业化的最后一步。

二、科创板上市企业涉及专利自主产业化的典型案例

(一)安杰思

1. 公司概况

杭州安杰思医学股份有限公司(以下简称"安杰思")成立于2010年,是一家致力于微创介入诊疗领域产品和手术方案的设计与开发的高新技术企业,主要从事内镜微创诊疗器械的研发、生产与销售,主要产品应用于消化内镜诊疗领域,按治疗用途分为止血闭合类、EMR/ESD类、活检类、ERCP类和诊疗仪器类。公司生产的各类微创诊疗器械与消化内镜配套使用,两者相辅相成,共同应用于消化道疾病的临床诊断和治疗。

在国内市场方面,近年来国产品牌对进口品牌的替代取得了积极效果,打破了早期由国际品牌垄断的局面。安杰思是国产内镜微创诊疗器械的头部企

业之一，营销网络已基本覆盖全国的重点城市，主导产品在全国千余家医院得到应用，2021年度止血闭合类产品市场份额达到15%。在国外市场方面，波士顿科学、奥林巴斯、库克医疗等企业仍占据主要市场份额，公司相关产品已获得美国FDA注册、欧盟CE认证等证书，销往美国、德国、意大利、英国、韩国、澳大利亚、日本等四十多个国家和地区，2021年度国外收入增速超过90%，市场影响力不断扩大。

多年来，安杰思发挥自身研发优势，对传统产品不断进行技术改进：在止血闭合类产品中开发可拆卸技术，通过改进结构设计，不仅提高了操作安全性、扩大适应症范围，而且能够缩短手术时间，降低患者诊疗成本；在ERCP类产品中创新碟形球囊成型技术，提高结石取净率并有效减少二次损伤；在EMR/ESD类产品中实现双极回路技术的临床应用，在用于防治早期消化道癌的ESD产品中，公司基于电切原理，经过多年的试验与改进，开发出双极黏膜切开刀、双极高频止血钳、双极电圈套器和高频电发生器等产品，大幅减少电流经过人体的面积，从而降低组织损伤和穿孔风险，同时避免了内镜器械对患者体内其他电子诊疗装置的干扰，进一步保障了手术安全。

2020年4月，安杰思首次在科创板递交上市申请材料，但于2021年9月主动撤回了申报材料。2022年6月，安杰思再度递交上市申请。经过两轮问询后，2023年3月，中国证监会公告同意安杰思在科创板上市的注册申请。2023年5月，安杰思正式在科创板上市。

2.知识产权及专利技术自主产业化情况❶

截至2022年，安杰思共获得了43项发明专利（其中13项为国外专利）、29项实用新型专利（其中1项为国外专利）。

公司核心技术、核心产品与专利的对应关系如表3-1所示，可以看出，其核心产品至少包含一种以上的核心技术，且均由安杰思自主研发形成，上述核心技术有的已经被授予专利权，正处于专利保护中，有的则正在专利申请进行中。其中有9项核心产品目前已处于批量生产阶段，已实现收入；有3项核心产品目前处于申请阶段。

---

❶ 相关信息摘录自安杰思招股说明书。

表 3-1　安杰思核心技术、核心产品与专利对应情况

类型	核心技术	核心产品	技术来源	知识产权状态
EMR/ESD 类、止血闭合类	双极回路技术	双极黏膜切开刀、双极高频止血钳、双极电圈套器	自主研发	已授权专利
止血闭合类	可拆卸技术	止血夹	自主研发	已授权专利
	夹子辅助组织牵引技术	止血夹	自主研发	已授权专利
	可换装技术	止血夹	自主研发	已授权专利
	连发技术	止血夹	自主研发	已授权专利
活检类	啮合活检技术	活检钳	自主研发	专利申请中
ERCP 类	可控成型技术	导丝	自主研发	已授权专利
	可旋转操控技术	高频切开刀	自主研发	已授权专利
	碟形球囊成型技术	球囊取石导管	自主研发	已授权专利
诊疗仪器类	温控和量控技术	内镜用二氧化碳送气装置	自主研发	已授权专利
	高频设备输出技术	高频电发生器	自主研发	专利申请中
	单光纤扫描探头技术	光纤成像系统	自主研发	专利申请中

安杰思直接将核心专利技术转化为产品，依靠核心技术开展生产经营。2019—2022 年上半年，核心技术持续为公司带来收益，推动销售收入快速增长，核心技术产品实现的收入分别为 17 217.83 万元、16 179.20 万元、29 254.06 万元和 14 882.73 万元，占当期主营业务收入的比例分别为 94.42%、94.31%、95.88% 和 95.05%，可见，主营业务收入主要来源于核心技术。公司核心技术及对应产品实现收入的具体情况如表 3-2 所示。

在预夹及可拆卸技术、圈套成型技术、可控成型技术、可旋转操控技术等核心技术推动下，止血闭合类、EMR/ESD 类、ERCP 类等产品收入呈现持续增长态势。根据核心产品收入占主营业务收入的比例可以看出，止血闭合类产品是支撑该公司经济收益的最重要的产品，基于预夹及可拆卸技术的止血夹产品所带来的营业收入在 2019—2022 年均保持在 50% 以上。

表 3-2　安杰思核心技术与核心产品及所取得的收入情况

类别	核心技术	应用产品	2022年1—6月		2021年度		2020年度		2019年度	
			金额/万元	占比/%	金额/万元	占比/%	金额/万元	占比/%	金额/万元	占比/%
止血闭合类	预夹及可拆卸技术	止血夹	8 234.75	52.80	17 225.98	56.46	8 800.29	51.30	10 157.66	55.71
活检类	啮合活检技术	活检钳	1 941.54	12.45	3 470.06	11.37	2 543.88	14.83	2 224.94	12.20
ERCP 类	可控成型技术	导丝	326.69	2.09	551.79	1.81	473.69	2.76	460.19	2.52
	可旋转操控技术	高频切开刀	457.95	2.94	765.37	2.51	622	3.63	468.32	2.57
	碟形球囊成型技术	球囊取石导管	285.62	1.83	580.74	1.90	452.44	2.64	433.8	2.38
	安全防嵌顿技术	取石网篮	99.83	0.64	245.61	0.81	250.28	1.46	141.7	0.78
EMR/ESD 类	圈套成型技术	圈套器	2 793.28	17.91	4 743.32	15.55	1 906.14	11.11	2 177.66	11.94
诊疗仪器类	温控和量控技术	内镜用二氧化碳送气装置、内镜用送水装置	683.07	4.38	1 671.19	5.48	1 130.47	6.59	1 153.55	6.33
合计			14 822.73	95.05	29 254.06	95.88	16 179.20	94.31	17 217.83	94.42
主营业务收入			15 594.94	100.00	30 510.02	100.00	17 155.49	100.00	18 234.58	100.00

止血闭合类产品是安杰思最早开始研发的一类产品之一。公司自 2012 年起开展止血夹产品的研发，经过十年的创新，利用核心技术精准解决临床痛点，先后取得了 20 项发明专利，另有 10 项发明专利正在申请中，实现了可重复开闭、可拆卸、保持预夹和旋转功能下的可换装和连发等功能，其中可拆卸以及保持预夹和旋转功能下的可换装技术为公司独有技术，进一步提高操作安全性、缩短手术时间、降低诊疗成本、扩大适应症范围。公司的止血夹产品于 2013 年通过 CE 认证，是国内首批向欧洲销售止血夹产品的企业，亦是率先取得止血夹产品第三类医疗器械注册证的国内生产企业之一。根据研究报告《软镜：百亿规模再加速，进口替代正当时》的预测数据，2021 年国内使用止血夹的数量为 997 万个，而安杰思 2021 年境内销售止血夹 149.59 万个，可以预估其市场占有率达到 15%。

安杰思止血闭合类产品的核心技术均与结构设计相关，应用于夹头组装环节，效果各有不同，其中旋转和预夹技术可实现 360°的精确角度调整及反复预夹，提高闭合创面的能力；可拆卸技术降低了临床医生术中夹子误夹导致的风险，以及术后夹子可能超预期滞留体内的风险；可换装技术实现一个释放器与多枚夹子重复连接的同时兼具预夹和精准旋转功能；夹子辅助组织牵引技术可以将需要被剥离的组织基部充分暴露在内镜视野下用于诊断和治疗；连发技术实现一个释放器进入病灶部位后可连续释放多枚止血夹的效果，提高止血效率，增加手术的安全性和有效性。

上述止血夹产品的技术发展经历了多个阶段，如图 3-1 所示。

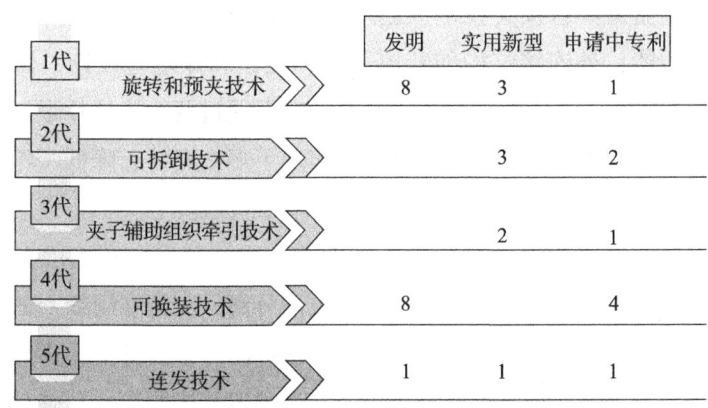

图 3-1　止血夹技术相关专利技术发展和布局情况（单位：项）

1）一代技术：旋转和预夹技术

旋转和预夹技术为公司第一代核心技术，该技术兼顾推拉力传递和扭矩传递，实现360°的精确角度调整。材料方面，对夹片选用高弹性17-7不锈钢材料并经过特殊的工艺进行热处理，实现反复预夹，提高可闭合创面的能力，降低了临床医生术中的操作难度，提高手术效率和成功率、减少并发症。公司已获得与该技术相关的发明专利8项、实用新型专利3项，另有1项发明专利正在申请中。

2）二代技术：可拆卸技术

可拆卸技术为公司第二代核心技术，是对止血夹锁定结构的一种设计创新。消化内镜诊疗手术过程中经常会出现医源性或自身性组织损伤或出血的情况，需要进行组织闭合或止血处理。止血夹采用可靠而持续的机械压迫机理，经过多年的临床使用，已成为公认的最简便有效的闭合及止血器械。以往广泛使用的普通止血夹仅可进行单次夹持操作，需要通过内镜视觉系统来判断夹片对组织的夹持效果。医生往往需要凭借操作经验实现一次性的准确夹持，这种操作对内镜控制能力和病灶情况判断能力的要求较高，需要经过长期训练才能掌握，即使经验丰富的医生也会偶尔发生夹持位置不当的情况。而一旦夹持位置不当，会妨碍后续手术操作，必要时需将夹子从原病灶组织上强行拉拽下来，可能造成消化道黏膜的进一步损伤。随着内镜医生对手术方式不断优化，临床操作中需要中途释放止血夹的情况逐渐增加，手术结束后也需要将止血夹无损伤地从组织上取下来，以便对病理标本进行分析和诊断。

可拆卸止血夹具备预夹技术，通过特殊设计的内外连接结构实现了夹片的多次夹持功能：外连接结构创新地采用弹性销和保险管设计，保障了夹子释放分离的可靠性；内连接结构在非释放状态下通过两个连接片限制了弹性夹片尾部的分离。内外连接结构的配合有效实现了多次夹持，降低了医生误夹的风险。

同时，公司的可拆卸止血夹具备可拆卸技术，其反向利用了夹子自锁保持的原理，通过破坏保持结构，使已与释放器分离并夹持在组织上的夹子重新张开，在不损伤病灶组织的情况下将夹子轻松拆除。该设计下，由外部器械配合按压夹片锁定结构，使止血夹向内收缩并与锁定结构脱离，在弹性作用下夹子自动张开，从而实现与组织的无损分离，为术后因止血夹长期滞留体内无法自动脱落以及术中误夹止血夹提供了新的解决方案，可降低因强行移除夹子而对患者造成的二次组织损伤风险。公司已获得与该技术相关的实用新型专利3项，另有2项发明专利正在申请中。

3）三代技术：夹子辅助组织牵引技术

夹子辅助组织牵引技术为公司第三代核心技术，该技术是在止血夹夹片上增加一个弹性结构件，术中将一个带有弹性件的止血夹夹持在需要被提拉的组织上，再将另一个止血夹穿过弹性件的牵引孔，使游离组织与被剥离的组织位置远离并通过止血夹进行临时固定，可以将需要被剥离的组织基部充分暴露在内镜视野下用于诊断和治疗，术后通过可拆卸设计将止血夹安全取出，增加手术的安全性和有效性。公司已获得与该技术相关的实用新型专利2项，另有1项发明专利正在申请中。使用该技术的产品尚未取得注册证，尚未实现销售收入。

4）四代技术：可换装技术

可换装技术为公司第四代核心技术。在对损伤创口较大的患者进行内镜治疗时，一台手术可能消耗十数甚至数十支普通止血夹。无论是从国家医保控费还是从患者节约成本的角度，临床手术都亟须一款功能完善且可重复使用的止血夹产品。可换装技术采用内外连接结构，先将释放器插入保护壳内，对收紧管和释放器进行预连接，然后推动手柄将内连接芯轴与夹片连接，从而实现夹子与释放器的再次组装。

可换装技术是可拆卸技术的延伸，每个被换装的夹子都兼具预夹或可拆卸功能。借助可换装技术，一个止血夹释放器可配合多个夹头使用，实现了释放器的重复使用，每次连接均能够完成精准旋转和预夹功能，降低了止血夹的使用成本，进而减轻患者负担。

公司已获得与该技术相关的发明专利8项，另有4项发明专利正在申请中。使用该技术的产品尚未取得注册证，尚未实现销售收入。

5）五代技术：连发技术

连发技术为公司第五代核心技术，是可换装技术的另一种实现方式。使用连发技术的止血夹夹片采用了新型的无磁材料，通过特殊的结构设计将多枚止血夹以串行的布局方式放置在释放器前端，实现了一个释放器进入病灶部位后可连续释放多枚止血夹，提高止血效率，为大面积出血的患者节约止血时间，增强了手术的安全性和有效性。公司已获得与该技术相关的发明专利 1 项、实用新型专利 1 项，另有 1 项发明专利正在申请中。使用该技术的产品尚未取得注册证，尚未实现销售收入。

3. 持续创新机制

专利是公司核心竞争力的重要组成部分，也是公司持续创新和发展的基础。安杰思在创立初期就确立了技术创新的差异化发展路线，结合过往技术创新经验和对行业技术发展趋势的理解，公司逐渐形成了较为完善的技术创新机制，形成了以临床学术研究、专利分析研究和科技成果研究为核心的"三棵树"的技术创新理念，如图 3-2 所示。

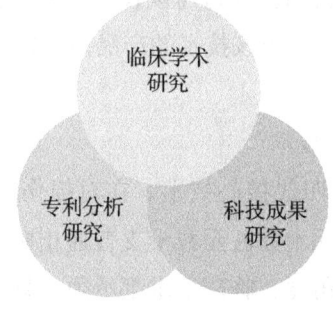

图 3-2 "三棵树"技术创新理念

在临床学术研究方面，安杰思通过对全球消化内镜临床学术文献的定期收集、学习和分析，将消化道疾病分为上消化道、下消化道以及胆胰疾病三个大类，并且罗列出每个大类疾病中的细分疾病类型。针对每个细分疾病类型，进一步整理学术文献中不同的诊疗方案，并且通过统计历年发表的文献数量来判断当下全球临床医生对某类细分疾病所关注的诊疗焦点，为产品的研发创新提供决策依据。

在专利分析研究方面，公司定期收集、学习和分析产品相关的核心专利数据，通过对全球主要内镜微创诊疗器械生产商的知识产权尤其是新增技术分支及方案进行研究，可以判断未来主要产品的发展方向，为研发创新提供参考。进一步地，通过分析特定产品的知识产权情况，对其技术和功能趋势做深入剖析，判断该产品在未来的主要竞争点，并结合公司自身优势找准研发的差异化路径（图 3-3）。

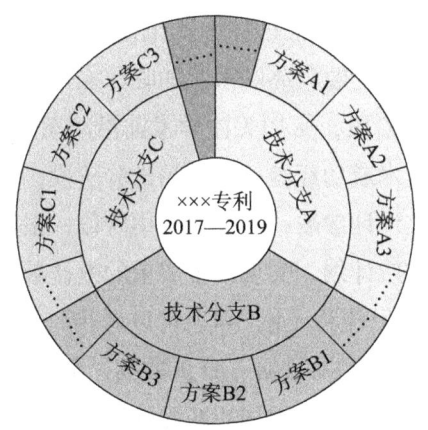

图 3-3　基于专利分析挖掘技术方案思路

在科技成果研究方面，公司定期收集、学习和分析当前科技领域中与公司业务相适应的产品研发和工业制造成果，主要包括光电技术类、机械技术类、材料类等。公司根据研发需要，不断更新和调整科技成果检索方向，通过学习科技期刊的文献和科研成果、参加工业制造类专业性展会、与科研院所进行深度交流与合作等方式，为产品的研发创新提供技术实现的支持。

在"三棵树"理念的指引下，安杰思逐步形成"以临床需求为导向、以产品创新及工艺优化为路径、以行业信息为支持"的研发体系。

"以临床需求为导向"是指在研发方向上，公司产品始终围绕消化道疾病的临床诊断和治疗，将临床手术操作的技术难点转化为产品需求，与医生合作完善产品结构及功能，降低手术技术门槛，努力扩大产品的适应症范围，减少禁忌与不良反应，为临床医生提供安全、有效、易操作的手术器械，同时降低患者手术费用。

"以产品创新和工艺优化为路径"是指在产品结构改进方面，公司紧跟技术前沿，基于临床文献研究与市场调研，在内部快速形成创新的结构及功能方案，并组织专家团队进行前瞻性评估。经过初步评估后，通过临床合作对小批量样品进行安全性和有效性检验，并不断改进结构和功能的设计。在产品工艺方面，公司通过展会交流、调研考察等形式不断探索新的工艺流程和先进设备，持续优化产品线，保持生产制造优势。

"以行业信息为支持"是指公司高度关注各类行业信息，并据此及时调整研发策略。在研发规划阶段,根据技术资讯研判行业趋势,确定技术发展方向;在研发设计阶段,广泛收集终端医院的临床操作需求,转化为结构和功能改进方案;在研发攻关阶段,密切关注学术前沿动态及相近产业的技术突破,充分借鉴国内外现有技术成功经验;在样品试验阶段,深入分析试验数据和临床操作反馈,及时调整设计参数;在技术应用阶段,根据竞争情况预测市场需求,制订合理的上市推广计划,实现技术成果的效益最大化。

由安杰思的具体研发流程(图3-4)可以看出,在确定技术研发方向前,公司需要充分收集数据、挖掘数据、分析数据,通过对数据中有效信息的提取,判断出当前与公司产品战略规划相匹配的研发热点、临床痛点,准确了解诊疗趋势和技术前沿。而在数据挖掘中,专利数据分析又是判断研发热点、定位最新科技动态的重要参考。一般,专利分析可分为定量分析和定性分析两大类。定量分析是指通过统计专利数据来识别技术趋势和竞争态势,常见的定量分析指标包括专利申请数量、专利年限统计、被引用次数和不同创新主体所持有的专利数量等。而定性分析则侧重于对专利文本的深入研究,通过分析专利的背景、技术内容及其在行业中的作用,评估技术的创新性和市场价值。

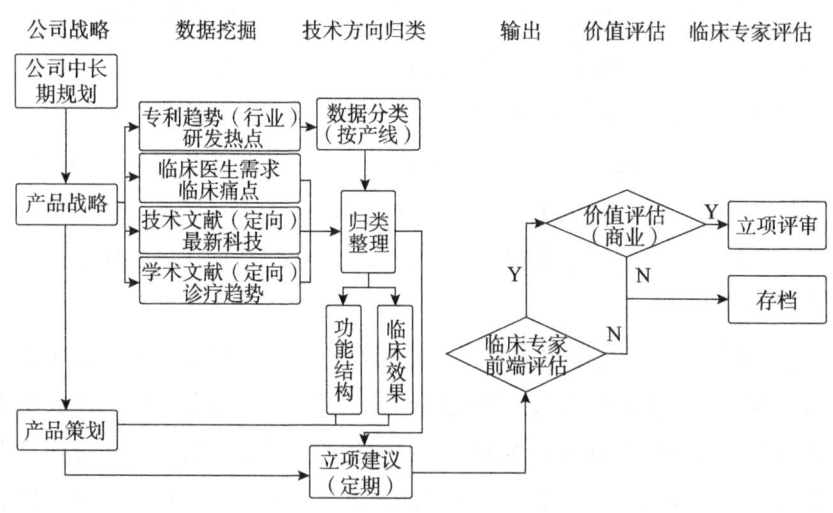

图3-4 安杰思研发流程

4. 案例评析

本案中,安杰思是一家典型的科技创新型企业。公司依靠自主研发形成核心技术，围绕核心技术展开专利挖掘、专利保护和专利布局，并将载有"知识产权"的核心技术依次转化为公司核心产品，并通过销售核心产品获得主要收入。

例如，止血夹作为安杰思主营收入占比较高的产品，其所涉及的技术也在不断更新迭代，并且每一代技术均通过申请若干发明专利、实用新型专利的方式实现了对核心技术的有效专利布局，虽然有的产品尚未通过批量生产进入市场，但层层递进的专利布局方式已对核心技术实现周密的知识产权保护。这不仅保证了公司的核心产品能够持续拥有先进的创新技术，既具有创新发展的持续动力，同时也有效地做到了为企业的产业化发展保驾护航，形成了有效的专利壁垒，一定程度上能够帮助企业稳固市场地位。

技术创新是指在技术领域中，通过研究和开发活动，创造或改进产品、工艺、系统或服务的过程，而确定技术创新方向是进行每一次研究和开发的起点，如果方向出现偏差，可能会造成后续整个研发过程的失败，由此给中小型科创企业带来的经济损失和时间损失是巨大的。因此，从创立到发展，安杰思在探索中确定了根据数据分析结果科学判定技术创新方向的"三棵树"研发理念，在"三棵树"理念的指引下，安杰思逐步形成"以临床需求为导向、以产品创新及工艺优化为路径、以行业信息为支持"的研发体系，并确定了"销售一代、研发一代、探索一代"的产品研发和市场销售策略。

"三棵树"涵盖了临床学术研究、专利分析研究和科技成果研究。通过对临床学术研究的跟踪分析，企业能够快速了解临床实践中的诊疗焦点，避免研发脱离市场需求；通过专利分析研究，企业能够了解技术发展趋势、竞争对手动态、现有技术壁垒和潜在技术机会等，避免重复研发并激发差异路径的研究；通过科技成果研究，企业能够了解相关产业领域的技术发展情况，有助于找到高效、便捷的产业化加工制造方式和手段等，避免产业化过程中出现生产短板。

在专利产业化中，专利技术的自主产业化是最基础、最重要的方式。安杰思在专利自主产业化过程中，合理把控了产品研发、产品生产和产品销售的节奏。以关键技术为核心，研发关联技术并通过专利申请的方式对上述技术予以保护，基于专利技术组合，生产得到对应的核心产品，当根据市场需求对技术作进一步调整和改进时，专利组合也相应作出调整，最终核心产品也随之更新换代，从而实现技术持续创新，产品持续更新，专利布局也紧跟其后；同时，产品的市场反馈又进一步可以作为技术创新方向调整的参考，由此形成企业从技术到专利、到产品、再到技术的良性循环，实现了企业的创新发展。

企业在技术创新时，可以基于自身努力和探索实现新技术零的突破，但这要求企业具有非常强的创新实力和雄厚的经济实力，因此，对于大多数中小创新型企业而言，创新往往需要"站在巨人的肩膀上"继续前行，而专利分析是企业创新路上最有效的导航工具之一。专利分析是一种利用专利信息揭示特定技术领域的创新见解和趋势的方法，通过收集专利数据，处理、分析专利数据，获取相关技术趋势、市场动态、竞争情报等重要信息，并最终为研发、创新政策、知识产权商业化等方面的战略决策提供指导建议。专利分析有助于企业在不同时期精准定位研发方向，寻找具有市场潜力的技术分支，并基于现有技术开拓创新思路，促进技术创新和高价值专利产出。

具体的，通过分析技术发展趋势，企业能够快速识别特定技术领域内的发展和创新态势，了解创新前沿，预测未来技术的发展方向，为自身创新提供参考；通过分析竞争对手的专利组合，企业能够直观了解竞争对手的研究方向、技术实力和市场策略，尽早识别潜在的侵权风险和市场机会，及早作出针对性的调整和决策，保持市场竞争力；通过专利分析地图，企业能够可视化技术领域内的专利研发思路，识别技术空白点和研究热点，提前做好研发规划和方向；通过深入分析专利文献，企业能够梳理出详细的技术发展路线，了解技术研发的薄弱环节，从现有专利文献中汲取养分，避免重复研发，从而更好地选择研发方向并优化资源的配置，提高研发效率。"硬科技"企业的本质特点是创新，用好专利分析工具，有助于企业在技术创新、市场定位等方面作出更好的决策，为企业创新提供持久动力。

（二）禾信仪器

1. 公司概况

广州禾信仪器股份有限公司（以下简称"禾信仪器"）成立于2016年，是一家集质谱仪研发、生产、销售及技术服务于一体的"国家火炬计划"重点高新技术企业，主要向客户提供质谱仪及相关技术服务。禾信仪器专注于质谱仪的自主研发、国产化及产业化，掌握质谱核心技术并具有先进工艺装配能力，是国内唯一一家以"质谱分析技术"入选科技部"国家创新人才推进计划—重点领域创新团队"的企业。质谱仪作为高端分析仪器，在环境监测、医疗健康、食品安全、工业过程分析等领域得到广泛应用。公司产品及服务高度聚焦于大气环境监测领域中的 PM2.5、VOCs 和 O_3 监测，在该细分领域取得了较强的品牌优势，客户主要为各级生态环境部门、环境监测站/中心/中心站以及科研院所等。同时，禾信仪器也正在积极地向医疗健康、食品安全等应用领域进行拓展。

自成立以来，禾信仪器曾多次牵头承担了新型高分辨杂化质谱仪器的研制与应用开发、高灵敏度高分辨串级质谱仪器研制、分布式多通道 VOCs 在线监测预警溯源系统集成及产业化等 3 项与主营业务和核心技术相关的"国家重大科技专项项目"，在质谱仪的质量分析器、离子源、进样系统、数据系统和整机系统等方面突破众多关键核心技术。禾信仪器还曾参与 5 项与质谱仪相关的国家及行业标准的制定。

（1）在质量分析器方面，禾信仪器自主研发的检测技术能够极大地提高质量分析器的质量分辨率。如双极飞行时间质谱技术实现对正、负离子的同时全谱检测，缩小仪器体积，在国内实现了单颗粒气溶胶飞行时间质谱仪（SPAMS 系列）的国产化和产业化。

（2）在离子源方面，禾信仪器自主研发的真空紫外光电离源技术可以对 VOCs 分子进行软电离，解决复杂样品同时进样检测、快速定性的难题，可实现 ppt 量级（万亿分之一）的实际样品检测限。

（3）在进样系统方面，禾信仪器自主研发的膜进样系统可有效提升 VOCs 在线监测飞行时间质谱仪（SPIMS 系列）对环境中 VOCs 进样检测的检测限，达到 ppb 级别（十亿分之一）。

（4）在数据系统方面，禾信仪器自主研发的大气气溶胶污染实时源解析技术基于高性能的单颗粒气溶胶质谱仪（SPAMS 系列）以及包含大量污染源质谱图谱的数据库，具有实时分析等突出特点，可以为动态调控、精细化治理提供依据；高时空 3D-VOCs 走航监测技术能够实现车载移动走航监测，可结合地理信息系统技术与物联网技术，支撑环保部门进行 VOCs 污染的快速在线分析和筛查。

（5）在整机系统方面，禾信仪器自主研发的质谱自动控制技术解决了质谱仪整机进样系统、真空系统、光学系统、电系统等多系统协调控制等难题，实现了整机自动化控制，提高了质谱仪器的使用便捷性，能够显著降低仪器使用的困难度，为用户节省了大量人力和时间成本。

2019年6月，禾信仪器首次在科创板递交上市申请材料，但于2020年1月主动撤回了申报材料。2020年10月，禾信仪器再次递交上市申请，经过两轮问询后，2021年7月，中国证监会公告同意禾信仪器在科创板上市的注册申请。2021年9月，禾信仪器正式在科创板上市。

2.知识产权及专利技术自主产业化情况❶

截至2020年，禾信仪器共获得了40项发明专利、65项实用新型专利和1项外观专利权。其中有5项是由禾信仪器与暨南大学共同申请或由禾信仪器、暨南大学和昆山禾信共同申请，禾信仪器与共同申请人签署了《技术转让（专利权）合同》，约定暨南大学将其享有的该5项共有专利的份额转让给禾信仪器。

禾信仪器的研发涵盖了质谱仪的质量分析器、离子源、进样系统、数据系统和整机系统等诸多方面，通过持续的自主研发及产业化推广，其掌握的14项核心技术中的12项已实现产业化应用，剩余2项已突破关键技术，正在产业化过程中。已经产业化应用的技术具体如下。

基于高分辨垂直引入反射式飞行时间质量分析器技术、激光源质谱分辨率提升技术、双极飞行时间质谱技术、多级离子移除脉冲技术等4项核心技术，禾信仪器持续推进质谱仪产品质量分辨率等指标的提升，扩展公司质谱仪的应用范围和领域。

基于单颗粒气溶胶双光束测径技术、一体式小角度激光入射离子源、真空紫外光电离源、膜进样系统等4项核心技术，禾信仪器持续推进质谱仪产品质量准确性、检测限、质量稳定性等指标的改进，促进了SPAMS系列、SPIMS系列、AC-GCMS-1000等产品的产业化应用。

基于质谱源解析技术、大气气溶胶污染实时源解析技术、高时空3D-VOCs走航监测技术等3项核心技术，广州禾信仪器的SPAMS系列、SPIMS系列产品实现了仪器与软件的密切结合，促进了公司核心产品的应用

---

❶ 相关信息摘录自禾信仪器招股说明书。

方法拓展。

基于质谱自动控制技术，禾信仪器的质谱仪产品解决了多系统协调控制等难题，实现了整机自动化控制，能够显著降低仪器使用的困难度，为用户节省了大量人力和时间成本。

SPAMS系列、SPIMS系列、AC-GCMS-1000等质谱仪均已成功应用于环境监测等领域，主要围绕大气中PM2.5、VOCs等污染物，开展PM2.5精细化源解析、VOCs在线走航分析等。

作为核心产品的质谱仪，其所涉及的核心技术、核心产品及相关知识产权保护情况如表3-3所示。可以看出，这14项技术中，其中共有11项通过申请专利的方式进行保护，2项通过申请软件著作权的方式进行保护，2项通过技术秘密的方式进行保护。禾信仪器同样依靠核心技术生产经营，其核心技术广泛应用于公司的各类产品及服务，主要产品为质谱仪系列产品。

表3-3　禾信仪器核心技术、核心产品及知识产权保护情况

核心技术	核心产品	技术来源	产业化应用阶段	保护措施
高分辨垂直引入反射式飞行时间质量分析器	全部自制仪器	自主研发	已产业化	技术秘密
激光源质谱分辨率提升技术	SPAMS系列	自主研发	已产业化	专利1项
双极飞行时间质谱技术	SPAMS系列	自主研发	已产业化	专利1项
多级离子移除脉冲技术	全部自制仪器	自主研发	已产业化	专利2项
单颗粒气溶胶双光束测径技术	SPAMS系列	自主研发	已产业化	专利3项
一体式小角度激光入射离子源	CMI-1600	自主研发	已产业化	专利2项
电喷雾离子源	API-TOFMS	自主研发	正在产业化	专利2项
电子轰击离子源	GGT-0620	自主研发	正在产业化	专利2项 软著1项
真空紫外光电离源	SPIMS系列	自主研发	已产业化	专利1项
膜进样系统	SPIMS系列	自主研发	已产业化	专利2项
大气气溶胶污染实时源解析技术	SPAMS系列及相关数据分析服务	自主研发	已产业化	专利1项
质谱源解析技术	SPAMS系列及相关数据分析服务	自主研发	已产业化	专利4项

续表

核心技术	核心产品	技术来源	产业化应用阶段	保护措施
高时空 3DVOCs 走航监测技术	SPIMS 系列及相关数据分析服务	自主研发	已产业化	软著 1 项
质谱自动控制技术	全部自制仪器	自主研发	已产业化	技术秘密

注：表中"软著"指软件著作权。

SPIMS 系列和 SPAMS 系列是禾信仪器最重要的两类核心产品。其中，SPAMS 系列是公司最早推出的核心产品，其主要功能是 PM2.5 源解析、污染过程捕捉与分析、污染天气成因分析、灰霾形成机制及气候变化研究；SPIMS 系列的主要功能则是工业园区 VOCs 在线源监测及环境应急监测。

由于大部分自制仪器（包括 SPAMS 系列、SPIMS 系列及其他自制仪器）均运用了质量分析器、离子源、进样系统、整机系统等方面的核心技术，因此自制仪器整体的销售收入可认定为禾信仪器的核心技术收入。

由表 3-4 可知，2018—2020 年公司核心技术收入金额逐年上涨，核心技术收入占比也在稳定中逐渐上升，分别为 85.78%、85.17% 和 89.39%，可见随着产业化时间的增长，专利技术产业化给企业所带来的收入也呈稳步增长态势。

表 3-4 2018—2020 年度公司核心技术收入占比情况

项目	2020 年度		2019 年度		2018 年度	
	金额/万元	占比/%	金额/万元	占比/%	金额/万元	占比/%
核心技术收入	27 912.68	89.39	18 722.84	85.17	10 698.51	85.78
非核心技术收入	3 314.54	10.61	3 260.89	14.83	1 774.06	14.22
合计	31 227.21	100.00	21 983.72	100.00	12 472.57	100.00

3. 合作研发模式

除坚持自主研发外，禾信仪器也会与其他国内外知名高校、科研院所和企业等单位进行合作研发，作为公司自主研发活动的有效补充。公司形成合作研发的主要方式可分为三类：①利用合作方提供的检测服务，合作方主要在产品检测方面发挥作用；②共同参与或承担政府科研项目，公司基于掌握的质谱仪相关技术，根据协议约定承担相关课题，完成项目任务；③新产品研发，技术交流，公司与合作方优势互补，公司主要负责质谱仪部分的研发。

禾信仪器的主要合作单位也分为三类：①科研院所类，包括中国科学院化学研究所、工业和信息化部电子第五研究所、中国工程物理研究院机械制造工艺研究所、中国计量科学研究院以及俄罗斯科学院等等；②高校类，包括暨南大学、上海大学、北京科技大学、浙江大学、华南师范大学等；③企事业单位类，包括中国广州分析测试中心、广东省环境检测中心、天津博硕东创科技发展有限公司等。

在权利义务约定中，例如禾信仪器与俄罗斯科学院的主要约定重点在于基于双方合作完成的技术成果，双方均可将技术成果产业化，但在中国境内的技术成果产业化权利则由禾信仪器独占，双方合作完成的技术成果转让也须在双方同意的前提下进行，如一方转让该技术成果，另一方则具有同等条件下优先受让的权利；与中国广州分析测试中心主要约定，合作期间针对双方共同完成的科技成果，双方根据研究工作中的各自贡献大小，通过协商方式合理分配相关成果；与高校、科研院所主要约定各方共同完成的科技成果及其形成的知识产权归各方共有，共同享有知识产权使用权，无论独有还是共有的知识产权转让，项目各参与方有以同等条件优先受让的权利；与天津博硕东创科技发展有限公司主要约定双方合作研发期间，因履行协议所产生的研究成果及其相关知识产权，双方共同享有申请专利的权利，未经一方书面同意，另一方不得单独就有关技术申请专利，针对具体专利技术，双方将单独签订协议就专利及技术的实施权、转让权、许可权等权益分配及相关费用承担进行约定，双方均有权利用双方按照本协议约定提供的研究开发成果，各自进行后续改进。由此产生的具有实质性或创造性技术进步特征的新的技术成果及其权属，归改进方自行享有。因改进后的技术成果取得的收益由改进方享有。

4. 案例评析

本案中，禾信仪器在技术创新和技术产业化过程中，注重研发端的多方合作，其合作对象不仅包括科研实力雄厚的高校和科研院所，还包括专注在特定产业领域方向的创新企业。

在与高校、科研机构合作方面，对于企业而言，禾信仪器以企业方参与，其具有相对较好的资金流和研发平台以及较敏锐的市场嗅觉，但高素质创新人才团队相对不足，而高校和科研机构则拥有丰富的人才和科研资源，但资金相对不足，双方通过产学研合作，能够将高校、科研机构的技术创新优势与企的市场优势、产品优势有效结合，实现资源共享和优势互补，并且在合作中能够进一步提高企业自身的创新能力和技术实力。基于共同创新和研发，新产品、新技术等的不断升级和优化，有助于不断提高企业的市场竞争力。对于高校和科研机构而言，参与企业实际产品和技术的研发，有助于将研发与现实市场需求相关联，将研发方向聚焦在解决实际问题上，并将科技成果从实验室转化到市场应用，突破科研成果产业化的难题，提高科研成果的转化效率。

在合作协议中，各方权利义务约定方面，针对不同类型的合作方，禾信仪器重点约定的内容也各不相同。

与境外科研院所合作时，除考虑约定技术创新成果的所有权外，禾信仪器还关注到在将该创新成果进行产业化时，创新成果的地域性限制等问题，即首先约定双方均享有将技术创新成果产业化的权利，同时考虑境内境外的地域差异，进一步约定了如果在中国境内产业化，则对应的技术成果产业化权利由禾信仪器独占，由此确保了该技术创新成果在中国境内的独有性，一定程度上保证了在国内市场竞争中，禾信仪器能够处于该方向的技术领先位置。

与国内其他高校、科研院所合作时，侧重于对技术创新成果及转化为知识产权后的归属关系予以明确约定，相关归属权通常约定为双方共同享有，也可以根据双方实际在研发合作中作出的具体贡献大小进行协商确定，并且当合作方有意转让相关技术成果时，禾信仪器依据约定享有优先受让的权利。这意味着高校和科研院所这一类作为以科研为主要职责的合作方，在完成合作研发后，基于维护专利的成本和实际专利技术的应用考虑，往往会选择将相关专利技术转让给合作的企业方，这不仅有利于提高上述专利技术的产业化率，而且能够帮助企业方占据相关技术高地，通过技术实施转化为产品，并通过产品占领市场。

与企业合作时，除要约定相关技术成果的归属权外，还特别详细约定了专利及技术的实施权、转让权、许可权等权益分配及相关费用承担问题，以及约定双方基于现有共同研发成果后续展开改进研发时，改进后技术成果的权属归属和由此取得的收益情况如何分配等问题。这是由于与高校和科研院所等机构不同，企业是以盈利为目的的经济组织，其需要通过提供商品或服务来满足市场需求，获得经济收益，因此，即使是合作关系，双方在某些技术领域也可能是竞争对手关系。明确的利益分配能够确保双方都能获得与其贡献相匹配的回报,有助于减少合作过程中因为利益分配不均而产生的纠纷或矛盾,有助于增强企业合作时的彼此信任度。由于企业的发展是长期的,技术也是不断更新和迭代的,因此考虑技术发展的连续性,在合作研发时还需要提前将后续技术的改进研发成果予以合理约定,一方面可以提高双方对技术作进一步改进的热情,另一方面也能够有效避免潜在的纠纷等问题。

第三节　专利质押

一、专利质押概述

(一)专利质押融资的提出与推广

专利质押融资是指企业或个人利用专利作为抵押,从银行或其他金融机构获得贷款,或通过知识产权证券化等方式获得资金支持。对于轻资产的创新型企业,尤其是科技型中小企业,融资是限制企业发展的重要问题,而专利质押则为上述企业提供了一种无须实物抵押的融资方式,帮助企业将知识产权转化为资金,缓解资金短缺问题。此外,专利质押融资也进一步促使企业积极将其专利技术转化为商业产品,从而推动专利技术的产业化,为其创造更多的营收机会。通过专利质押融资,企业可以加快技术创新和产品升级,提升市场竞争力,增加市场份额和营收。专利质押融资有助于激发创业活跃度,特别是在质押率较低的行业中促进作用更为明显,能同时驱动创新数量和质量的提升,实现创新创业联动效应。

科技创新型企业是我国创新的重要力量,但技术多、资金少是这类企业发展初期常常面临的发展困境,专利质押贷款的融资方式由此应运而生。早在1995年,我国颁布的《中华人民共和国担保法》中,就明确规定"依法可以转让的商标专用权、专利权、著作权中的财产权可以质押"。1996年,国家知识产权局进一步在《专利权质押合同登记管理暂行办法》中对专利权质押合同的内容、形式要求、登记办法等作了详细规定,由此知识产权质押融资开始进入大众视野。为保障专利质押融资真正落地,2006年,国务院在《国家中长期科学和技术发展规划纲要（2006—2020年）》中指出，要鼓励和支持银行向中小企业提供知识产权质押贷款业务。2010年，由财政部、工业和信息化部、银监会、国家知识产权局、国家工商行政管理总局和国家版权局联合发布了《关于加强知识产权质押融资与评估管理支持中小企业发展的通知》，进一步推动了知识产权质押融资与评估管理的相关工作。2014年，中国人民银行会同科技部、银监会、证监会、保监会和国家知识产权局等六部门联合发布《关于大力推进体制机制创新扎实做好科技金融服务的意见》，明确提出"科技金融"概念，并提出要"大力发展知识产权质押融资"。2017年，国家知识产权局发布《关于抓紧落实专利质押融资有关工作的通知》，要求建立健全专利质押融资风险分担及补偿机制，加强项目对接与服务，完善质权风险管理。2019年，中国银保监会联合国家知识产权局、国家版权局发布《关于进一步加强知识产权质押融资工作的通知》（以下简称《通知》），《通知》立足于银行保险机构开展知识产权质押融资业务形成的经验和存在的困难，部署了加快扩大工作覆盖面、抓紧建立健全风险分担及补偿机制、加强项目对接与服务、完善质权风险管理、开展专利权质押登记试点等工作重点，以进一步促进银行保险机构加大对知识产权运用的支持力度，扩大知识产权质押融资。2020年，国家知识产权局印发《推动知识产权高质量发展年度工作指引（2020）》，提出要全面落实进一步加强知识产权质押融资工作的通知，促进银行保险等金融机构加大对知识产权运用的支持力度，进一步扩大知识产权质押融资规模。2023年，国务院办公厅印发《专利转化运用专项行动方案（2023—2025年）》，提出推进多元化知识产权金融支持，包括加大知识产权融资信贷政策支持力度，稳步推广区域性股权市场运营管理风险补偿基金等机制安排，优化知识产权质物处置模式，开展银行知识产权质押融资内部评估试点，扩大银行业金融机构知识产权质押登记线上办理试点范围，完善全国知识产权质押信息平台。

在启动知识产权质押融资试点工作之前，作为一种新型的质押融资模式，专利质押融资在全国尚未形成规模，随着全国各地试点工作的开展，各类利好政策的提出，以专利为代表的知识产权质押融资模式得到推广。特别是2019—2023年，在我国高质量发展需求驱动下，各项政策的引导和支持下，我国专利质押融资已经取得了显著的发展，特别是在模式创新、区域发展等方面取得了积极的成效，切实帮助了中小企业解决融资难题，推动创新驱动发展。

（二）专利质押融资的发展及模式经验

专利质押融资自其被提出以来，就得到了从中央到地方各层面的政策支持，特别是近几年来在我国高质量发展的迫切需求下，为了激发创新活力，切实解决中小创新企业融资难题，专利质押融资作为一种创新的金融服务模式，逐渐走入大众视野。它不仅实现了知识产权和金融服务有效结合，而且有助于促进科技创新和成果转化，并最终达到盘活专利价值的目的。在探索专利质押融资模式的道路上，各地专利质押试点工作的开展为我们提供了丰富的经验。❶

1. 北京模式

北京市作为首批开展专利质押试点工作的城市之一，在推动专利质押服务高质量发展方面形成了一系列特色做法和政策措施，形成了以直接质押融资为特点的"北京模式"。在"北京模式"中，政府机构主要发挥引导和支持作用，没有直接参与到专利质押融资的法律关系中，专利质押融资在企业、金融机构、中介服务机构之间达成，政府机构以"局外人"的身份对符合条件的科技型中小企业在知识产权质押融资中给予贴息支持。银行在开展专利质押融资时为保证风险可控往往设置较为严格的贷款条件，贷款对象一般是处于成长期、有一定规模且具有还款能力的科技型中小企业，通过引入中介服务机构进一步将贷款风险通过连带方式由中介服务机构与商业银行共担，政府仅在其中起到完善法规制度和资金支持的作用。

2. 浦东模式

"浦东模式"是指上海市浦东新区在知识产权质押融资服务方面形成的一种特色模式，与"北京模式"的直接、自由不同，浦东模式是一种"银行＋政府基金担保＋专利权反担保"的间接质押模式。该模式中，政府推动为主导，政府机构以担保人的身份直接参与科技型中小企业知识产权质押融资，企业以其拥有的知识产权作为反担保质押给政策性金融担保机构，然后由银行向企业提供贷款，这种以政府为主导的质押融资模式，有效降低了企业的融资难度，同时由于政策性金融担保机构承担了主要贷款风险，因此也减轻了银行的风险

---

❶ 梁怡.专利权质押融资创新发展[M].成都：西南财经大学出版社，2023：30-41.

压力;但相应的,由于政府机构承担了较大风险,因此一旦企业无法偿还银行贷款,政府机构作为担保人则必须向银行清偿债务,进而加大了地方财政潜在的债务危机风险。

3. 武汉模式

在"北京模式"和"上海模式"的基础上,武汉形成了一种"直接+间接质押融资"的混合模式。"武汉模式"中,政府机构主要通过制定政策、搭建平台的方式鼓励企业通过专利质押进行融资,例如武汉市建立了知识产权质押融资财政风险补偿、贷款贴息等机制,吸引外部评估机构、代理、金融、担保等机构进驻平台,结合知识产权相关数据对优质专利进行筛选,有目标、有方向地向银行推介,为平台各方提供展示和流转等服务,极大优化流程,政府在该模式中主要承担"服务方"的角色。有了"北京模式"和"上海模式"的经验,"武汉模式"的混合特点在一定程度上克服了"浦东模式"中政府承担风险过大的问题,同时也通过针对性的推介实现了银行和企业间的有效沟通和合作,在自由交易中发挥了积极导向的作用。依托武汉知识产权交易所,打造知识产权交易平台,明确转让方式和交易价格,实现专利权在线上平台的公示和转让等,信息的全面公开有助于银行及时了解相关专利的所有信息及动态,明确转让方式和流程,从而做到畅通知识产权质押物处置和流转渠道,扩大专利质押融资的普及度和普惠面。

4. 青岛模式

为了切实应对质押融资中风险池资金有限、风险责任承担难的问题,"青岛模式"采取了保险公司、担保公司和银行风险共担机制,三方按照6∶2∶2的比例共同承担贷款风险。"青岛模式"尝试利用市场成熟的商业化保险模式化解风险。保险公司加入专利权质押融资工作,改变了传统的风险转移模式,通过市场化运作整合市场资源,排除和化解贷款风险,实现了运用保险撬动银行贷款效果。青岛模式突出市场化运作,改变了风险转移由政府资金托底的传统做法,极大地降低了政府风险,采取保险费资助递减的方式,引导企业按市场化模式融资。为有效保障"荐、评、担、险、贷"各个环节,"青岛模式"特别重视专业化服务。"荐"环节中采取由区市或功能园区的主管部门推荐制度,扩大了信息的补充渠道,丰富了道德风险把控手段。"评"环节主要利用市场化专业的专利咨询机构对拟质押的专利权进行法律性、技术性、经济性的专利评价，改变知识产权价值评估传统做法，满足了金融服务机构对企业拟质押专利技术，其创造经济价值能力认知的审贷需求，同时引导专利咨询机构从传统的代理服务业务，深入到知识产权运营工作中。"担"环节中，担保公司不仅承担20%比例的贷款风险担保责任，还在贷款调查工作中尽职尽责，创新性地解决了因为企业银行贷款出现逾期产生罚息与保险公司履行赔付责任滞后的矛盾。"险"环节中保险公司承担了60%的贷款风险，极大地覆盖了银行贷款风险，减少了银行贷款风险压力，实现了用市场化机制化解风险，通过在尽职调查工作中进行风险识别，强化对贷款企业突发性风险的排除。"贷"环节中商业银行提供专利质押贷款服务，并承担20%比例的贷款风险责任，从而为中小企业提供流动资金保障。此外，为实现各环节的"一站式服务"，青岛还成立了一个同时包括担保公司、保险公司、商业银行、专利服务机构等不同专业服务机构的组织"青岛市专利权质押保险贷款服务联盟，联盟的成立有效节约了企业申请贷款的时间成本。

5.广州模式

广州也是早期进行专利质押试点工作的城市之一，在专利质押融资实践中，通过不断总结经验，广州探索出了多元互补的专利质押融资模式。具体包括：①"政银企"合作模式：这是一种由政府引导扶持，商业银行与企业直接对接的模式。政府在这一过程中扮演着引导和扶持的角色，促进银行与企业之间的合作，以实现知识产权的质押融资。②"政银企服"合作模式：在这种模式下，政府通过扶持降低融资成本，服务机构辅助提升融资效率，最终实现银企对接快速融资。这种模式通过整合政府、银行、企业以及服务机构的资源和优势，提高融资效率。③风险补偿基金合作模式：通过知识产权风险补偿基金分担商业银行的债务风险，提升商业银行知识产权授信额度，帮助科技型中小微企业进行融资。这种模式利用风险补偿基金来降低银行的风险，激励银行增加对中小企业的贷款。上述三种模式互为补充。

为降低信贷风险，广州综合运用保险、担保、风险补偿等方式，创新知识产权风险补偿模式，例如"55""5311""541"等风险分担模式以及首单知识产权质押融资保证保险项目成功落地。

为进一步提升质押融资服务能力，广州一方面发挥知识产权服务机构集聚优势，鼓励知识产权服务机构向企业提供知识产权金融服务；另一方面，开展知识产权质押融资入园惠企行动，加大知识产权质押融资培训力度，帮助园区企业、金融机构和服务机构深入了解相关扶持政策、融资渠道、办理流程等信息。最终通过政策驱动、服务赋能、多方协同的全方位策略，为科技企业提供丰富多元的融资渠道，推动企业创新发展。

6. 深圳模式

深圳市 2023 年专利质押金额 350.38 亿元，在 148 个国家知识产权强市建设试点示范城市中排名第一；专利及商标质押金额 384.3 亿元，连续 4 年居全省第一位，这样的成绩与深圳积极探索创新质押融资模式是分不开的。在政策引导和支持方面，深圳主要采取了贴息贴补、贷款利息资助、担保评估费用补贴等措施，同时参与到知识产权市场化定价体系建设中，将知识产权要素纳入企业综合授信评价体系中；在服务支持方面，深圳不断健全知识产权价值评估体系，而且开通了免费高效的知识产权质押融资绿色评估通道，搭建知识产权与金融转化的"高速公路"，例如，在"中银科创+"综合金融服务模式下，打造了多层次知识产权金融服务体系，创新推出"知惠贷""科创贷"等产品，组织质押融资入园惠企活动，有效降低了企业质押融资的成本，激发了企业愿意贷款的动力。在风险防控方面，深圳建立了全面完善的知识产权质押融资风险补偿机制，依托再担保平台开展知识产权质押融资，再担保中心、融资性担保机构、商业银行按照 5 ∶ 4 ∶ 1 的比例承担贷款风险，建立了中小微企业银行贷款风险补偿资金池，提高知识产权质押贷款补偿比例，同时还设立了深圳市知识产权质押融资担保风险补偿基金，有效缓解了银行的后顾之忧，增强了银行敢贷款的信心。

对上述地区的专利质押模式分析可知，政府在专利质押融资推进过程中，应当重点承担政策引导、搭建平台、完善服务链和风险分担机制的职责。政策性补贴是激发企业和金融机构加入到专利质押融资的有效方式之一，一般以贷款贴息为主，但如果长期开展，则容易产生各机构对政府过度依赖，政府财政压力过大的问题。因此，为了确保专利质押融资的良性长远发展，政府机构还是应当依托知识产权服务和交易平台，引入具有优质专利的科技创新型企业，并通过引进权威知识产权评估机构和法律机构，对知识产权价值进行准确评估，从而为银行等金融机构提供可靠参考，通过逐步建立健全服务机制、完善配套政策、丰富金融产品来提升服务效能。最后，多元化参与的风险分担机制是专利质押融资进展中的重要保障，合理确定企业、银行、担保机构所承担的贷款风险比例，有助于激发各角色在专利质押融资中的积极性，进一步引入保险机构作为风险分担的补强，还能够增强银行对专利质押融资项目的信心，加快银行放贷速度，降低企业融资成本，有助于引导和带动知识产权金融服务模式的创新，提高融资效率，切实支持企业的创新发展。

二、科创板上市企业涉及专利质押的典型案例

（一）逸飞激光

1. 公司概况

武汉逸飞激光股份有限公司（以下简称"逸飞激光"）成立于2005年，是一家专业从事精密激光加工智能装备研发、生产和销售的国家高新技术企业，国家级重点支持的"专精特新'小巨人'企业"。经过多年发展，逸飞激光形成了以精密激光加工技术为核心、以智能制造装备为载体的技术和产品体系，其主要产品包括锂电池电芯自动装配线、模组/PACK自动装配线等自动化产线及各类精密激光加工智能化专机，广泛应用于新能源动力、储能、消费电池的电芯、模组、PACK制造领域，同时也应用于家电厨卫、装配式建筑、新能源汽车零部件等领域。

公司深耕新能源电池装配领域，服务客户包括宁德时代、国轩高科、亿纬锂能、鹏辉能源、比亚迪、LG、中创新航、蜂巢能源等国内外电池生产企业，以及广汽集团、长安汽车、蔚来汽车、小鹏汽车等新能源汽车企业。近年来随着电动车和可再生能源技术的快速发展，相关设备的需求也在持续上升，公司针对客户的生产难点进行精准定制化研发，并提供定制化装备解决方案。

公司通过自主研发，攻克了全极耳集流体无损成型、集流体激光焊接、壳盖自动化装配、智能产线信息化管理等关键技术，率先突破了圆柱全极耳电池制造工艺技术难题，开发出圆柱全极耳电芯装配系列设备并全面产业化，该设备具有高效率、高良率、高智能化等优势，相关设备及组装生产线产品在技术、工艺等方面都位居全球领先地位，在国内市场占有率连续多年排名第一。

逸飞激光于2022年6月向上交所递交科创板IPO申请，2022年12月上交所披露逸飞激光符合发行条件、上市条件和信息披露要求，2023年5月证

监会同意逸飞激光科创板 IPO 注册，2023 年 7 月逸飞激光正式在科创板上市。

2. 知识产权情况❶

截至 2023 年 2 月，逸飞激光共取得专利 296 项，其中发明专利 44 项（含 2 项 PCT 专利）、实用新型专利 237 项、外观设计专利 15 项。其自主研发的发明专利"一种全极耳电芯生产线"曾获第二届湖北省高价值专利大赛金奖。

逸飞激光核心技术与知识产权的对应情况如表 3-5 所示。其核心技术主要分为激光加工和智能化装备两大类，其中激光加工技术具体包括激光加工系统技术、激光加工工艺技术，智能化装备技术具体包括自动化技术、数字化技术、专业化应用技术，以上每一项技术又具体包括 3 项细分技术，每项细分技术均对应多项知识产权，类型涉及发明专利、实用新型专利和软件著作权，可以看出，逸飞激光属于典型的知识产权密集型企业。

表 3-5 逸飞激光核心技术与知识产权对应情况

分类	技术类别	技术名称	知识产权
激光加工技术	激光加工系统技术	激光数字化控制技术	5 项发明、4 项实用新型、7 项软著
		激光多维自适应加工技术	5 项发明、3 项实用新型、12 项软著
		激光高精度分光技术	3 项发明、10 项实用新型、2 项软著
	激光加工工艺技术	高反材料激光焊接技术	8 项发明、19 项实用新型、1 项软著
		集流体激光焊接技术	4 项发明、21 项实用新型、3 项软著
		汇流排激光焊接技术	2 项发明、19 项实用新型、3 项软著
智能化装备技术	自动化技术	高速精密传送技术	2 项发明、39 项实用新型
		柔性工装技术	2 项发明、40 项实用新型
		多轴运动控制技术	3 项发明、10 项实用新型、13 项软著
	数字化技术	机器视觉定位技术	3 项发明、10 项实用新型、1 项软著
		数字化在线检测技术	2 项发明、16 项实用新型、10 项软著
		智能产线信息化管理技术	4 项发明、5 项实用新型、22 项软著
	专业化应用技术	全极耳集流体无损成型技术	2 项发明、9 项实用新型、1 项软著
		壳盖自动化装配技术	2 项发明、31 项实用新型、1 项软著
		模组自动堆叠技术	2 项发明、23 项实用新型、3 项软著

注：表中"软著"指软件著作权。

---

❶ 相关信息摘录自逸飞激光招股说明书。

逸飞激光的每项技术创新成果均通过知识产权实现层层保护，并且后期通过各项创新成果有机结合，共同形成了公司的核心产品，即从技术创新到专利挖掘、专利布局、专利自主产业化，逸飞激光实现了从技术创新到产业化的全过程。

3. 质押融资经历

截至 2022 年 12 月，逸飞激光已履行和正在履行的知识产权质押合同基本情况如表 3-6 所示。

表 3-6　逸飞激光质押合同情况

质权人	担保金额 / 万元	质押物	担保期限
武汉农商行光谷分行	1 500	3 项专利权	2018.9—2020.9
武汉农商行光谷分行	4 500	3 项专利权	2020.9—2022.9
招商银行武汉分行	5 000	4 项专利权	2021.7—2022.7
交通银行武汉太平洋支行	2 956	6 项专利权	2022.2—2027.2
兴业银行武汉分行	790	6 项专利权	2021.5—2025.5
招商银行武汉分行	20 000	4 项专利权	2022.9—2023.9

可以看出，自 2018 年开始，逸飞激光就陆续与武汉农商行光谷分行、招商银行武汉分行、交通银行武汉太平洋支行、兴业银行武汉分行等签署了知识产权质押合同，且质押物均为专利权，其担保金额共计约 3.5 亿元，且企业发展后期基于专利权获得的贷款额度也在逐年增长。可见，在逸飞激光的发展中，企业始终保持较高的创新活力，专利自主产业化成果显著，专利价值也愈发提升，专利质押融资给其带来的金融支持逐渐成为企业持续加大研发投入和持续高速发展的坚强后盾。

早在 2016 年，武汉农商银行就与逸飞激光建立了良好的信贷合作关系。当时，逸飞激光还处于成长期，虽然有较多的专利技术，并争取了大量订单，但由于发展资金不足，执行进度受到阻碍，且由于没有抵押物，其在各家银行申请融资屡屡受挫。武汉农商银行光谷分行科技金融服务中心在了解到逸飞激光的困境后，迅速定制专有方案，积极响应企业需求，基于企业技术新、专利多的优势，运用特色融智产品专利权质押贷款，给予逸飞激光 1 500 万的信贷资金支持，该模式审批链条短、效率高，不仅有效解决了逸飞激光的燃眉之急,有效破解了逸飞激光融资难的问题,更加成为推动逸飞激光进入发展快车道的重要助力。

后期,随着逸飞激光的发展壮大,越来越多的专利技术不再是"一纸证书",而是成为具有市场竞争力的重要产品,给企业带来了实际的经济收益,逸飞激光也在激光加工技术领域也逐渐占有一席之地,这使得越来越多的银行信任逸飞激光的技术,对逸飞激光的未来发展潜力充满信心,愿意以专利权作为质押物为该公司提供资金支持,且专利权质押贷款额度也逐渐增多。其中武汉农商行给予的专利权质押贷款额度也从最初的每项专利权 500 万元增加至每项专利权 1 500 万元,招商银行给予的专利权质押贷款额度高达每项专利权 5 000 万元。

4. 案例评析

1)作为科技创新型企业

(1)加大技术创新力度,注重知识产权保护和管理。

企业高质量创新是实现后期专利质押融资最重要的基础。逸飞激光自创立初期就注重创新,并通过构建企业技术中心、工程研究中心和工业设计中心搭建创新平台,实现以精密激光加工技术为核心的研发突破和产品升级。在技术创新的同时,逸飞激光更注重围绕技术创新进行全面的知识产权保护。

专利质押融资为企业提供了发展爬坡期的重要动力,同时也对企业的创新实力和专利储备提出了一定要求。企业应当在高质量创新的基础上,提高专利撰写水平,保证专利质量,确保专利权清晰、无争议,通过专利组合的方式形成有效的专利布局,进而形成技术壁垒,重视培育高价值专利,并通过提高专利实施效率,从根本上提升自身专利的竞争力和先进性,为专利质押融资提供更多的优质资产。此外,企业还应当整体提升知识产权管理能力,包括知识产权的评估、流转和处置等,做好各阶段知识产权的备案工作,如专利的申请时间、授权时间、有效时间、许可时间等,为后期进行专利质押融资做足准备,提高质押融资的成功率。

(2)及时了解质押融资政策,加快融资进程与合作。

近年来,各地区政府都在努力推进专利质押融资工作落地,提出要加大知识产权融资信贷政策支持力度,加强对中小型科技创新型企业的重点扶持。那么作为企业自身,也应当积极参与政府部门组织的各类知识产权金融服务活动，如论坛、宣讲、服务沙龙等，及时了解最新的相关利好政策、申请流程等，提升对专利质押融资的认识和应用能力，充分利用奖励政策、风险补偿政策等，降低专利质押的成本和风险，积极寻求与银行等金融机构的合作，熟悉不同质押融资金融产品的特点，从中选择适合自身发展阶段和匹配自身技术产业化进程的产品进行申请，加快融资进程。

2）作为金融机构

（1）政策服务先行。

武汉农商银行作为逸飞激光专利质押融资中的重要支持者，其于2012年就创立了武汉首家科技金融专营机构，首家实施机构单列、直属总行，单户千万元的综合授信审批权限，创新"九专模式"，组建科技金融服务专门团队，主动送政策、送服务上门，出台《支持"专精特新"中小企业实施方案》。武汉农商银行从客户需求出发，主动了解科技创新型企业的资金困难，配置专职的服务团队，为企业提供一对一的咨询服务。通过设置符合科技型企业特征的专门准入条件，优化专属的审批流程，准入专门的合作机构服务企业，为技术密集型、知识产权密集型的科创企业提供专业、全面的金融服务方案。可见，"从银行走出去""走进企业当中去"，有利于金融机构及时了解"硬科技"企业的真实困难和创新实力，针对性的一对一服务不仅有利于企业实时了解相关政策，更有利于企业与金融机构的直接沟通对接，切实提高了专利质押融资效率，降低了银行贷款风险，并减少了企业申请融资的成本。

（2）金融产品创新。

针对科创型企业科技含量高、商业模式新、成长性好，但轻资产、弱担保、高风险等特点，武汉农商银行将信贷审批关注点从传统担保、企业财务报表等，转向企业核心技术、未来成长性，首创知识产权质押贷款，并创新推出"三板贷""诚信纳贷""3551企业贷""瞪羚贷""公积金增信贷""再担科创型贷""科技助微贷""上市贷""专精特新贷"等20多项科技金融产品链，完整覆盖科技创新型企业初创期、成长期、成熟期等全生命周期的产品链，精准匹配企业不同发展时期的融资需求。可见，由于不同企业所处的发展时期和发展特点不同，单一的金融产品已经不能满足各类企业的专利质押融资需求，因此，金融机构应当主动担当企业发展过程中"金融管家"的角色，结合企业发展实际创新发展合适的金融产品，及时为企业提供资金活水，盘活专利价值。

（3）风险防控保障。

由于知识产权作为质押物的特殊性，专利质押相比一般的纯抵押风险更高，专利能否成功变现具有极大不确定性。因此在进行专利质押时，有效防控风险是银行等金融机构不可回避的重要问题。武汉农商银行早期采取聘请第三方团队为专利打分的形式对专利权进行评估，后来不断在探索中总结经验，逐步建成光电子、生物医药、芯片等板块的专职团队，建立由院士、专家等组成的专家库，从技术维度、法律维度、经济维度等多角度评定企业专利、评估企业成长性，从而提升评级评价的适配性和准确性。此外，积极与担保机构、保险公司合作，建立风险分担机制，充分利用科技手段提高贷款风险识别能力等也是有效减少贷款风险的重要方式。

（二）九联科技

1. 公司概况

广东九联科技股份有限公司（以下简称"九联科技"）成立于2001年，公司的主营业务为家庭多媒体信息终端、智能家庭网络通信设备、物联网通信模块、光通信模块、智能安防设备及相关软件系统与平台的研发、生产、销售与服务，主要面向运营商市场，主要产品先后经历了有线电视模拟加解扰产品、有线数字电视机顶盒产品、网络机顶盒产品和智能网络终端产品几个阶段。当前公司正凭借长期在数字电视终端产品行业积累的技术储备和客户资源，不断拓展以智能家庭网络通信设备和NB-IoT物联网模块为代表的通信设备制造领域，并不断深化相关产品的行业应用。

九联科技的产品及售后服务目前已覆盖全国20多个省级行政区。据统计，公司2017—2019年均是中国移动的第一大智能网络机顶盒供应商，面向广电运营商市场的有线机顶盒出货量均排名行业第三，此外公司还成功开拓了南美、中东、欧洲、美国等海外市场。

九联科技的技术研发主要围绕我国广播电视服务和电信服务运营商的业务发展规划开展，经过近20年的研发积累，公司已经熟练掌握并运用了嵌入式多媒体播放（解码）技术、Wi-Fi无线局域网技术、PON接入网络技术、物联网系统集成技术、NB-IoT窄带低功耗物联网通信技术、4G/5G蜂窝通信技术及高速率光信号传输和转换技术等多媒体信息以及网络通信行业的通用技术,并且在通用技术的基础上,不断结合自身业务特点以及行业发展需要,自主研发了多平台嵌入式软件开发技术、数字电视协议栈技术、4K/8K 高动态视频播放技术和智能 IPTV 引擎技术等 11 项核心特色技术。此外,公司在智能制造方面也进行了大量的研发投入,自主研发了 ROM 自动烧录技术、基于视觉定位的三轴机械运动技术等 4 项核心智能制造技术。上述核心技术在公司的主要产品中得到了广泛的应用,并助力公司在运营商市场取得了突出的市场地位。

九联科技于 2020 年 6 月向上交所递交科创板 IPO 申请,2020 年 11 月,上交所披露九联科技符合发行条件、上市条件和信息披露要求,2021 年 2 月证监会同意九联科技科创板 IPO 注册,2021 年 3 月九联科技正式在科创板上市。

2. 知识产权情况 ❶

截至 2020 年,九联科技已获授权发明专利 24 项、实用新型专利 59 项、外观专利 17 项和计算机软件著作权 144 项,并且获评"国家知识产权优势企业"。形成报告期内主营收入的专利共 18 项。

九联科技通过持续的自主研发,在掌握行业核心通用技术的基础上,不断结合自身业务发展需要,自主开发多项特色核心技术,并在智能制造方面也有大量研发投入。目前,公司基于掌握的核心通用技术,自主研发了 11 项核心特色技术,并在生产制造过程中自主研发并掌握了 4 项核心智能制造技术。核心特色技术是公司产品竞争力的主要来源,其中嵌入式软件平台开发技术和数字电视协议栈技术是九联科技从早期就投入研发并且多年来结合自身业务不断进行迭代演进的两类重要技术。这两类技术显著提高了机顶盒产品软件系统定制化开发的效率和机顶盒产品的适应性。

嵌入式软件平台开发技术采用硬件虚拟化技术架构,通过将硬件设备抽象成虚拟设备集,由虚拟设备管理器统一管理,并形成了一套可扩展的 HLD(High Level Device)软件接口。研发人员基于该接口开发的软件模块和应用程序,可直接忽略产品的芯片方案和底层操作系统,简单地实现跨平台、跨系统的移植,实现了在不减少设备功能、降低设备性能的前提下,大幅度减少了软件开发过程中的重复工作,提高了软件代码共用率,降低了研发成本。

数字电视协议栈技术是基于安卓系统应用框架开发的一套高度集成的协

---

❶ 相关信息摘录自九联科技招股说明书。

议组件，用于实现在安卓系统上开发数字电视相关的应用，该技术还集成了一机多 CA 技术，通过定义一套标准的软件接口，利用卡通讯技术识别 CA 系统，再通过动态链接库技术，实现在开机过程中动态切换不同 CA 系统，从而实现一机多 CA 的功能，改变了行业传统一机一 CA 的现状，大幅度提高了产品的适应性。目前，九联科技的数字电视协议栈已经发展成为一个通用性强、适应性高、可拓展性强的基础协议平台。

上述核心特色技术与知识产权的对应情况如表 3-7 所示。

表 3-7　九联科技核心技术与知识产权对应情况

技术类型	技术名称	技术来源	知识产权
核心特色技术	多平台嵌入式软件开发技术	自主研发	2 项发明、3 项软著
	数字电视协议栈技术	自主研发	2 项发明、2 项软著
	4K/8K 高动态视频播放技术	自主研发	2 项软著
	智能 IPTV 引擎技术	自主研发	2 项发明
	抗静电干扰可靠性提升技术	自主研发	
	基于 DLNA 协议的家庭多媒体共享技术	自主研发	1 项软著
	Wi-Fi 稳定性控制技术	自主研发	1 项受理中软著
	智能终端云管理技术	自主研发	1 项受理中发明
	安全空中升级（OTA）技术	自主研发	1 项发明、2 项软著
	车载多媒体系统及智能广告投放技术	自主研发	3 项受理中发明
	Open CPU 技术	自主研发	1 项受理中软著
核心智能制造技术	ROM 自动烧录技术	自主研发	2 项受理中发明、2 项软著
	基于视觉定位的三轴机械运动技术	自主研发	1 项受理中发明
	产品功能自动化测试技术	自主研发	1 项发明、1 项软著
	UMIM4.0-MES 系统	自主研发	1 项软著

注：表中"软著"指软件著作权。

可以看出，九联科技自主研发的 15 项核心特色技术和核心智能制造技术中有 14 项通过知识产权进行保护，其中发明专利和计算机软件著作权是其最主要的知识产权类型，整体保护较为完善。

3.质押融资经历

截至 2020 年 12 月，九联科技已履行和正在履行的知识产权质押合同基本情况如表3-8所示。

表3-8 九联科技知识产权质押合同基本情况

质权人	质押物	担保期限	知识产权类型
中国建设银行惠州分行	专利	2019.6—2020.6	3项发明、1项实用新型、1项外观设计

该质押合同中共包含5件专利,具体包括2015—2019年申请的3件核心发明专利、1件实用新型专利和1件外观设计专利,具体涉及机顶盒领域和智能制造领域。基于这5件专利,九联科技共获得了3亿元的授信额度。这对九联科技这样的轻资产科技型企业而言,无疑是一笔"巨款"。

同大部分科技型企业类似,九联科技虽然具有较多的知识产权储备,但房产类等固定资产较少,而银行传统授信又是重资产抵押模式,看重的是企业资金流、固定资产等情况,因此最初基于风险考虑,银行并不愿意给公司发放贷款。后在国家、地方相关政策的鼓励和引导下,银行也逐渐改变了观念,认识到科创企业的知识产权是一笔被忽视的财富,其具有巨大的潜在价值。

中国建设银行广东分行(以下简称"建行广东分行")一直给予九联科技重要经济支持,在了解到九联科技的资金困境后,主动向九联科技提出了可以通过知识产权质押的模式进行融资的建议。后来在知识产权质押融资实践中,建行广东分行又率先推出了"技术流"专属评价体系,利用国家知识产权局累积多年的全国企业专利数据,从专利数量、技术领先程度、公司科技创新实力等多个维度,动态持续地判断企业创新能力,作为传统"资金流"评价模式的有效补充,正是基于该技术评价体系,建行广东分行在对九联科技作出综合评价后,为这样的科创型企业进行授信,解决了九联科技在发展中面临的融资难、融资贵等问题,满足了企业发展的资金需求,鼓励和保障了企业的创新发展。

4. 案例评析

一是筛选合适的专利组合用于质押融资。

专利质押融资的形式一般有三种,一是专利直接作为贷款的唯一担保形式;二是以专利质押作为主要担保形式,以第三方连带责任共同担保;三是以专利配合其他动产或不动产等抵押物组合进行担保。当专利直接作为贷款的唯一担保形式时,一般要求专利具有较高的技术价值、经济价值和变现潜力。发明、实用新型和外观设计虽然均可用于专利质押，但由于其在保护期限、保护对象及稳定性等方面存在差异，企业在选择相关专利进行质押时，往往需要结合自身业务发展情况对其进行组合再整体质押。

此外，专利质押通常需满足如下条件：①专利权必须有效，即用于质押的专利权必须是已经授权公告且处于有效状态的专利权；②专利权人具备质押资格，即出质人应当是专利登记中记载的专利权人，如专利有多个专利权人，则出质人应当为全体专利权人，另有约定除外；③债务和担保关系明晰，即专利权质押合同中应当有明确的债权人、债务人、出质人、债务期限、债务金额、担保范围等信息；④债务期限在专利权有效期内，即履行债务的期限不得超过专利权的有效期；⑤质押期间稳定，即在质押期间，专利权未被中止、未被宣告无效、权属未发生变更、没有处于年费未缴状态等。因此，对于企业而言，如果希望提高质押融资的成功率和贷款额度，在选择专利质押时，应当提前梳理已有专利的基本情况，特别是对现有专利权的稳定性、有效期长短等情况进行全面了解。

本案中，在专利类型选择方面，九联科技选择质押的专利权涵盖了发明、实用新型和外观设计三个类型，并以发明专利为主，这是由于九联科技的核心技术主要以发明专利的形式予以保护，且经过专利实质审查的发明专利稳定性较实用新型和外观设计也更加稳定；在领域选择方面，被质押的专利所涉及的领域为机顶盒领域和智能制造领域，既包括了九联科技的核心领域，也包括了其近几年新拓展的技术领域，核心领域的专利技术意味着相关技术通过自主产业化转化为产品的概率较高，具有明确的市场价值，而新拓展的智能制造领域的专利技术虽然属于新探索领域，但基于市场上智能制造业整体发展趋势可以判断该领域的相关技术市场前景较好，也将是九联科技未来持续加大研发投入的重要方向，因而具有潜在的市场价值；在时间选择方面，被质押专利的申请时间为2015—2019年，既满足了专利有效期在债务期限内，又满足了专利技术整体的"与时俱进性"，这不仅提高了专利质押融资通过银行审批的概率，也在一定程度上降低了专利后期无法变现的风险。

二是注重大数据时代的模式创新。

本案中，建行广东分行从知识产权质押融资实践升级到"技术流"评价体系实践，通过大数据给科技企业精准"画像"，以"技术流"专属评价体系为基础，开创了知识产权线上评价的"建行模式"，从理论、产品、架构等多方面立体化推进了知识产权金融创新的探索。

银行过去不敢为企业作专利质押融资贷款的原因主要在于，专利存在不确定性，价值评估也存在困难，而在大数据时代，在实践中灵活运用人工智能等新技术，构建智能化评估模型工具，不仅能够加快建模速度，提高工作效率，而且能够减少主观评价带来的误差，提高评估参数的客观性和科学性，从而提升知识产权评估效率和准确率。因此，为了切实帮助有创新实力的企业走好科技振兴的道路，银行应当主动作为，利用好专利相关数据，从侧重质押融资的"资产价值"型思维向精准测评科创实力的"大数据"型思维方式转变，在评估中主要围绕企业的专利稳定性、专利保护范围、技术应用性、技术质量等方面进行打分，通过搭建模型平台，形成线上便捷的评价体系以供企业和银行实践参考。例如，开发专业评估 App，将专利信息与金融信息有效融合，推动信息的数字化、信用化，将信息转化为客户端的金融服务工具，从而提高企业的参与度，提升银行服务效能，简化审批流程，将企业的技术创新能力、研发投入等"软实力"打造成融资"硬通货"。

第四节 专利许可

一、专利许可概述

专利许可是指专利权人将其拥有的专利技术的使用权授权给第三方使用，并收取一定许可费用的行为。

专利的许可方式包括独占许可、排他许可、普通许可、交叉许可和分许可。独占许可是指被许可人在约定的区域内独家使用专利技术，专利权人不得再授权给其他人，甚至专利权人自己也不得使用。排他许可是指专利权人授权被许可人独家使用专利技术，但专利权人自己仍保留使用权。普通许可是指被许可人可以在约定的区域内使用专利技术，但专利权人仍可以自行使用或授权其他第三方使用。交叉许可是指两个或多个拥有专利的权利人或所有人在一定条件下，相互向对方授予各自的专利实施许可。分许可是指许可方（专利权人）与被许可方签订合同，允许被许可方在规定的时间和地区内实施其专利的同时，还可以以自己的名义，再许可第三方使用该专利。

采用独占许可的方式能够使得被许可方在一定时间和地域内享有独占的实施权，可以阻止其他竞争对手进入市场，从而确保自己在该领域内的独占地位。由于独占许可赋予了被许可方独家使用权，因此被许可方有可能通过独家技术获得更高的市场份额和利润回报，增强竞争力。采用排他许可的方式能够允许被许可方在规定的时间和地域内享有独占实施权，同时许可方仍保留使用权，这样既能降低被许可方的竞争压力，又能保证许可方自身的利益。相对于独占许可，排他许可的协商余地更大，双方可以根据实际情况进行更灵活的谈判和协商。专利权人在保持自身竞争力的同时，通过许可获取一定的经济收益，助力企业发展，而被许可方能在规定的时间内独占市场，并与其他被许可人合作开发新产品或新技术。普通许可不需要支付高额的独占费用或排他费用，有助于企业降低成本，特别适合于初创企业或小型企业。普通许可可以促进技术的普及和标准化，有助于推动整个行业的发展和进步，通过普通许可，多个企业可以共同使用同一项技术，加速技术的推广和应用。交叉许可可以有效避免企业因使用对方专利技术而引发的侵权纠纷，降低企业的法律风险，采用交叉许可可以促进企业之间的技术交流与合作，共同推动技术创新和发展。分许可允许被许可方将获得的专利使用权再授权给第三方，从而拓展技术的使用范围和应用领域，通过分许可，企业可以更快地推动技术创新和市场扩张，实现技术的商业化和市场化。

专利作为企业的无形资产，其价值可以通过专利许可得到体现。企业可以将专利许可作为注册资本出资或增资，进一步提升企业的资本实力。企业也可以通过将专利权许可给其他企业使用，从而收取一定的许可费用。这笔费用可以为企业带来额外的经济收益，有助于企业更好地进行资金运作。通过专利许可，企业可以将其产品或技术推向新的市场或领域，从而扩大市场份额。这有助于提升企业的品牌知名度和市场竞争力。专利许可可以促进技术的传播和应用，使得先进技术得以在更广泛的范围内被使用。这有助于提升整个行业的技术水平，同时也为企业带来了更多的市场机会。专利许可可以帮助企业节约研发成本，降低市场风险。当企业进入新市场或领域时，可能会面临诸多不确定性和风险，通过专利许可，企业可以避免自行研发所需的高额成本和时间投入。企业可以直接获得先进的技术，并将其应用于产品或服务中，从而快速响应市场需求，降低自身的市场风险。专利许可制度可以激励企业进行更多的创新活动。因为创新成果可以通过专利许可得到保护和回报，所以企业更有动力进行研发和创新。专利许可可以促进企业之间的合作与交流。通过专利许可，企业可以与其他企业共同开发新技术、新产品或新市场，从而实现互利共赢。这种合作模式有助于推动整个行业的创新和发展。

二、科创板上市企业涉及专利许可的典型案例❶

1. 公司概况

深圳微芯生物科技股份有限公司（以下简称"微芯生物"）是一家旨在为患者提供可承受的、临床亟须的原创新分子实体药物，具备完整的从药物作用靶点发现与确证、先导分子的发现与评价到新药临床开发、产业化、学术推广及销售能力的国家级高新技术企业。自创立之始，公司就以自主创建的"基于化学基因组学的集成式药物发现及早期评价平台"为其核心竞争力，秉承"原创、优效、安全、中国"的理念，专注对人类生命健康造成严重威胁的恶性肿瘤、糖尿病等代谢性疾病及自身免疫性疾病，致力于为患者提供可承受的、临床亟须的创新机制药物。公司通过核心技术参与的科研项目于2013年获得了国务院颁发的"国家科学技术进步奖一等奖"。

公司针对新药研发周期长、投入高、风险大的特点，围绕公司产品链在化合物通式、制备方法、晶型、剂型和用途等方面，运用专利保护策略在境内外实施了全链条、全生命周期的专利布局，不断加固专利保护壁垒、延伸专利保护期限。截至2019年7月，公司累计申请境内外发明专利百余项，已获得59项境内外发明专利授权（其中境外发明专利授权42项）。公司已获准上市的中国发明专利抗肿瘤药物西达本胺的化合物于2017年获得国家知识产权局和世界知识产权组织联合颁发的"中国专利金奖"。公司已上市产品西达本胺也是中国首个授权美国等发达国家使用境外发明专利以实现全球同步开发与商业化、并获得技术授权许可收入的原创新药，开创了中国创新药对欧美进行专利授权（License-out）的先河。

---

❶ 相关信息摘录自深圳微芯生物科技股份有限公司招股说明书。

公司主要产品均为自主研究发现与开发的新分子实体且作用机制新颖的原创新药。包括已正式上市销售的国家1类原创新药西达本胺（商品名为"爱谱沙®/Epidaza®"），其是全球首个亚型选择性组蛋白去乙酰化酶（HDAC）抑制剂。

西达本胺是公司独家发现的新分子实体药物，机制新颖，是全球首个亚型选择性组蛋白去乙酰化酶（HDAC）抑制剂和全球首个获批治疗外周T细胞淋巴瘤的口服药物，属于表观遗传调控剂类药物。

在抗肿瘤治疗领域，尽管各类新型靶向抗肿瘤药物的应用使肿瘤治疗的有效率提升，无进展生存期（PFS）时间得到延长，但是肿瘤的耐药性产生、转移和复发仍是难以逾越的障碍。在多数肿瘤中，患者的长期生存率并没有得到特别显著的改善，超过90%的肿瘤患者最终死于肿瘤的转移和复发，这主要源于肿瘤的免疫逃逸、肿瘤的异质性、干细胞样和肿瘤耐药性。而近十年来，大量的科学研究发现，表观遗传在克服肿瘤免疫逃逸、诱导与肿瘤复发相关的肿瘤干细胞的分化、逆转与肿瘤转移密切相关的上皮间充质细胞表型转化以及清除异质性肿瘤中的耐药性细胞等分子作用方面扮演了十分重要的角色。因此，表观遗传药物（Epidrugs）成为当前药物研发领域的一个重要热点。

西达本胺属于表观遗传调控剂药物，具有对肿瘤发生发展相关的表观遗传异常的重新调控作用，作用于表观遗传相关靶点——组蛋白去乙酰化酶（第I类的1、2、3亚型和第IIb类的10亚型）。组蛋白去乙酰化酶（HDAC）是一类对染色体的结构修饰和基因表达调控发挥重要作用的蛋白酶，西达本胺作为HDAC抑制剂，通过抑制HDAC的生物学活性产生作用，并由此产生针对肿瘤发生的多条信号传递通路基因表达的改变（即表观遗传改变）。

西达本胺是全球首个亚型选择性HDAC抑制剂，公司及公司研究人员已发表与其相关的高水平论文19篇。西达本胺的发现及研究过程于2014年应邀发表于英国皇家化学会（RSC）出版的 *Medicinal Chemistry Communications*，于2017年应邀收录于国际纯粹与应用化学联合会（IUPAC）出版的 *Successful Drug Discovery*，于2017年应邀作为封面、封底及案例分享发表于美国化学会（American Chemical Society）出版的 *2017 Medicinal Chemistry Reviews*。公司创始人XIANPING LU因成功研制西达本胺药品荣获"2017年度中国药学发展奖创新药物奖突出成就奖"；2017年，西达本胺荣获中国医学科学院、中国中医科学院、中国药促会和人民网联合颁发的"最具临床价值化学创新药"。

公司围绕西达本胺在中国、美国、欧洲、日本等国家获得了 20 项基于核心化合物、晶型、适应症等方面的发明专利授权，其中中国发明专利西达本胺化合物于 2017 年获得国家知识产权局和世界知识产权组织联合颁发的"中国专利金奖"。

肿瘤在临床上有实体瘤和非实体瘤（血液瘤）之分。西达本胺首个申报的适应症为血液瘤中的外周 T 细胞淋巴瘤（PTCL），其于 2014 年 12 月在中国获得新药证书和注册批件，并于 2015 年 3 月正式上市销售。

2. 对外专利许可情况

由于创新药从研发到产品上市，要经过探索性发现、临床前研究、临床试验、新药注册、规模化生产及市场销售等多个环节，周期长、投入大，一般的研发型企业无法承受，因此选择将部分专利技术转让给第三方，或者通过技术授权许可方式给第三方，从而实现在研发端提前变现、收回部分研发成本，即"研发创新可以在各个阶段产生效益"。在医药行业领域，特别在创新药研发领域，国内医药企业接受国外企业的专利授权（License-in）或是国内企业之间进行专利技术授权较为常见。而公司则开创了中国创新药对外进行专利授权（License-out）的先河，西达本胺则成为中国首个授权美国等发达国家使用专利并实现全球同步开发的原创新药。

截至 2019 年 7 月，公司共拥有 59 项已授权专利，专利技术的分布情况如图 3-5 所示。

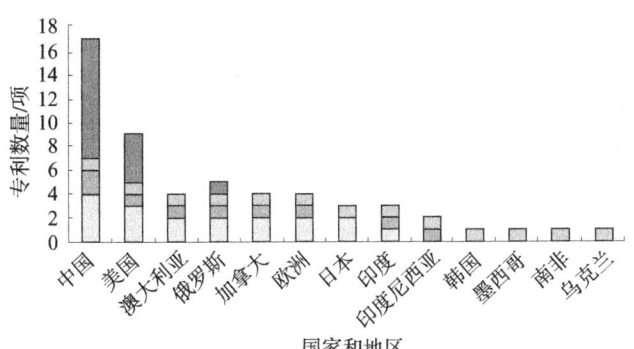

图 3-5 微芯生物专利技术的分布情况

上述专利中，2项专利授权华上生技医药股份有限公司，7项专利授权 HUYA Bioscience International，LLC，具体情况如表3-9所示。

表3-9 微芯生物的知识产权情况

序号	专利名称	专利号	授权方	许可方式	许可期限	许可区域
1	具有分化和抗增殖活性的苯甲酰胺类组蛋白去乙酰化酶抑制剂及其药用制剂	TWI370815	华上生技医药股份有限公司	独占许可	2024.11.18	中华人民共和国台湾地区
2	E构型苯甲酰胺类化合物及其药用制剂与应用	TWI577662	华上生技医药股份有限公司	独占许可	2035.3.11	中华人民共和国台湾地区
3	Histone Deacetylase Inhibitors of Novel Benzamide Derivatives with Potent Differentiation and Anti-Proliferation Activity	US7244751	HUYA Bioscience International, LLC	独占许可	2024.2.1+504天	中华人民共和国以外地区
4	Histone Deacetylase Inhibitors of Novel Benzamide Derivatives with Potent Differentiation and Anti-Proliferation Activity	CA2511479	HUYA Bioscience International, LLC	独占许可	2024.2.8	中华人民共和国以外地区
5	Histone Deacetylase Inhibitors of Novel Benzamide Derivatives with Potent Differentiation and Anti-Proliferation Activity	EP2860174	HUYA Bioscience International, LLC	独占许可	2024.2.8	中华人民共和国以外地区
6	Histone Deacetylase Inhibitors of Novel Benzamide Derivatives with Potent Differentiation and Anti-Proliferation Activity	RU2364589	HUYA Bioscience International, LLC	独占许可	2024.2.9	中华人民共和国以外地区

续表

序号	专利名称	专利号	授权方	许可方式	许可期限	许可区域
7	Histone Deacetylase Inhibitors of Novel Benzamide Derivatives with Potent Differentiation and Anti-Proliferation Activity	JP4637821	HUYA Bioscience International, LLC	独占许可	2024.2.8	中华人民共和国以外地区
8	Histone Deacetylase Inhibitors of Novel Benzamide Derivatives with Potent Differentiation and Anti-Proliferation Activity	AU2004212345	HUYA Bioscience International, LLC	独占许可	2024.2.9	中华人民共和国以外地区
9	Histone Deacetylase Inhibitors of Novel Benzamide Derivatives with Potent Differentiation and Anti-Proliferation Activity	IN225188	HUYA Bioscience International, LLC	独占许可	2024.2.8	中华人民共和国以外地区

公司自主研发的新分子实体药物西达本胺在全球近30个国家或地区获得发明专利权，公司通过"许可费＋里程碑收入＋收益分成"的技术授权许可方式将西达本胺在美国、日本、欧盟等国家或地区的权利授权给沪亚生物国际有限责任公司（美国企业）以及将西达本胺在中国台湾地区的权利授权给华上生技医药股份有限公司（中国台湾企业），由其在美国、日本、欧盟等地共同推进西达本胺在不同适应症领域的全球同步开发与商业化，尽快实现中国原创新药的全球同步开发、参与全球市场竞争的目标。

公司的境外专利权对外许可情况如下：

（1）公司对沪亚生物的专利许可情况。

2006年10月，公司与沪亚生物及其全资子公司HBI制药有限公司（以下简称"沪亚生物")签订《独家许可与研发协议》(以下简称《主协议》),并于 2007 年 11 月、2013 年 4 月、2013 年 8 月及 2016 年 8 月分别签订了补充协议,公司将西达本胺产品的境外专利权授权给沪亚生物。

根据双方签订的《主协议》和补充协议,公司特此向沪亚生物授予西达本胺境外专利权的独占许可,允许沪亚在包括欧盟、日本、韩国、泰国、越南、印度尼西亚、新加坡、菲律宾、马来西亚和美国的领土内研发、制造、使用、销售、出售、进口西达本胺产品。为了促进沪亚进行西达本胺的临床开发,公司应当提供沪亚生物一定的生物材料和化学化合物,用于沪亚生物所需的体外和体内的临床前测试、GLP 毒理学测试、安全药理学测试和配方研发测试。沪亚生物应自费实施在地域内有关产品临床研发和商用销售的所有活动。沪亚生物按照协议约定向公司支付许可使用费、里程碑付费和特许使用费。

①许可使用费。

根据协议约定,在协议签订生效后三个工作日内,沪亚生物应支付微芯生物 8 万美元;沪亚生物收到美国专利商标局的书面信函表明 2004 年 8 月 3 日申请的申请序列号 10/770 035 的美国专利初步修订已经被美国专利商标局接受,沪亚生物应当支付微芯生物 12 万美元。

2016 年 1 月,沪亚生物通过从属许可将公司许可的技术授予日本卫材制药有限公司,收取许可费 1 000 万美元。根据主协议,沪亚生物向微芯生物支付的从属许可费用为其获得的从属许可方向其支付的从属许可费的 20%。

②里程碑付费。

在里程碑事件发生后,沪亚生物应按照协议约定将里程碑事件对应的款项向微芯生物做出里程碑支付。截至 2018 年年末里程碑收款条件成就情况如表 3-10 所示。

表 3-10　里程碑付费情况

国别	序号	里程碑事件	约定支付数额/万美元
中国	1	微芯生物提交的关于首个产品微芯生物的 IND 获得了 SFDA 的批准	25
	2	关于首个微芯生物产品的一期临床试验由微芯生物在中国境内根据于 2006 年 10 月 18 日签署的独家许可和研发协议中附录 B 中的协议发起和执行完成,并且使微芯能在中国启动二期临床试验	60

续表

国别	序号	里程碑事件	约定支付数额/万美元
中国	3	沪亚生物收到独立审查委员会的审核报告，表明注册试验已表明单剂总体客观反应率大于或等于10%	80
美国	1	沪亚生物提交的关于产品的首个IND获得了FDA的批准	40
美国	2	在美国一期试验结束后，于此修订版签订后的五个工作日之内支付	250
美国	3	如果在2017年12月31日前沪亚生物在美国完成了一项产品指标的IB期临床试验，即IB期临床试验达到了二期临床试验推荐剂量（RP2D）的最初目标，那么不需支付任何费用。否则，需要支付右列规定的数额	200
美国	4	关于产品的首个二期临床试验由沪亚生物在美国完成，并且使沪亚生物能在美国启动三期临床试验	140
日本	1	PMDA接受沪亚生物首个产品和首个适应症的临床开发计划	20
日本	2	在日本一期试验结束后，于此修订版签订后的五个工作日之内支付	250

③特许使用费

沪亚生物应当以在许可区域内产品的净销售额向微芯生物支付一定比例的特许使用费，直到下列时间的较晚者：（ⅰ）包括有效性声明的许可专利表明在此国家中的关于此产品的制造、使用或销售已经过期（或者有关此产品的FDA独占期过期），或者（ⅱ）此产品在此国家中的首次商业销售的15年后。

根据微芯生物与沪亚生物签订的《独家许可与研发协议》及补充协议，截至2018年年末公司已收取1 085.00万美元，后续根据被授权方利用上述技术专利的情况、研发药品的审批情况，以及产品最终上市的销售分成等，收取相应的收益。

（2）微芯生物对华上生技有限公司（以下简称"华上生技"）的专利许可情况。

2013年9月27日，微芯生物与华上生技签署《西达本胺专利使用许可协议》，约定微芯生物将西达本胺产品的中国台湾地区专利权利授权给华上生技。2017年11月15日，微芯生物与华上生技签署《西达本胺专利使用许可协议之补充协议》，对"年度总净销售金额"的计算方式、特许权使用费的支付进行了修订。双方约定的费用及支付方式如下。

①协议生效后 30 日内华上生技向微芯生物支付本协议许可使用费人民币 100 万元；

②里程碑付费：在约定里程碑完成后的 30 个工作日内华上生技应向微芯生物支付相应里程碑费用。

③华上生技应在每自然年度内向微芯生物支付每年度总销售额的 13.6%，直至公司在中国台湾的专利权（TWI370815 号和 TWI577662 号）消灭为止。

④华上生技可分许可第三方在中国台湾地区进行销售、营销和分销产品协议，华上生技应向微芯生物支付收取的入门许可费和里程碑付费的 20%。

西达本胺在中国台湾地区已开始进行乳腺癌的Ⅲ期临床试验，截至 2018 年年底，公司已累计收到华上生技支付的 215.70 万元人民币。其中，微芯生物签订协议后收取 100 万元人民币；2017 年 6 月，华上生技向 TFDA 申请的西达本胺临床Ⅲ期试验获得批准，公司收取里程碑款项 100 万元人民币；2018 年 6 月，华上生技将中国台湾地区销售权许可于吉泰药品股份有限公司，微芯生物收取入门许可费等共计 15.70 万元人民币。

微芯生物通过核心技术研发的西达本胺于 2014 年底获得新药证书和注册批件，并于 2015 年 3 月上市销售，为微芯生物的收入与利润带来了快速增长。报告期内，微芯生物的营业收入主要来自西达本胺片销售收入和西达本胺相关专利技术授权许可收入。

表 3-11　微芯生物收入情况

项目	2018 年度		2017 年度		2016 年度	
	金额/万元	占比/%	金额/万元	占比/%	金额/万元	占比/%
西达本胺片销售收入	13 672.35	92.57	9 268.30	83.88	5 575.88	65.33
技术授权许可收入	978.79	6.63	1 760.57	15.93	2 954.08	34.61
其他	117.76	0.80	21.47	0.19	5.12	0.06
合计	14 768.90	100.00	11 050.34	100.00	8 535.09	100.00

从表 3-11 可以看出，报告期内，微芯生物主营业务收入快速增长，2016—2018 年，其年均复合增长率为 31.54%，这主要是由于西达本胺片自 2015 年上市以来销量快速增长。在产品上市早期，主营业务收入中技术授权许可收入占比达到 34.61%，而后占比逐年降低，西达本胺片的销售收入占据

主要地位,这表明原创新药在刚上市时,可以利用专利技术授权许可的方式获得较好的经济效益,随着产品销售量增加、成熟度不断提高,产品本身的销售额也将随之带来更高收益。

3. 获得专利技术许可出资的情况

2006年7月,微芯生物与博奥生物集团有限公司(以下简称"博奥生物")签订《技术投资协议》,博奥生物以下述5项专有技术在中华人民共和国的独占使用权,以独占许可实施的方式,投资于微芯生物,具体授权的技术实施范围限于药物筛选、药物研究和药物开发领域,微芯生物不得将上述独占使用权转让予第三方;任何微芯生物之发明或衍生物,包括衍生之任何技术及专利,皆属其独自所有之财产。

博奥生物所投入的专有技术涉及的专利及专利期限(授权期限)如表3-12所示。

表3-12 微芯生物获得专利技术许可出资情况

序号	专利名称	专利号	专利权人	专利权期限至(授权期限至)
1	集成式微阵列装置	ZL00109792.X	清华大学、博奥生物	2020-7-3
2	微流体系统中实体分子的操纵方法及相关试剂盒	ZL00122631.2	清华大学、博奥生物	2020-8-7
3	用核酸酶解活性和杂交技术鉴别核酸分子的方法和组合物	ZL00123633.4	清华大学、博奥生物	2020-8-23
4	芯片上分离实体分子的方法和所需器件和试剂	ZL00131649.4	清华大学、博奥生物	2020-10-8
5	利用声场力和其他作用力对微粒进行场流分离的装置和方法	ZL00130562.X	清华大学、博奥生物	2020-9-29

上述专有技术的专利权人为清华大学和博奥生物,根据清华大学与博奥生物签署的《专利分享协议(1)》和《专利分享协议(2)》,清华大学同意就其拥有的11项专利技术和非专利技术(包括博奥生物对微芯生物出资的5项专有技术)授权博奥生物以各种形式使用上述专有技术进行投资并独享因投资而获得的收益,清华大学放弃以通过博奥生物以外的方式利用上述11项专利技术和非专利技术进行投资、转让、自己实施或许可他人实施。

可以看出,微芯生物在前期研发的过程中通过独占许可实施的方式获得了博奥生物的专利技术的资助，利用上述专利技术进行药物筛选、药物研究和药物开发，加速了新药的研发速度。在药物研发取得成果之后，通过在全球多个国家和地区通过将专利权对外授权许可的方式，与国外同行业企业共推进西达本胺在不同适应症领域的全球同步开发，并且获得许可费和里程碑收益，共享未来的商业化收益，助力企业的进一步发展（图 3-6）。

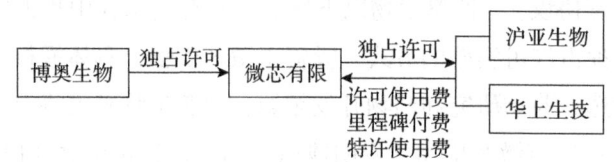

图 3-6　微芯生物的专利许可与被许可模式

4. 案例评析

近年来，国内发布一系列创新药物领域的支持政策，如化药注册分类改革，上市许可持有人制度试点，创新药获得优先审评、专利补偿、药品试验数据保护等，这些政策破除了新药研发的政策障碍，加速了新药研发的速度。

创新药及创新技术已成为产业资本追逐的热点，以微芯生物、百济神州、信达生物为代表的近十家本土创新药研发公司先后宣布了多笔大额融资，为新药研发提供了重要的资本支持。此外，大量海归人员不断回国就业，为国内新药研发企业带来国际一流水准的研发人员。在政策、资本、人才等多方因素共同促进下，研发实力突出、新药创制能力强的医药企业将脱颖而出，药企的研发战略、市场战略将迎来大的转型，创新药企将受益于政策利好从而迎来前所未有的发展机遇。

本案中，由于微芯生物在新药研发行业 18 年的持续研发投入，使得在创新药领域积累了大量的发明创造和技术方案。公司针对同种药物在化合物通式、制备方法、晶型、剂型和用途等方面实施全链条、全生命周期的专利布局，有利于充分保障公司的商业利益，防止竞争对手以仿制药形式对公司产品造成竞争。出于对西达本胺治疗效果的科学前瞻，公司在全球多个国家和地区通过将专利权对外授权许可的方式，与国外同行业企业共同推进西达本胺在不同适应症领域的全球同步开发，并且获得许可费和里程碑收益，共享未来的商业化收益。

第五节　专利转让

一、专利转让概述

专利转让是指专利权人将其拥有的专利权全部或部分地转移给另一方的法律行为，因此专利转让类型通常分为全部转让和部分转让两种。受让人需要支付给专利权人的转让费用，通常是通过谈判确定的，可以是一次性支付或分期支付。专利转让是一种将创新成果变现的方式。创新者可以将专利权转让给具有资源和资金的收购者，从而获得可观的资金回报，这些资金可以用于再投资、研发新的技术或拓展业务领域，从而优化企业的资源配置。这就避免了创新者自行开发和推广产品所需的高昂投资成本，同时，专利转让还可以为投资者提供新的商业机会和回报。

专利转让可以将创新资源集中在一家或少数几家公司手中，通过专利转让，一家公司可以获取到其他公司或个人的创新成果，快速提升企业的技术水平，缩短技术研发周期，使企业能够更快地适应市场变化，从而提高自身的技术实力和市场竞争力，这有助于加速创新，推动技术进步，并在更短的时间内满足市场需求。

专利转让可以推动企业的技术创新，为不同企业之间的合作提供了机会。通过专利转让，企业可以建立起跨领域的合作关系，实现资源共享和互利共赢。这有助于加快技术创新的进程，减少重复研发，最终推动产业的进步和发展。专利转让可以促进产业上下游企业之间的协同合作，共同推动技术的研发和应用，加速产业升级。在专利转让的过程中，转让人与受让人会进行技术交流与合作，这种交流有助于双方了解市场需求和技术发展趋势，为后续的研发和合作提供方向。

创新本身存在一定的风险，包括技术成果的不确定性和市场接受度等，通过专利转让，创新者可以将风险分摊给收购者，另一方面，收购者可以通过专利转让获得已经验证过的技术成果，从而降低技术开发过程中的风险。专利转让可以使公司将更多精力和资源投入核心业务领域。通过转让不再符合企业战略发展方向或无法有效实施的专利，企业可以将更多的资源和精力集中在核心业务和更具潜力的技术研发上，提高核心竞争力，并更好地满足市场需求。

对于创新者来说，专利转让可以实现创新成果的经济回报，避免投资风险，并集中创新资源，对于收购者来说，通过专利转让可以获得已验证过的技术成果，降低技术开发风险，并促进合作。专利转让是一个双赢的交易，有助于加速创新，在全球范围内推动经济和社会的发展。

二、科创板上市企业涉及专利转让的典型案例❶

1. 公司概况

博众精工科技股份有限公司（以下简称"博众精工"）成立于2001年，是一家专注于研发和创新的技术驱动型企业，主要从事自动化设备、自动化柔性生产线、自动化关键零部件以及工装夹（治）具等产品的研发、设计、生产、销售及技术服务，同时，公司亦可为客户提供智能工厂的整体解决方案，业务涵盖消费电子、新能源、汽车、家电、日化等行业领域。针对不同行业的需求，博众精工整合了运动控制、影像处理、镭射量测、机械手、精密贴装密压台等技术，并配合软件系统开发，可为客户提供较为全面的产品和服务。该公司曾于2019年4月提交注册申请，但于2020年4月终止注册，而后又于2020年8月再次提交注册申请，最终于2021年4月注册生效并于2021年5月成功上市。

2018年开始，公司提出"二次创业"理念，旨在四个关键方向上做精做强：一是面向自动化核心零部件的基础研发及后续生产、销售；二是基于自主开发的关键技术、关键零部件的专机、标机的研发、生产、销售；三是基于自动化设备、自动化柔性生产线、智能仓储的数字化工厂整体解决方案的集成建设服务；四是基于人工智能的服务机器人的预研。

（1）核心零部件方面。

公司于2010年开始核心零部件的研发，重点布局直线电机、光源镜头、工业机器人，已取得61相关专利；在算法、软件等技术方面已具有一定的竞争力，开发出新一代自适应镜头、龙门双驱的驱动器等国际有竞争力的产品，工业机器人和控制器均实现自主开发。

（2）标机、专机方面。

公司于2015年开始基于自主开发的关键技术、关键零部件的专机、标

---

❶ 相关信息摘录自博众精工科技股份有限公司招股说明书。

机的研发、生产、销售，目前已形成 5～15 微米 3D 视觉检测设备、15 亿像素超大分辨率工业相机、精度高达纳米级别的基于光谱共焦技术的核燃料棒 3D 检测设备、基于人工智能和视觉技术的检测设备等标准产品，后续将研发 SMT 贴片等标准化设备。

（3）数字化工厂整体解决方案方面。

公司于 2015 年开始布局基于自动化设备、自动化柔性生产线、智能仓储的数字化工厂整体解决方案的集成建设服务。目前已在空调行业和日化行业成功实施了数字化工厂项目。

（4）服务机器人方面。

公司于 2011 年开始基于人工智能的服务机器人的预研，已获得 108 项相关专利；预研产品包括巡逻机器人、递送机器人、楼宇机器人、接待机器人等。

截至 2020 年 3 月底，公司共取得有效授权专利总计 1 519 项，其中发明专利总计 823 项、实用新型专利 616 项、外观设计专利 80 项，其专利数量在国内同行业中位居前列。

博众精工专业从事自动化设备、自动化柔性生产线、自动化关键零部件以及工装夹（治）具等产品的研发、设计、生产、销售及技术服务，经过多年的行业积累与发展，公司现已成为国内智能化生产解决方案领域领军企业之一，成为国家高新技术企业、国家认定企业技术中心、国家级工业设计中心、国家制造业单项冠军产品（3C 电子产品整机装配生产设备）、国家知识产权优势企业、国家两化融合管理体系贯标试点企业、国家服务型制造示范平台。博众精工凭借专注、务实的企业精神，以开放者的姿态开拓创新，助力"中国制造 2025"不断发展。

2. 专利转让情况

由于公司的产品质量稳定，性能优异，综合服务具有较强的竞争力，逐步得到越来越多客户的认可和信任，在业内具有较高的知名度和美誉度。公司与国内外知名企业苹果、华为、格力、蔚来汽车、富士康、和硕联合、广达、纬创等建立了良好稳定的业务合作关系，从而保证了公司的业务量稳定快速发展，为公司持续发展奠定了良好的基础。

蔚来汽车（指上海蔚来汽车有限公司及其关联方）作为我国新能源汽车领域的先行者，在与其他车企竞争过程中，推出了"汽车换电站"的差异化竞争策略,其换电站可全自动地在 3 分钟内完成汽车动力电池更换工作,解决了电动汽车充电时等候时间过长的痛点。

博众精工为蔚来汽车"汽车换电站"的主要设备供应商于 2017 年开始,公司与蔚来汽车合作规模不断扩大,并在与蔚来汽车合作的基础上陆续开拓了蓝谷智慧(北京)能源科技有限公司、浙江吉智新能源汽车科技有限公司(吉利汽车子公司)等客户。2017 年度、2018 年度、2019 年度以及 2020 年 1—3 月,自动化换电站设备的销售金额分别为 592.95 万元、21 045.26 万元、3 609.12 万元以及 231.30 万元。

2018 年,博众精工将共计 16 件专利(1 件外观设计专利、4 件实用新型专利、11 件发明专利)转让给上海蔚来汽车有限公司(图 3-7、表 3-13),可以看出,转让的 16 件专利主要涉及汽车换电站技术,这与博众精工和蔚来汽车在自动化设备方面的合作相关。博众精工成功为蔚来汽车开发了多款智能充换电站,满足了客户对新能源车及配套换电站的投放需求,而后博众精工又通过专利转让的形式将相应的换电站核心技术转让给了蔚来汽车。

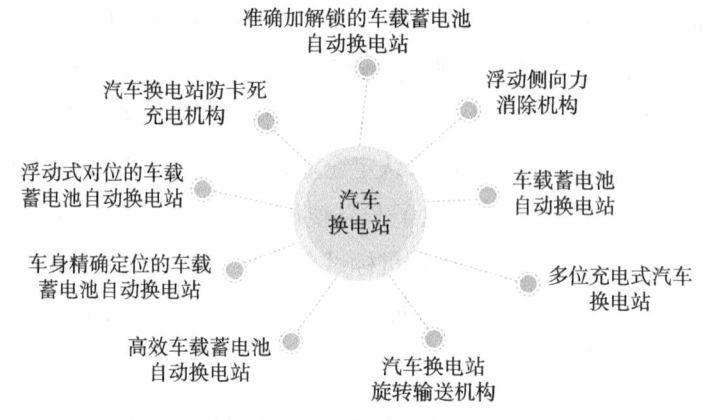

图 3-7 博众精工专利转让于蔚来汽车的情况

表 3-13 博众精工转让于蔚来汽车的专利申请表

申请号	名称
CN201711082978.7	准确加解锁的车载蓄电池自动换电站
CN201711083020.X	车身精确定位的车载蓄电池自动换电站
CN201810320653.6	浮动侧向力消除机构
CN201711083018.2	车载蓄电池自动换电站

续表

申请号	名称
CN201810139199.4	汽车换电站防卡死充电机构
CN201730543024.6	车载蓄电池自动换电站
CN201711083077.X	浮动式对位的车载蓄电池自动换电站
CN201810138996.0	多位充电式汽车换电站
CN201711083016.3	高效车载蓄电池自动换电站
CN201810138997.5	汽车换电站旋转输送机构
CN201711083077.X	浮动式对位的车载蓄电池自动换电站
CN201810320653.6	浮动侧向力消除机构
CN201820494499.X	充电仓电池交换机构
CN201820240125.5	多位充电式汽车换电站
CN201820240961.3	汽车换电站防卡死充电机构
CN201820240221.X	汽车换电站旋转输送机构

在充换电技术领域，博众精工已申请相关专利275件，其中发明专利100多件，实用新型专利100多件，PCT专利申请4件，为其核心竞争力建立起了最有效的"护城河"。基于此，该公司已经开拓了蔚来、吉利、北汽、东风等客户，而在针对客户的服务中，又进一步衍生了针对性强的相关专利技术。对于上述专利技术，一方面，博众精工选择通过专利转让的方式进一步获得收益，同时减少了维护专利的相关成本；另一方面，客户也通过受让的方式获得了与自身产品密切相关专利技术，从而实现了双赢的局面。

第六节　专利布局

一、专利布局概述

专利布局是指企业或个人在技术创新和研发过程中，有意识地选择和申请一系列相关的专利，并构建一个有效的知识产权保护网络，以保护其技术、产品或服务的知识产权，从而在市场竞争中取得优势。通过综合考虑产业、市场和法律等因素，对专利进行有机结合，构建严密高效的专利保护网，最终形成对企业有利的专利组合，从而确保企业的技术创新成果得到全面保护，并在市场竞争中占据有利地位。

专利布局的策略与方法多种多样，包括但不限于集束型专利布局、星系专利布局、链型专利布局、网状覆盖性专利布局、城墙式布局、路障式布局、地毯式布局、丛林式布局、围栏式布局、霰弹式布局等。例如，集束型专利布局侧重于对同一技术的替代性技术进行专利布局，以阻止竞争对手用其他方案实现该技术；星系专利布局则以基础性专利为核心，通过延伸性专利在不同领域进行布局，形成强大的专利保护网。

企业在进行专利布局时可以参考以下举措。

（1）明确专利布局的战略目标。企业应首先明确专利布局的战略目标，如保护核心技术、抢占市场先机、提升品牌形象等。明确的目标有助于企业制定有针对性的专利布局策略。

（2）进行深入的专利分析和市场洞察。利用专业的专利数据库和检索工具，对竞争对手的专利情况进行全面分析，了解对方的技术布局、专利保护范围以及可能存在的技术漏洞，找出可以借鉴和改进的地方。深入研究市场需求、技术趋势和竞争格局，了解消费者和市场的真实需求，以及未来可能的技术发展方向，为专利布局提供方向指引。

（3）制定专利布局策略。将企业的核心技术进行细致分解，明确技术的各个组成部分和关键环节，并针对每个分解后的技术点进行专利挖掘和申请，确保技术的各个层面都得到保护。梳理企业所处的产业链，从上游的原材料供应、中游的产品制造到下游的销售和服务等环节进行全面分析，找出产业链中可能存在的专利布局机会。在此基础上，申请具有创新性、实用性和新颖性的核心专利，确保企业在关键技术领域拥有自主知识产权；并在核心专利的基础上，申请与核心技术相关的外围专利，形成专利组合，增强专利保护的强度和广度。通过对核心技术申请专利，可以确保在关键技术领域拥有自主知识产权，从而巩固技术壁垒，防止竞争对手模仿或侵权。在核心专利的基础上，进一步申请与核心技术相关的外围专利，形成专利组合。这不仅可以增强专利保护的强度和广度，还能为企业带来更多的商业机会。

（4）选择合适的专利布局地域。根据企业的市场布局和战略目标，选择合适的国家和地区进行专利申请。这有助于企业在全球范围内保护自己的技术成果,并拓展国际市场。同时,不能忽视国内市场的专利布局,确保在国内市场的竞争优势。

(5)加强技术研发和创新能力。企业应持续增加研发投入,鼓励内部研发团队进行技术创新和研发,为专利布局提供源源不断的创新成果。建立有效的创新激励机制,如设立专利奖励制度、提升研发人员待遇等,激发员工的创新热情。

(6)优化专利管理和维护。制定完善的专利管理制度,包括专利申请、审查、授权、维护等流程,确保专利工作的规范化和高效化。建立专利监控机制,定期关注相关领域的专利动态和市场变化。一旦发现侵权行为,立即采取法律手段进行维权,保护企业的合法权益。

(7)推动专利技术产业化应用。积极推动专利技术的产业化应用,将专利技术转化为实际的产品或服务,实现经济效益的提升,并推动产业升级。

专利布局是企业技术创新的重要保障,通过专利布局,企业可以建立起坚实的技术壁垒,防止竞争对手轻易复制、使用或销售类似的产品或服务,从而在市场竞争中占据优势地位。

二、科创板上市企业涉及专利布局的典型案例[1]

1. 公司概况

九号有限公司(原九号机器人有限公司)是专注于智能短交通和服务类机器人领域的创新企业。公司主营业务为各类智能短程移动设备的设计、研发、生产、销售及服务。经过多年的发展,公司产品已形成包括智能电动平衡车、智能电动滑板车、智能服务机器人等品类丰富的产品线。九号有限公司成立于2012年,最先开始研发平衡车产品,并进入小米生态链。2015年收购全球平衡车鼻祖Segway,打开了海外市场的知名度。

表3-14 九号有限公司发展历程

年份	里程碑
2012	成立于中国北京,成功研发并推出Windrunner系列平衡车产品
2014	获得小米、红杉、顺为等资本共同注资8 000余万美元,并成为小米生态链成员

[1] 相关信息摘录自九号有限公司招股说明书。

续表

年份	里程碑
2015	全资收购 Segway 公司成立新加坡分公司，负责亚太地区的市场运营、销售和售后服务工作
2017	首个陪伴机器人 Loomo 在美国发布
2018	联合美团发布 Segway 配送机器人 S1
2019	发布配送技术人 S2、X1、智能共享滑板车 T60 和混动全地形车
2020	上交所上市进入电动两轮车行业

公司作为专注于智能短交通和服务类机器人领域的高新技术企业，在相关领域拥有或申请中的国内外专利达 1 000 余项。截至 2019 年年末，公司智能电动平衡车、智能电动滑板车等核心产品销售区域覆盖全球 100 多个国家和地区，并与 Voi、Lyft Scooter（Lyft）、Uber Scooter（Uber）、Spin（Skinny）和 Grin（Encosta）等国内外出行领域众多知名企业建立了合作关系。

经过多年的发展，公司依托自身在智能技术创新、工业设计、供应链管理、规模与品牌等多方面积累的竞争优势，逐渐将业务链延伸至智能配送机器人、电动摩托车、电动自行车以及全地形车等领域。目前，公司主要产品分为智能电动平衡车、智能电动滑板车、服务类机器人、智能电动摩托/自行车、全地形车及其他产品系列。

2. 专利布局情况

九号有限公司目前拥有的核心技术大部分为其自主研发而来，均系公司研发团队在研发、生产过程中经过市场反馈、技术积累和创新形成的自有技术。此外，发行人也有部分核心技术来自全资并购的美国 Segway Inc. 及来自 DEKA LLC 的唯一排他性永久授权。公司主要核心技术如表 3-15 所示。

表 3-15　九号有限公司的核心技术分布情况

序号	核心技术名称	技术来源	应用产品	技术先进性	产业化时间
1	自平衡控制技术	基于授权专利自主研发	电动平衡车类，自机器人，电动自行车，电动摩托车	国际领先	2013 年 12 月
2	双余度热备份电机控制技术	基于授权专利自主研发	双轮平衡车系列	国际领先	2015 年 10 月

续表

序号	核心技术名称	技术来源	应用产品	技术先进性	产业化时间
3	高可靠双重保护电池管理技术	自主研发	电动平衡车类，滑板类，电动自行车摩托车类，机器人系列	国际等同	2015年10月
4	超宽带无线定位技术	自主研发	九号平衡车PlusPlusPlus，自平衡机器人	国际等同	2016年6月
5	高精度低成本永磁同步电机驱动技术	自主研发	电动平衡车类，滑板类，电动自行车摩托车类，机器人系列	国内领先	2015年10月
6	视觉为主的多传感器室内定位技术	自主研发	自平衡机器人，室内配送类机器人	国际领先	2017年5月
7	高动态室内环境机器人运动控制技术	自主研发	自平衡机器人，室内配送类机器人	国际领先	2017年5月
8	基于视觉的人体跟随系统	自主研发	自平衡机器人，室内配送类机器人	国际等同	2017年5月
9	三轴机器人头部增稳技术	自主研发	自平衡机器人	国际等同	2017年5月
10	基于视觉的自主充电技术	自主研发	自平衡机器人，室内配送类机器人，室外配送机器人	国际等同	处于样机测试阶段，产业化时间预计为2020年9月
11	ORV并联式混合动力平台	自主研发	ORV全地形车混动系列产品	国际领先	处于样机测试阶段，产业化时间预计为2020年9月
12	ORV串联式混合动力平台	自主研发	ORV全地形车混动系列产品	国际领先	处于样机测试阶段，产业化时间预计为2020年9月

据其招股说明书披露，截至2019年3月，该公司及其各子公司拥有国内经授权的专利326项，其中发明专利36项，实用新型专利182项，外观设计专利108项，国外经授权的专利223项。该公司自2015年收购赛格威后，逐渐涉足海外业务，近年来，海外业务在公司收入构成中占比较高，公司需将大量产品出口至海外国家或地区，公司目前海外业务主要分布在美国和欧盟等经济发达地区，国外市场对知识产权高度重视，而该公司在全球范围内拥有大量的技术专利，因而在国外市场也形成了极为有竞争优势的技术壁垒。九号有

限公司及其子公司为原告的境内诉讼和境外诉讼情况分布如表 3-16、表 3-17 所示。

表 3-16 九号有限公司及其子公司为原告的境内诉讼情况

序号	原告	被告	案号	基本情况	涉诉金额/万元
1	纳恩博（北京）、纳恩博（天津）	永康市爱久工贸有限公司和北京家乐福商业有限公司通州店	（2019）京73民初176号	被告所生产或销售的被控侵权产品侵犯了原告的专利权"动平衡车（迷你）"（专利号：ZL2015303161689），请求被告赔偿1 000万元及承担部分合理开支50万元	1 050
2	纳恩博（天津）	第一被告：杭州高茂贵贸易有限公司；第二被告：浙江阿尔郎科技有限公司；第三被告：永康市安尚健身器材有限公司；第四被告：九龙坡区拜能斯电动车经营部	（2019）渝05民初1390号12	被告所生产或销售的被控侵权产品侵犯了原告的专利权"模块化的两轮动平衡车"（专利号：ZL201420866977.7），请求被告赔偿750万元及承担部分合理开支25万元	775
3	纳恩博（天津）	第一被告：杭州高茂贵贸易有限公司；第二被告：浙江阿尔郎科技有限公司；第三被告：永康市富冠工贸有限公司；第四被告：九龙坡区拜能斯电动车经营部	（2019）渝05民初2959号13	被告所生产或销售的被控侵权产品侵犯了原告的专利权"模块化的两轮动平衡车"（专利号：ZL201420866977.7），请求被告赔偿250万元及承担部分合理开支25万元	275
4	纳恩博（北京）	汕头市澄海区新崇锦玩具厂、广州市越秀区新崇锦玩具商行	（2019）粤73民初311号	被告所制造、销售、许诺销售的被控侵权产品侵犯了原告的专利权"车架（卡丁车）"（专利号：ZL201730579032.6），请求被告赔偿15万元	15
5	纳恩博（北京）	广州市越秀区世昂玩具商行	（2019）粤73民初312号	被告所制造、销售、许诺销售的被控侵权产品侵犯了原告的专利权"车架（卡丁车）"（专利号：ZL201730579032.6），请求被告赔偿10万元	10

续表

序号	原告	被告	案号	基本情况	涉诉金额/万元
6	纳恩博（北京）	永康市卓雅工贸有限公司；永康市爱久工贸有限公司	（2019）浙01民初566号	被告所生产、销售、许诺销售的被控侵权产品侵犯了原告的专利权"卡丁车"（专利号：ZL201730619295.5），请求被告赔偿100万元	100
7	纳恩博（北京）	何晴雯；永康市爱久工贸有限公司	（2019）浙01民初565号	被告所生产、销售、许诺销售的被控侵权产品侵犯了原告的专利权"卡丁车"（专利号：ZL201730619295.5），请求被告赔偿100万元	100
8	纳恩博（北京）	庄伟鸿；浙江淘宝网络有限公司	（2019）浙01民初672号	被告所制造、销售、许诺销售的被控侵权产品侵犯了原告的专利权"车架（卡丁车）"（专利号：ZL201730579032.6），请求被告赔偿15万元	15
9	纳恩博（北京）	义乌市竣帆摩托车配件商行	（2019）浙01民初908号	被告所制造、销售、许诺销售的被控侵权产品侵犯了原告的专利权"车架（卡丁车）"（专利号：201730579032.6），请求被告赔偿10万元	10
10	纳恩博（北京）	深圳市方捷科技有限公司；刘媚；李志兵	（2019）粤03民初1609号	被告所制造、销售、许诺销售的被控侵权产品侵犯了原告的专利权"车架（卡丁车）"（专利号：201730579032.6），请求被告赔偿10万元	10
11	纳恩博（北京）	彭育胜；上海寻梦信息技术有限公司	（2020）沪73民初109号	被告所制造、销售、许诺销售的被控侵权产品侵犯了原告的专利权"车架（卡丁车）"（专利号：201730579032.6），请求被告赔偿100万元	100
12	纳恩博（北京）	深圳市鑫鑫旺达光电有限公司；孟林芳；罗开芳	（2019）粤03民初2100号	被告所制造、销售、许诺销售的被控侵权产品侵犯了原告的专利权"车架（卡丁车）"（专利号：201730579032.6），请求被告赔偿10万元	10

续表

序号	原告	被告	案号	基本情况	涉诉金额/万元
13	纳恩博（北京）	安永平；浙江淘宝网络有限公司	（2019）浙01民初793号	被告所制造、销售、许诺销售的被控侵权产品侵犯了原告的专利权"车架（卡丁车）"（专利号：201730579032.6），请求被告赔偿30万元	30
14	纳恩博（北京）	应滔；浙江淘宝网络有限公司	（2019）浙01民初2160号	被告所生产、销售、许诺销售的被控侵权产品侵犯了原告的专利权"卡丁车"（专利号：ZL 201730619295.5），请求被告赔偿100万元	100
15	纳恩博（北京）	北京京东叁佰陆拾度电子商务有限公司，杭州高茂贵贸易有限公司	（2019）京73民初437号	被告所生产、销售、许诺销售的被控侵权产品侵犯了原告的专利权"脚控软垫"（专利号：ZL201530316051.0），请求被告赔偿1 008 196元	100.82
16	鼎立联合	北京京东叁佰陆拾度电子商务有限公司，杭州高茂贵贸易有限公司，永康市富冠工贸有限公司	（2019）京73民初959号	被告所生产、销售、许诺销售的被控侵权产品侵犯了原告的专利权"一种扭转机构及自平衡两轮车"（专利号：ZL201220598703.5），请求被告赔偿100万元	100
17	纳恩博（北京）	广州唯品会电子商务有限公司，启籁实业（上海）有限公司，杭州高茂贵贸易有限公司，永康市富冠工贸有限公司，永康市安尚健身器材有限公司	（2019）粤73民初1430号	被告所生产、销售、许诺销售的被控侵权产品侵犯了原告的专利权"脚控软垫"（专利号：ZL201530316051.0），请求被告赔偿600万元	600
18	纳恩博（北京）	永康市爱久工贸有限公司	（2019）浙02民初965号	被告所制造、销售、许诺销售的被控侵权产品侵犯了原告的专利权"卡丁车"（专利号：ZL201730619295.5），请求被告赔偿50万元	50
19	纳恩博（北京）	沈阳市和平区潮泰印社电子产品经营部；沈阳盛新艺乐物业有限公司	（2019）辽01民初1225号	被告所销售、许诺销售的被控侵权产品侵犯了原告的专利权"卡丁车"（专利号：ZL201730619295.5），请求被告赔偿10万元	10

续表

序号	原告	被告	案号	基本情况	涉诉金额/万元
20	纳恩博（北京）	沈阳市和平区潮泰印社电子产品经营部；沈阳盛新艺乐物业有限公司	（2019）辽01民初1226号	被告所销售、许诺销售的被控侵权产品侵犯了原告的专利权"两轮电动平衡车"（专利号：ZL201530136929.2），请求被告赔偿10万元	10
21	纳恩博（北京）	重庆小猴科技有限公司；重庆洲希科技有限公司	（2020）渝01民初27号	被告所销售、许诺销售的被控侵权产品侵犯了原告的专利权"电动平衡车"（专利号：ZL201630448829.8），请求被告赔偿200万元	200
22	纳恩博（常州）	北京京东叁佰陆拾度电子商务有限公司；永康市臻彩日用品有限公司；杭州高茂贵贸易有限公司；永康市安尚健身器材有限公司	（2019）京73民初1828号	被告所生产、销售、许诺销售的被控侵权产品侵犯了原告的专利权"模块化的两轮动平衡车"（专利号：ZL201420866977.7），请求被告赔偿200万元	200
23	纳恩博（常州）	浙江天猫网络有限公司；杭州苏恒智能科技有限公司；永康市景辰电子商务有限公司；杭州高茂贵贸易有限公司；永康市富冠工贸有限公司；永康市安尚健身器材有限公司	（2020）浙01知民初255号	被告所生产、销售、许诺销售的被控侵权产品侵犯了原告的专利权—模块化的两轮动平衡车Ⅱ（专利号：ZL201420866977.7），请求被告赔偿130万元	130
24	纳恩博（北京）	胡洋；上海寻梦信息技术有限公司	（2020）沪73民初50号	被告所销售、许诺销售的被控侵权产品侵犯了原告的专利权"电动平衡车"（专利号：ZL201630448829.8），请求被告赔偿30万元	30
25	纳恩博（北京）	应璇；上海寻梦信息技术有限公司	（2020）沪73民初47号	被告所销售、许诺销售的被控侵权产品侵犯了原告的专利权"电动平衡车"（专利号：ZL201630448829.8），请求被告赔偿30万元	30

续表

序号	原告	被告	案号	基本情况	涉诉金额/万元
26	纳恩博（北京）	杜玲；上海寻梦信息技术有限公司	（2020）沪73民初473号	被告所销售、许诺销售的被控侵权产品侵犯了原告的专利权"电动平衡车（迷你）"（专利号：ZL201530316168.9），请求被告赔偿30万元	30
27	纳恩博（北京）	龙丹桂；上海寻梦信息技术有限公司	（2020）沪73民初45号	被告所销售、许诺销售的被控侵权产品侵犯了原告的专利权"电动平衡车（迷你）"（专利号：ZL201530316168.9），请求被告赔偿30万元	30
28	纳恩博（北京）	修恩军；上海寻梦信息技术有限公司	（2020）沪73民初49号	被告所销售、许诺销售的被控侵权产品侵犯了原告的专利权"电动平衡车（迷你）"（专利号：ZL201530316168.9），请求被告赔偿30万元	30
29	纳恩博（北京）	金有方；上海寻梦信息技术有限公司	（2020）沪73民初46号	被告所销售、许诺销售的被控侵权产品侵犯了原告的专利权"电动平衡车"（专利号：ZL201630448829.8），请求被告赔偿30万元	30
30	纳恩博（北京）	诸葛峻；浙江淘宝网络有限公司	（2020）浙01知民初24号	被告所销售、许诺销售的被控侵权产品侵犯了原告的专利权"平衡车固定安装结构和卡丁车"（专利号：ZL201721245147.2），请求被告赔偿150万元	150
31	纳恩博（北京）	诸葛峻；浙江淘宝网络有限公司	（2020）浙01知民初25号	被告所销售、许诺销售的被控侵权产品侵犯了原告的专利权"方向盘安装结构和卡丁车"（专利号：ZL201721240598.7），请求被告赔偿150万元	150
32	纳恩博（北京）	邢台市小阿明玩具有限公司、王志科	（2020）冀01知民初147号	被告所制造、销售、许诺销售的被控侵权产品侵犯了原告的专利权"车架（卡丁车）"（专利号：ZL201730579032.6），请求被告赔偿10万元	10

续表

序号	原告	被告	案号	基本情况	涉诉金额/万元
33	纳恩博（北京）	深圳市梦客智能电器有限公司	（2020）粤03民初798号	被告所制造、销售、许诺销售的被控侵权产品侵犯了原告的专利权"电动滑板车"（专利号：ZL201620819729.6），请求被告赔偿经济损失100万元及全部合理开支共计10万元	110
34	纳恩博（北京）	深圳市梦客智能电器有限公司	（2020）粤03民初799号	被告所制造、销售、许诺销售的被控侵权产品侵犯了原告的专利权"一种车辆转向杆固定安装结构和车辆"（专利号：ZL201620275599.4），请求被告赔偿经济损失100万元及全部合理开支共计10万元	110
35	纳恩博（北京）	深圳市瑞思祥科技有限公司	（2020）粤03民初800号	被告所制造、销售、许诺销售的被控侵权产品侵犯了原告的专利权"电动滑板车"（专利号：ZL201620819729.6），请求被告赔偿经济损失100万元及全部合理开支共计10万元	110
36	纳恩博（北京）	深圳云铭阳科技有限公司、韩志强	（2020）粤03民初801号	被告所制造、销售、许诺销售的被控侵权产品侵犯了原告的专利权"电动滑板车"（专利号：ZL201620819729.6），请求被告赔偿经济损失100万元及全部合理开支共计10万元	110
37	纳恩博（北京）	深圳云铭阳科技有限公司、韩志强	（2020）粤03民初802号	被告所制造、销售、许诺销售的被控侵权产品侵犯了原告的专利权"一种车辆转向杆固定安装结构和车辆"（专利号：ZL201620275599.4），请求被告赔偿经济损失100万元及全部合理开支共计10万元	110

续表

序号	原告	被告	案号	基本情况	涉诉金额/万元
38	纳恩博（北京）	深圳市瑞思祥科技有限公司	（2020）粤03民初803号	被告所制造、销售、许诺销售的被控侵权产品侵犯了原告的专利权"一种车辆转向杆固定安装结构和车辆"（专利号：ZL201620275599.4），请求被告赔偿经济损失100万元及全部合理开支共计10万元	110
39	鼎力联合	国家知识产权局专利复审委员会	（2020）京73行初4204号	请求法院撤销被告作出的第42787号无效宣告请求审查决定，请求法院判决被告针对专利号为ZL201220598703.5、名称为"一种扭转机构及自平衡两轮车"的中国实用新型专利重新作出无效宣告请求审查决定	—
40	纳恩博（常州）；纳恩博（天津）	深圳市飞特威科技有限公司、揭阳市领奥智能科技有限公司、郑创洪、北京京东叁佰陆拾度电子商务有限公司	（2020）京73民初496号	被告所生产、销售、许诺销售的被控侵权产品侵犯了原告的专利权"模块化的两轮动平衡车"（专利号：ZL201420866977.7），请求被告赔偿经济损失500万元及合理支出共计30万元	530
41	纳恩博（天津）	国家知识产权局	（2020）京73行初6844号	请求法院撤销被告作出的第43359号无效宣告请求审查决定；请求法院判决被告针对专利号为ZL201420357564.6、名称为"动平衡车使用的腿控操纵机构"的中国实用新型专利重新作出无效宣告请求审查决定	—
42	纳恩博（北京）	两江新区霖创数码电子经营部	（2020）渝01民初661号	被告销售、许诺销售的被诉侵权产品侵犯了原告的第ZL201630448829.8号外观设计专利，请求法院判令两被告停止侵权、共同赔偿因其侵权行为给原告造成的经济损失和合理支出费用共计人民币30 000元	3

续表

序号	原告	被告	案号	基本情况	涉诉金额/万元
43	纳恩博（北京）	重庆茂业百货有限公司；重庆市赛玛特科技有限责任公司	（2020）渝01民初662号	被告销售、许诺销售的被诉侵权产品侵犯了原告的"电平衡车"（第ZL 201630448829.8号）的外观设计专利，请求法院判令两被告停止侵权、共同赔偿因其侵权行为给原告造成的经济损失和合理支出费用共计人民币30 000元	3
44	纳恩博（北京）	中国联合网络通信集团有限公司重庆市九龙坡区分公司南方花园营业厅	（2020）渝01民初663号	被告销售、许诺销售的被诉侵权产品侵犯了原告的第ZL 201630448829.8号外观设计专利，请求法院判令两被告停止侵权、共同赔偿因其侵权行为给原告造成的经济损失和合理支出费用共计人民币30 000元	3
45	纳恩博（北京）	重庆永辉超市有限公司南岸区金科世界城分公司；重庆永辉超市有限公司	（2020）渝01民初664号	被告销售、许诺销售的被诉侵权产品侵犯了原告的第ZL 201630448829.8号外观设计专利，请求法院判令两被告停止侵权、共同赔偿因其侵权行为给原告造成的经济损失和合理支出费用共计人民币30 000元	3
46	纳恩博（北京）科技有限公司	永康市富信贸易有限公司；杭州高茂贵贸易有限公司；永康市富冠工贸有限公司；永康市玛凯工贸有限公司；北京京东叁佰陆拾度电子商务有限公司	（2020）京73民初720号	请求判令被告一和被告五停止一切侵犯201530316051.0号外观设计专利权的行为，包括停止许诺销售、销售侵犯本外观设计专利产品的行为；被告一、被告二、被告三和被告四停止一切侵犯201530316051.0号外观设计专利权的行为，包括停止一切制造、许诺销售、销售侵犯本外观设计专利产品的行为；被告一、被告二、被告三和被告四销毁专用于制造侵犯201530316051.0号专利权产品的模具；被告一、被告二、被告三和被告四共同赔偿原告合计人民币20万元整	20

续表

序号	原告	被告	案号	基本情况	涉诉金额/万元
47	纳恩博（北京）科技有限公司	重庆市如高科技发展有限公司；中国电信股份有限公司重庆杨家坪营业厅	（2020）渝05民初1618号	请求法院判令两被告立即停止侵犯第 ZL 201630448829.8 号外观设计专利的行为，包括但不限于：停止许诺销售和销售"M9 plus"系列平衡车产品；两被告销毁全部侵权产品；两被告共同赔偿因其侵权行为给原告造成的经济损失和合理支出费用共计人民币 30 000 元	3
48	纳恩博（北京）科技有限公司	中国联合网络通信有限公司重庆市分公司	（2020）渝05民初1619号	请求法院判令被告立即停止侵犯第 ZL 201630448829.8 号外观设计专利的行为，包括但不限于：停止许诺销售和销售"M9 plus"系列平衡车产品；被告销毁全部侵权产品；被告赔偿因其侵权行为给原告造成的经济损失和合理支出费用共计人民币 30 000 元	3
49	纳恩博（北京）科技有限公司	深圳市银立新汽车贸易有限公司、浙江天猫网络有限公司	（2020）浙01知民初478号	请求法院判令被告一、被告二立即停止侵犯实用新型专利（ZL201721245150.4）的行为，被告一销毁库存涉案侵权产品，被告二删除侵权产品销售链接；判令被告一赔偿原告50万元（包括原告调查、制止被告侵权行为所支付的部分合理开支）	50
50	纳恩博（常州）科技有限公司	金华市虎戈科技有限公司、上海寻梦信息技术有限公司	（2020）浙01知民初474号	请求法院判令被告一、被告二立即停止侵犯实用新型专利（ZL201420866977.7）的行为，被告一销毁库存涉案侵权产品，被告二删除侵权产品销售链接；被告一赔偿原告30万元（包括原告调查、制止被告侵权行为所支付的部分合理开支）	30

第三章 知识产权助力科技创新实践路径之专利篇

表 3-17 九号有限公司及其子公司为原告的境外诉讼情况

序号	原告	被告	案号	基本情况	审理机关	进展及执行情况
1	纳恩博（北京）	Zhejiang I-Walk Technology Co., Limited、New Walkings	17/16388	原告起诉被告正在销售的两种迷你平衡车仿造了原告在法国以"NINEBOT MINI PRO"或"NINEBOT by SEGWAY"和"NINEBOT MINI-XIAOMI"的名称销售的小型平衡车	巴黎法院	一审判决纳恩博（北京）向 New Walkings 支付 3000 欧元赔偿金，New Walkings 向纳恩博（北京）支付 5000 欧元赔偿金；发行人目前在评估上诉方案
2	纳恩博（天津）、赛格威及 Deka	Inventist Inc.	15-cv-00808	起诉被告 Inventist 在美国市场的扭扭车产品侵犯了原告 6 302 230、7 275 607、6 651 763、7 023 330、7 479 872 五项专利	特拉华联邦地区法院	该案已移交到华盛顿邦西区地区法院审理，目前处于中止状态
3		Swagway	15-cv-01198	起诉被告在美国市场的产品侵犯了原告 6 302 230、7 275 607、9 188 984 三项专利，被告使用的商标涉及侵权、不正当竞争、商标淡化等行为	特拉华联邦地区法院	由于 ITC 案，该案处于中止状态
4		Airwheel Technology Holding（Usa）Co., Ltd.、MetemTeknolojiSistemleri San、常州爱尔威科技有限公司	16-cv-00534	起诉被告在美国市场的产品侵犯了原告 6 302 230、9 188 984 两项专利	特拉华联邦地区法院	由于 ITC 案，该案处于中止状态

续表

序号	原告	被告	案号	基本情况	审理机关	进展及执行情况
5	纳恩博（天津）、赛格威及Deka	Jetson Electric Bikes LlC	16-cv-00538	起诉被告在美国市场的产品侵犯了原告6 302 230、7 275 607、9 188 984三项专利	特拉华联邦地区法院	由于ITC案，该案处于中止状态
6		Powerboard LlC	16-cv-00532	起诉被告在美国市场的产品侵犯了原告6 302 230、7 275、607二项专利	特拉华联邦地区法院	由于ITC案，该案处于中止状态
7	赛格威	Golden Livstyle Srl	30776/3/2017	起诉罗马尼亚海关扣押7辆踏板车侵犯赛格威的外观设计（643630-0001和643630-0002）	罗马尼亚布加勒斯特地区法院	二审判决认可被告上诉，发行人正在评估是否继续上诉
8	纳恩博（北京）	Floatup S.L.Direlec Group S.L.	221/2020	被告在欧洲市场销售侵犯了DM/100.034外观专利权的滑板车及平衡车，并直接使用我方宣传图片构成不正当竞争	欧盟共同体设计法院	法院分配案号，向被告转达诉讼材料

通过表3-18可以看出，2017—2019年，九号有限公司每年获得的诉讼赔偿款分别为2 025.54万元、475.08万元、259.37万元，分别占当年营业外收入的80.3%、59%、41.7%。可见，九号有限公司作为行业全球龙头企业，非常注重知识产权保护和创新，在能够预测其技术可能遭受第三方假冒或侵犯的情况下，该公司通过境内外的专利布局，对部分无自主知识产权、依靠模范、技术含量低的企业形成了无形的技术壁垒，及时有效地维护了自身的合法权益，抵御了被侵权的风险。

表3-18 九号有限公司非营业收入情况　　　　　　　　　单位：万元

项目	2019年度	2018年度	2017年度
政府补助	42.34	5.09	—
固定资产盘盈	—	—	18.62
供应商质量罚款	62.07	21.91	—
诉讼赔偿款	259.37	475.08	2 025.54
无法支付的款项	198.84	—	88.97
其他	59.35	303.08	389.72
合计	621.98	805.15	2 522.86

3. 案例评析

九号有限公司自成立之时，就专注于智能短交通的研发、生产、销售，在研发的过程中积累了多项核心专有技术；公司总裁作为工作组成员专家参与起草和制定了ISO国际标准：ISO 13482 Persronal Care Robot Safety（个人服务机器人安全性）；公司以起草组副组长单位及第一起草单位身份牵头制定了电动平衡车国家标准《电动平衡车通用技术条件》（GB/T 34667—2017）和《电动平衡车安全要求及测试方法》（GB/T 34668—2017）。参与起草中国行业标准《平衡车用锂离子电池和电池组规范》（SJ/T 11685—2017）。公司拥有的专利数量也在世界范围本行业内遥遥领先。这为公司产品的技术领先优势奠定了基础。

根据全球知名市场研究公司GFK报告数据，2019年1月—2020年2月，公司电动滑板车产品（包含小米品牌及公司自有品牌）在德国、意大利、西班牙等欧洲国家均为市场份额第一。

（1）在德国地区，2019年1月—2020年2月，公司电动滑板车市场份额均为35%以上，而第二名iconBIT的市场份额仅为20%左右，并且在该期间的大部分月度中，公司产品市场份额达60%以上。

（2）在意大利地区，2019年1月—2020年2月，公司电动滑板车市场份额均为35%以上，而紧随其后的Razor、Nilox的市场份额仅为10%左右，并且在该期间的大部分月度中，公司产品市场份额达60%以上。

（3）在西班牙地区，2019年1月—2020年2月，公司电动滑板车市场份额均为60%以上，而其他同行企业大部分月度的市场份额不足5%，并且在该期间的大部分月度中，公司产品市场份额达70%。

上述成绩的取得在于公司非常注重知识产权保护和创新，在智能短程移动领域拥有全球领先的知识产权储备。截至2020年3月1日，公司国内已授权专利467项，国外已授权专利268项，并获得DEKA公司排他性独占授权专利近300项。此外，公司作为国际领先的智能短程移动方案提供商，十分关注行业标准化工作，积极参与了多项行业、国家和国际相关标准的制定工作，提升了行业的规范化经营水平，促进了行业的持续健康发展。公司也开展产学研合作，注重先进技术的转化与应用。通过承担相关技术专项课题，一方面提升了公司在行业内的品牌知名度，有利于促进公司业务的推广和产品销售；另一方面进一步丰富了公司的技术储备，强化了公司的核心竞争力。

九号有限公司凭借丰富的专利储备，能够更好地适应不同国家和地区的市场需求，推动其业务在全球范围内的快速发展。通过广泛的专利布局，九号有限公司在国际市场上建立了强大的技术壁垒，有效提升了其产品的市场竞争力。作为短交通和机器人领域的龙头企业，其专利布局不仅推动了自身产品的创新升级，还为整个行业的进步和发展提供了重要参考。通过专利布局，使得其技术在各个市场中都得到了法律保护，降低侵权风险，并有机会通过专利许可、转让等方式获取更多的经济收益，进一步拓展市场份额。同时，拥有大量有效专利的企业在寻求融资时更具吸引力，能够更容易地获得投资者的青睐。还可以帮助企业吸引更多的合作伙伴，共同推动技术创新和产业升级。

在全球化背景下，企业应注重国际合作与交流，了解国际市场的专利制度和法律法规，这有助于企业更好地进行国际专利布局。通过国际专利布局，企业可以在国际市场上保护自己的技术成果，提升国际竞争力，进一步拓展国际市场。

第七节　专利侵权纠纷

一、专利侵权纠纷概述

随着经济发展和国内外市场竞争的日益激烈，无论是高新技术企业还是传统领域的企业，知识产权发挥着越来越重要的作用，专利作为知识产权的一个重要组成部分，其重要性不言而喻。专利诉讼是一场没有硝烟的战争，它像一把双刃剑，运用的好坏直接影响企业的发展。

专利侵权纠纷是指专利权人与未经其许可实施其专利的侵权行为人之间发生的纠纷。这种纠纷通常涉及对专利权的保护范围的确定，以及被控侵权产品或方法是否落入了该保护范围。

专利侵权纠纷主要包括直接侵权和假冒专利两种类型。直接侵权是指未经专利权人许可，以生产经营为目的实施其专利的行为，如制造、使用、销售等。假冒专利则是指在非专利技术产品上或广告宣传中注明专利权人的专利标记和专利号，使公众误认为是他人的专利产品的行为。

在面临被诉专利侵权的问题时，通常，可以采用以下抗辩理由制定应诉策略。

（1）不侵权抗辩：如果被告认为自己并未侵犯原告的专利权，可以提出不侵权抗辩。这通常需要仔细研究涉诉专利的权利要求书和说明书，了解专利的保护范围。然后，将自己的产品与专利保护范围进行比对，判断产品是否落入了专利保护范围。如果产品没有落入保护范围，那么就不存在侵权问题。

（2）先用权抗辩：在专利申请日前已经制造相同产品、使用相同方法或者已经做好制造、使用的必要准备，并且仅在原有范围内继续制造、使用的，被告可以主张先用权抗辩。

只要有关发明创造是通过合法途径获知的,且随后实施该发明创造的行为符合诚实信用原则,则即使先用者直接或者间接地从专利申请人处获知有关发明创造,也仍然能够产生先用权;反之,如果先用者以剽窃或者其他违法方式从他人处获知有关发明创造,或者虽然有关发明创造的获知本身是合法的,但是获知者实施该发明创造的行为违背了作为获知该发明创造前提条件的约定或者承诺,或者获知者明知其实施该发明创造的行为违背信息提供者的意愿,则不能产生先用权。

(3)现有技术抗辩:如果被告使用的技术是现有技术,即在专利申请日之前已经在国内外为公众所知的技术,那么可以提出现有技术抗辩。这要求被告提供充分的证据来证明其使用的技术属于现有技术。

(4)其他抗辩理由:根据具体情况,被告还可以提出其他抗辩理由,如专利权用尽、临时过境、科研和实验性使用、Bolar 例外等。

在诉讼过程中,被告可以向专利局复审和无效审理部提出无效宣告请求,以质疑对方专利的有效性。这通常是一种有效的抗辩手段,可以迫使原告重新评估其专利权的稳定性。在提出无效宣告请求后,被告可以向法院申请中止诉讼,以待无效宣告请求的审查结果。这可以为被告争取更多的时间来准备抗辩或寻求和解。在诉讼过程中,双方都需要重视证据保全和调查取证工作。这包括申请法院保全证据、调查收集证据以及提交鉴定申请等。这些工作对于证明自己的主张或反驳对方的主张至关重要。

在诉讼过程中,双方都可以考虑通过和解来解决问题。和解可以避免长时间的诉讼过程和高昂的诉讼费用,同时也有助于维护双方的商业关系和声誉。在寻求和解时,双方都需要全面评估和解条件,包括赔偿金额、停止侵权行为的方式和时间等。这些条件需要双方都能够接受,并且符合法律法规和司法解释的规定。如果无法达成和解,专利权人可能会向法院提起诉讼。在诉讼过程中,需要积极应诉,聘请具有专利法经验的专业律师或专利代理师,收集并提交有利于自己的证据,以维护自己的合法权益。

对于科技密集型企业,知识产权纠纷是发展路上不可避免的。这是由于对上述企业而言,关键核心技术需通过知识产权予以保护并以此作为占领市场的重要手段,知识产权竞争是该类企业市场竞争的常态表现,而侵权纠纷又是众多知识产权纠纷中最普遍的一类情形。因此，合理制定纠纷应对策略有助于企业在竞争中增强风险管理能力并提升整体竞争力。

应对策略的选择和制定在帮助企业抵御重大知识产权纠纷方面发挥着重要作用，主要体现在以下两个方面：①做好规避设计：通过专利分析，企业可以评估其产品或技术方案是否可能侵犯他人的专利权，从而采取相应的规避措施或调整产品设计。②侵权纠纷应对：在侵权纠纷中，企业可以通过专利有效性分析，寻找专利的不稳定因素，如权利要求是否清楚完整、是否得到说明书的支持等，以此为基础提出专利无效宣告请求，或者企业可以利用专利分析来评估案件的胜败几率、可能产生的诉讼成本和收益，从而做出总体决策，选择和解、应诉或采取其他应对措施。

专利法律制度为企业提供了强有力的法律保护。一旦企业的技术或者产品被授予专利权，就意味着该技术或产品受到了法律的保护。任何未经授权的单位或个人不得擅自使用、制作、销售或者许诺销售该产品或使用其专利方法，这种法律保护能够确保企业的创新成果不被侵犯。通过不断申请和获得专利，企业能够持续推动技术创新，保持企业的技术领先地位。专利能够为企业提供独特的技术优势，帮助企业构筑技术壁垒，从而在激烈的市场竞争中脱颖而出，拓展市场份额。同时，利用专利诉讼也能够给竞争对手施加压力，维护企业的合法权益，提升企业的市场占有率。

二、科创板上市企业涉及专利纠纷的典型案例 ❶

1. 公司概况

深圳英集芯科技股份有限公司（以下简称"英集芯"）成立于2014年11月20日，是一家专注于高性能、高品质数模混合芯片设计公司，主营业务为电源管理芯片、快充协议芯片的研发和销售。英集芯致力于研发数模混合SoC集成技术、快充接口协议全集成技术、低功耗多电源管理技术、高精度ADC和电量计技术、大功率升降压技术等核心技术，持续推出高性价比的智能数模混合芯片，提供的电源管理芯片和快充协议芯片广泛应用于移动电源、快充电源适配器、无线充电器、车载充电器、TWS耳机充电仓等产品。公司合作的最终品

---

❶ 相关信息摘录自深圳英集芯科技股份有限公司招股说明书。

牌客户包括小米、OPPO、vivo、三星、博世等国内外知名厂商。公司在电源管理芯片、快充协议芯片领域积累的部分最终品牌客户如图 3-8、图 3-9 所示。

图 3-8　与英集芯合作的电源管理芯片最终品牌客户

图 3-9　与英集芯合作的快充协议芯片最终品牌客户

公司的电源管理芯片主要为数模混合 SoC 芯片。SoC 被称为系统级芯片或单一芯片系统，是指将完整系统集成在一款芯片上。公司的数模混合 SoC 芯片中包含了数字部分、模拟部分、系统和嵌入式软件，能够以单颗芯片集成多颗芯片的功能，并根据不同的客户方案需求修改预设的芯片参数或者通过程序来实现不同的功能。以公司的快充移动电源芯片产品为例，传统的快充移动电源产品采用多芯片的方案，需要升压放电芯片、降压充电芯片、MCU 数字控制芯片、快充协议芯片、MOSFET 路径管理芯片等多颗芯片才能实现。其中升压放电芯片、降压充电芯片、MOSFET 路径管理芯片为模拟芯片；MCU 数字控制芯片、快充协议芯片为数字芯片。传统移动电源的产业链包括芯片公司、代理商、方案商、整机厂商等环节。芯片公司负责设计和生产特定功能的芯片；代理商负责芯片的经销；方案商具有一定的技术开发和外围器件配套能力，采购芯片成品并经过二次开发，形成一套包括芯片、软件、印刷电路板等在内的应用方案并销售给整机厂商；整机厂商生产各类终端电子产品。传统快充移动电源产品需要方案商或者整机厂商内部团队整合多家芯片公司生产的芯片才能实现。

英集芯采用单颗数模混合 SoC 芯片的方案，一方面将传统需要多颗数字和模拟芯片才能实现的功能用一颗数模混合 SoC 芯片进行替代；另一方面同步为客户开发方案和嵌入式软件，为客户提供一站式的服务。英集芯根据不同客户的需求进行方案开发，调整外围应用电路和印刷电路板，使用数模混合 SoC 中的嵌入式软件修改预设的芯片参数，并通过程序来实现不同的功能。通过方案和嵌入式软件的配合，英集芯能够最大限度地开发和利用芯片已有的硬件资源来满足客户需求，压缩了传统移动电源的产业链，将芯片连同方案和嵌入式软件作为完整的一站式解决方案提供给客户。在英集芯的一站式服务之下，整机厂商无须自己或者委托方案商开发设计应用方案。

近年来，随着中美贸易摩擦加剧，集成电路行业的国产替代趋势给予许多国内半导体公司新的发展机会，并且由于消费电子产品应用领域的拓展和使用时长的增加，电源管理及快充市场迅速成长。英集芯凭借着自主研发的核心技术以及国产替代带来的政策红利，业绩增长迅速。2018—2020 年，公司营业收入从 2.17 亿元增长至 3.89 亿元，年复合增长率达 34.04%；扣除非经常性损益后归属于母公司股东的净利润从 3 423.12 万元增至 6 193.94 万元，年复合增长率为 34.52%。

公司的核心技术均来源于自主研发，主要核心技术如表 3-19 所示。

2. 专利诉讼案件的基本情况

1）深圳市富满电子集团股份有限公司诉国家知识产权局案（英集芯为第三人）

（1）深圳市富满电子集团股份有限公司与英集芯的关系。

英集芯的创始人黄洪伟、江力、丁家平等 10 人于 2013 年自炬力集成离职后拟在电源管理芯片领域进行独立创业，但创业初期需资金支持；同时富满电子拟通过子公司鑫恒富科技在电源管理芯片领域进行业务拓展，经双方接洽协商一致后共同设立深圳市芯亿满科技有限公司（以下简称"芯亿满"），同时黄洪伟等人入职鑫恒富科技。

表 3-19　英集芯科技主要核心技术对应专利情况

序号	主要核心技术	技术来源	专利保护	对应专利号	主要应用产品
1	数模混合 SoC 集成技术	自主研发	28 项已授权专利	ZL202011395122.7、ZL202010984631.7、ZL202011058282.2、ZL202011044790.5、ZL202011054082.X、ZL202010969603.8、ZL202011040947.7、ZL202011533997.9、ZL201922160337.X、ZL201921360614.5、ZL201820950110.8、ZL201820859609.8、ZL201720918856.6、ZL201720235278.6、ZL201520700841.3、ZL202020076818.2、ZL202020485063.1、ZL201921274828.0、ZL202110367350.1、ZL202110830218.X、ZL202110880640.6、ZL202110337609.8、ZL202110736361.2、ZL202110971169.1、ZL202110883437.4、ZL202111085433.8、ZL202111230436.6、ZL202111230437.0	移动电源芯片, 无线充电芯片, 车充芯片, TWS 耳机充电仓芯片等
2	快充接口协议全集成技术	自主研发	19 项已授权专利	ZL202011374722.5、ZL202011004670.2、ZL202010956311.0、ZL202011078151.0、ZL202011057326.X、ZL202011064256.0、ZL201921515745.6、ZL201820856477.3、ZL202020592844.0、ZL202020590921.9、ZL202021347601.7、ZL202021347150.7、ZL201921274853.9、ZL202020927887.9、ZL201510470842.8、ZL202110385000.8、ZL202110884727.0、ZL202110973393.4、ZL202110868180.5	移动电源芯片, 车充芯片, 快充协议芯片
3	低功耗多电源管理技术	自主研发	8 项已授权专利	ZL202011039378.4、ZL202011004317.4、ZL202011009871.1、ZL202011003480.9、ZL202011001577.6、ZL202011017580.7、ZL201921159065.5、ZL202111084742.3	移动电源芯片, TWS 耳机充电仓芯片等
4	高精度 ADC 和电量计技术	自主研发	2 项已授权专利	ZL201720918734.7、ZL202111053154.3	移动电源芯片
5	大功率升降压技术	自主研发	17 项已授权专利	ZL202011275952.6、ZL202011318844.2、ZL202011110403.3、ZL202010981208.1、ZL201922401084.0、ZL201921846738.4、ZL201921847397.2、ZL201720993144.0、ZL201922497910.6、ZL202020476057.X、ZL202020407727.2、ZL202020407192.9、ZL202110733431.9、ZL202110839217.1、ZL202110733414.5、ZL202110731792.X、ZL202011301127.9	移动电源芯片

2013年3月8日,黄洪伟、江力、丁家平等10人与鑫恒富科技及刘文俊、陆伟强签订《合作开发协议书》,共同出资设立芯亿满。2013年4月2日,芯亿满取得深圳市市监局核发的注册号为440301107065591号的《企业法人营业执照》,注册资本为10万元人民币。

(2)专利诉讼过程见图3-10。

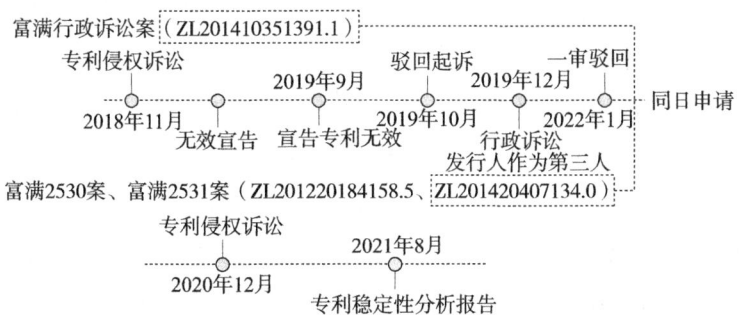

图3-10 英集芯与富满电子之间的专利纠纷

2018年11月,深圳市富满电子集团股份有限公司(现已更名为"富满微电子集团股份有限公司",以下简称"富满电子")向深圳市中级人民法院提起专利侵权诉讼,将英集芯作为被告,主张英集芯产品侵害了其专利号为ZL201410351391.1的发明专利的专利权。

英集芯针对讼争标的第201410351391.1号发明专利向国家知识产权局提出无效宣告请求。2019年9月,国家知识产权局作出无效审查决定,宣告第ZL201410351391.1号发明专利全部无效。

2019年10月,深圳市中级人民法院作出(2019)粤03民初245号《民事裁定书》,裁定驳回富满电子的起诉。

2019年12月,富满电子向北京知识产权法院对国家知识产权局提起行政诉讼,其中英集芯为第三人,诉讼请求:①撤销被告于2019年9月29日作出的第41873号"无效宣告请求审查决定书";②被告重新作出无效审查决定。

2022年1月,北京知识产权法院作出(2020)京73行初2453号行政判决书,判决驳回原告富满电子的诉讼请求。

2020年12月,富满电子向深圳市中级人民法院提起知识产权权属、侵权纠纷诉讼,认为英集芯的产品侵害了其专利号ZL201220184158.5、ZL201420407134.0

的实用新型专利的专利权。

英集芯委托国家知识产权局专利检索咨询中心于 2021 年 8 月出具专利稳定性分析报告，认为 ZL201220184158.5、ZL201420407134.0 的全部权利要求不具备创造性，专利权不稳定。ZL201220184158.5 实用新型专利就同一技术方案申请的同日申请因不符合《专利法》第 22 条规定的创造性规定而被驳回，且国家知识产权局驳回上述发明专利时仅引用了一篇对比文件。该驳回申请未被提起复审，法律状态已经确定。

根据最高人民法院知识产权法庭裁判要旨（2020）第 18 号指导案例，"当事人就同一技术方案同日申请发明专利和实用新型专利，发明专利申请因不具备新颖性或者基于相同技术领域的一篇对比文件被认定不具备创造性而未获授权且其法律状态已经确定，当事人另行依据授权的实用新型专利请求侵权损害救济的，人民法院不予支持"。ZL201420407134.0 实用新型专利就同一技术方案申请的 ZL201410351391.1 号发明专利（即富满电子行政诉讼案涉案专利）已经因为不符合《专利法》第 22 条规定的创造性而被作出无效决定。

2）吴钰淳诉国家知识产权局案（英集芯为第三人）

英集芯与吴钰淳专利纠纷的时间轴见图 3-11。

图 3-11　英集芯与吴钰淳之间的专利纠纷

2019 年 10 月，吴钰淳向深圳市中级人民法院院提起专利侵权诉讼，将深圳市大麦创新产品有限公司、发行人（英集芯）两方作为共同被告，主张英集芯产品侵害了其专利号为 ZL201710106020.0 的发明专利的专利权。

2019 年 12 月，吴钰淳向深圳市中级人民法院提起专利侵权诉讼，将深圳市绿联科技有限公司、发行人两方作为共同被告，主张英集芯产品侵害了其专利号为 ZL201710106020.0 的发明专利的专利权。

英集芯针对讼争标的第 201710106020.0 号发明专利向国家知识产权局提出无效宣告请求。2021 年 3 月，国家知识产权局作出无效审查决定，宣告第 201710106020.0 号发明专利全部无效。

2021年5月,深圳市中级人民法院分别作出(2020)粤03民初2755号《民事裁定书》及(2020)粤03民初4584号《民事裁定书》,准许原告吴钰淳对上述两起案件撤诉。

2021年4月,吴钰淳向北京知识产权法院对国家知识产权局提起行政诉讼,其中发行人为第三人,诉讼请求:①撤销被告作出的第48973号无效决定书,并令被告重新作出决定;②判令被告承担本案的诉讼费。

2022年1月,北京知识产权法院作出(2021)京73行初6897号《行政判决书》,判决驳回原告吴钰淳的诉讼请求。

3)英集芯与珠海智融科技股份有限公司之间的专利纠纷情况❶

(1)珠海智融科技股份有限公司概况。

珠海智融科技股份有限公司(以下简称"智融科技")为一家专注于电源管理芯片领域的数模混合芯片设计企业,主营业务为电源管理芯片的研发、设计和销售。公司自成立以来,紧跟消费电子行业的发展趋势,不断加强以高集成度SoC和快充技术为代表的相关核心技术的自主研发,积极地进行产品迭代,为用户提供高效能、低功耗、品质稳定的产品。报告期内,公司的主要产品为锂电池快充放管理芯片、多口输出动态功率调节芯片和快充协议芯片,目前主要应用于消费电子领域的供电端设备的快充解决方案,终端应用产品包括移动电源、车载充电器、氮化镓充电器、户外储能电源和智能插排等。

(2)智融科技的IPO之路见图3-12。

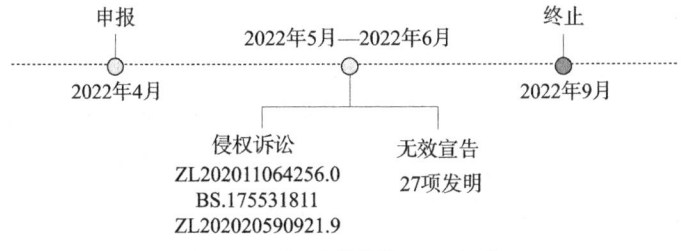

图3-12 智融科技的IPO之路

智融科技于2022年4月提交了科创板招股说明书(申报稿),同年5—6月英集芯先后向智融科技发起侵权诉讼。英集芯认为智融科技侵害其发明专利"多口充电控制电路和方法、充电芯片及供电设备"(ZL202011064256.0)、

---

❶ 相关信息摘录自珠海智融科技股份有限公司招股说明书。

实用新型专利（ZL202020590921.9）及其集成电路布图设计专有权"IP5328"（BS.175531811），诉求为智融科技停止销售侵权产品、销毁所有库存侵权产品，并赔偿英集芯经济损失及维权费用合计近 7 000 万元。与此同时，智融科技共计 27 项授权发明专利被陆续提起无效宣告请求。

虽然，智融科技在答复问询时详细阐述了上述侵权诉讼及无效宣告请求不会对发行人的生产经营和持续经营能力造成重大不利影响，但是智融科技还是于 2022 年 9 月撤回 IPO。

根据智融科技的招股书显示，智融科技拥有自主研发形成的核心技术 6 项，已获得授权发明专利 27 项，实用新型专利 23 项，集成电路布图设计 18 项，其中，形成主营收入的发明专利有 24 项。也就是说，英集芯对智融科技的核心技术提出了质疑。虽然暂不清楚智融科技撤回 IPO 是否与英集芯的专利侵权诉讼有关，但是在 IPO 的关键时期，遭遇大量的专利侵权诉讼，显然不利于企业的上市。

3. 案例评析

本案中，在应对富满电子和吴钰淳向英集芯提起专利侵权诉讼时，英集芯采取了积极抗辩的应对策略：一方面，针对发明专利权，英集芯采用了专利无效抗辩/反诉方式进行应对。根据《专利法》第 45 条，自国务院专利行政部门公告授予专利权之日起，任何单位或者个人认为该专利权的授予不符合本法有关规定的，可以请求国务院专利行政部门宣告该专利权无效。根据《专利法》第 47 条，宣告无效的专利权视为自始即不存在。如果专利被宣告无效，则视为自始不存在，从而免除侵权责任。另一方面，针对实用新型专利权，英集芯采用了现有技术抗辩的方式进行应对。英集芯委托权威机构出具了专利稳定性分析报告，表明上述两件实用新型专利不具备创造性，即其专利权极不稳定，并以此作为现有技术抗辩的主要证据；同时，英集芯进一步提交了两件实用新型专利的同日发明专利的审查和法律状态，其中一件在实质审查中因不具备创造性而被驳回，另一件则已被宣告全部无效，由此进一步验证了涉案的实用新型的专利权均不稳定。可见，在面对实用新型专利侵权纠纷时，应当着重考虑实用新型专利未经过实质审查、专利稳定性有待确定等特点进行积极应对，必要时可搜集同日发明专利的相关信息予以佐证。另外，在竞争对手智融科技 IPO 的关键时期，起诉其侵权，明显阻止了竞争对手的上市脚步，从而谋取到了更多的市场占有份额和经济收益。

第四章 知识产权助力科技创新实践路径之商业秘密篇

第一节 商业秘密概论

一、商业秘密的特点

《中华人民共和国民法典》第 123 条明确把商业秘密作为知识产权的客体形式,商业秘密为什么属于知识产权?对于这个问题,可以尝试从路径依赖的角度进行解释。根据中国社会科学院法学教授郑成思考证,反不正当竞争立法来源于《法国民法典》第 1382 条,该条也是法国商标法的来源,即反不正当竞争与商标保护同源,也就可以理解,作为反不正当竞争的一个重要方面,商业秘密与知识产权是相关联的。

什么是商业秘密?《中华人民共和国反不正当竞争法》第 9 条第 4 款规定,商业秘密是指"不为公众所知悉、具有商业价值并经权利人采取相应保密措施的技术信息和经营信息及其他商业信息"。这就规定了商业秘密成立的三个构成要件:秘密性、价值性和保密性。

哪些属于技术信息?哪些属于经营信息?《最高人民法院关于审理侵犯商业秘密民事案件适用法律若干问题的规定》以列举的方式明确了商业秘密的具体表现形式,所谓技术信息是指"与技术有关的结构、原料、组分、配方、材料、样品、样式、植物新品种繁殖材料、工艺、方法或其步骤、算法、数据、计算机程序及其有关文档等信息",也被称作技术秘密。所谓的经营信息是指"与经营活动有关的创意、管理、销售、财务、计划、样本、招投标材料、客户信息、数据等信息",也被称作经营秘密。

商业秘密和专利、商标、著作权等,都是知识产权保护的客体形式,又存在显著的差别,主要体现在以下几个方面。

公开性。商业秘密具有非公开性,需严格保密,不为所属领域相关人员普遍知悉和容易获得,一旦公开则丧失权利。而专利是以公开换保护,其技术方案等需充分公开,商标也需要公开。

独占性和排他性。商业秘密由于其保密性特征,使得大多数人都无法尽到避让的义务,因此商业秘密不应获得绝对的排他效力,即不对抗善意第三人。而专利、商标等,都是绝对权,具有绝对的排他效力,对抗第三人。

权利取得方式。商业秘密随秘密信息的建立和形成而自动产生,无须申请、审查等手续。而专利、商标等分别由相应的行政部门审批、登记、注册等行政程序后方能取得相应权利。

技术方案适应性。商业秘密适合授予专利权存在风险、专利保护难度较大、泄密可能性较低、商业价值存续时间较长、较为领先尚未完全产业化、难以被破解、模仿和抄袭的技术,若他人通过合法途径如自行开发、反向工程获得相同信息,商业秘密权利人无权干预。

所以商业秘密保护是我国知识产权保护的重要方面。业界认为,商业秘密和专利相辅相成,但从某种意义上讲,专利是冰山一角,而商业秘密是海面下的冰山主体。

二、商业秘密的作用

科技创新是商业秘密的重要来源。新的发明创造、独特的工艺流程、创新的商业模式等都可以构成商业秘密。商业秘密更可能在制造产业和实体经济中产生,与制造业的关联较为紧密,我国作为高速发展的制造业大国,商业秘密扮演着愈来愈重要的角色。

商业秘密能够为科技创新提供激励。企业或个人投入资源进行科研,是期望通过创新成果获取竞争优势。商业秘密保护制度使得创新者能将核心技术等信息作为秘密保存,凭借这些秘密在市场竞争中占据有利地位,获得经济回报,从而激励创新者不断投入进行科技创新。

同时，商业秘密的保护也有利于营造良好的科技创新环境。市场竞争虽然是一种追逐利益的行为，但在实现自身利益的同时必须以尊重他人的利益为前提，对商业信息采取保密措施体现了经营者对商业模式的一种主动选择，这是商业自由的体现。因此，对商业秘密进行保护，就在事实上把尊重他人的商业选择自由确立为一种诚实的商业习惯。如果商业秘密得不到有效保护，创新成果很容易被窃取，就会打击创新主体的积极性。

商业秘密的三大构成要件是秘密性、价值性和保密性。这三个构成要件从不同侧面体现侵犯商业秘密行为人的恶意。秘密性降低了他人善意获取的可能性。价值性说明商业秘密能够产生经济利益。权利人采取保密措施，反映出权利人意图控制这种利益。

侵犯商业秘密的主体包括经营者和非经营者，前者通常是法人或非法人组织，而后者可以是离职员工等。侵犯商业秘密的行为的表现形式为非法获取、非法披露、非法使用。为防止商业秘密泄露，可以签署保密协议、竞业限制合同、技术秘密合同等，作为商业秘密管理模式。而侵犯商业秘密的抗辩事由主要有自主研发、反向工程、从合法途径取得使用权、因权利人自身原因而获悉后使用等。

在科创板企业上市过程中，除遇到专利纠纷外，也经常会遇到的商业秘密纠纷。从涉及商业秘密纠纷的企业所属产业分布可以看出，新一代信息技术领域，其涉及集成电路、芯片等行业，代表着新质生产力的发展方向，是商业秘密纠纷的高发地（图4-1）。而从商业秘密纠纷涉及的事由来看，是否构成商业秘密、是否违反合同规定、获取途径是否合法，是商业秘密纠纷中争议集中的三个要点。

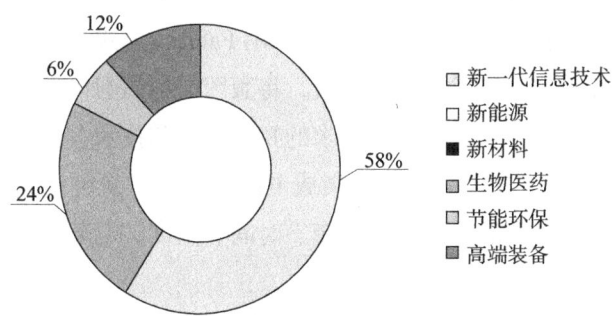

图4-1 科创板企业上市过程中涉及商业秘密纠纷的产业分布

商业秘密纠纷主要有以下几种情况。

员工因泄密引发的纠纷。员工在离职后将原公司的商业秘密泄露给新"东家"或用于新的创业项目，从而引发原公司的诉讼。

竞争对手之间的侵权纠纷。由于产品和客户的高度相似，竞争对手之间可能会互相指责对方侵犯自己的商业秘密。

出资技术涉商业秘密问题。在企业上市过程中，对于以技术出资的股东，需要确认其技术是否存在侵犯原任职单位商业秘密的情况。

上下游企业间的纠纷。尤其是半导体行业，其产业链较长，上下游企业之间也可能因商业秘密问题产生纠纷。

跨国商业秘密纠纷。随着市场向国际化发展，知识产权也同步向国际化发展，跨国商业秘密纠纷也时有发生。

第二节　科创板上市企业涉及商业秘密的典型案例

一、典型案例

（一）甬矽电子❶

1. 公司简介

甬矽电子（宁波）股份有限公司（以下简称"甬矽电子"），主要从事集成电路的封装和测试业务。公司于2017年11月设立，主营业务为集成电路的封装与测试，并根据客户需求提供定制化的封装技术解决方案，下游客户主要为IC设计企业。绝大部分芯片设计公司采用Fabless模式，本身无晶圆制造环节和封装测试环节，其完成芯片设计后，将版图交给晶圆代工厂制造晶圆，晶圆完工后交给公司。公司根据客户要求的封装类型和技术参数，将芯片裸晶加工成可直接装配在PCB电路板上的集成电路元器件。封装完成后，公司会根据客户要求，对芯片产品的电压、电流、时间、温度、电阻、电容、频率、脉

---

❶ 相关信息摘录自上海证券交易所官方网站公开的甬矽电子（宁波）股份有限公司招股说明书和补充法律意见书。

宽、占空比等参数进行专业测试。公司完成晶圆芯片的封装加工和测试后，将芯片成品交付给客户，获得收入和利润（图4-2）。

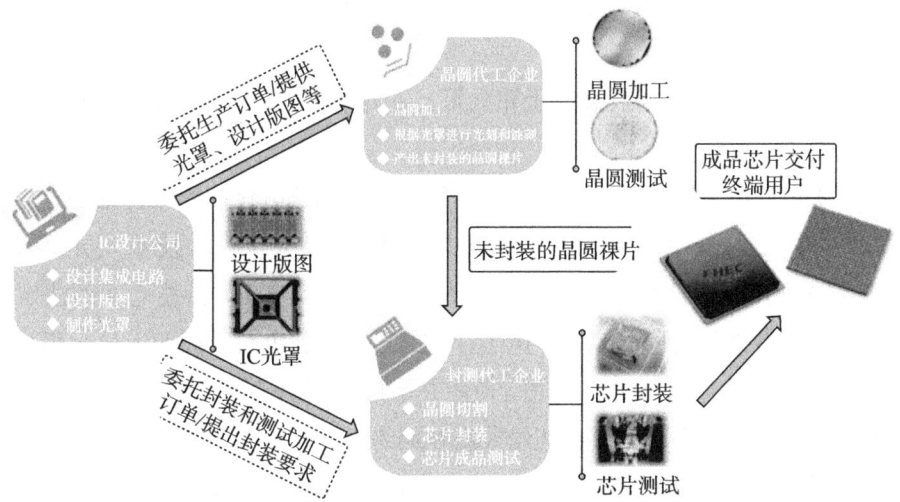

图4-2　甬矽电子的芯片产业链（图片来源：甬矽电子招股说明书）

甬矽电子在科创板的上市时间轴如图4-3所示。

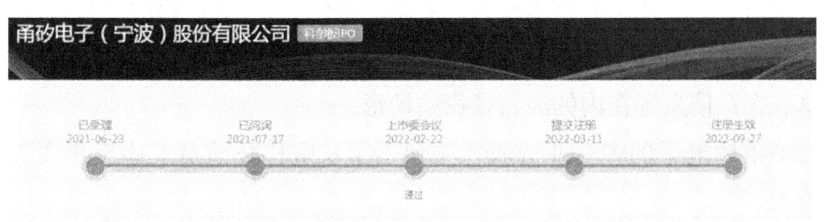

图4-3　甬矽电子科创板上市时间轴

2021年6月上交所受理甬矽电子的科创板上市申请，2022年9月注册生效上市，历时15个月，在这一年多的时间之内出现了怎么样的风云变幻呢？

2. 纠纷

甬矽电子主要与江苏长电科技股份有限公司（以下简称"长电科技"）之间存在纠纷。长电科技成立于1972年，2003年在上交所主板上市，业务涵盖微系统集成、设计仿真、晶圆中测、芯片及器件封装、成品测试、产品认证以及全球直运等服务。

从长电科技官网的公司简介可以看出，长电科技与甬矽电子的经营内容是高度相似的，都属于芯片上游企业，不难推测，两者的下游客户也存在高度重叠。更为关键的是，甬矽电子的创始人和核心人员有相当一部分都曾在长电科技任职。

就在甬矽电子科创板 IPO 上市之际，长电科技向上交所提交举报信，主要反映两个问题。

（1）甬矽电子运用长电科技的技术秘密、使用长电科技的经营秘密。

甬矽电子与长电科技的主营业务领域相同，其大量核心技术人员及高级管理人员系长电科技离职人员，该等人员存在违反与长电科技之间的法定保密、约定保密义务的情况，甬矽电子存在通过招徕长电科技离职人员运用长电科技的技术成果、商业秘密等进行使用并申请专利的情况，甬矽电子的专利、核心技术来源、核心产品存在纠纷或潜在纠纷。

半导体领域具有投资规模大、设备专用性较强、技术门槛高的特点，而甬矽电子 2017 年 11 月才设立，仅 2018 年度营业收入就达到了 3 854.43 万元，明显不符合一般半导体企业成长规律。其超高盈利极有可能依赖于不断挖走的长电科技前员工所知悉的技术或客户资源。甬矽电子也披露其客户与长电科技存在高度重合，因此上述人员存在违反保密义务，披露、使用长电科技包括员工信息、客户信息等在内的经营秘密的情形。

（2）甬矽电子的主营业务收入中包括了长电科技前员工违反忠实义务获得的收入。

甬矽电子的研发人员中，有 9 名从长电科技离职一年内的发明人在甬矽电子就职期间申请了 4 项专利，这 4 项专利涉及相应发明人在长电科技工作时的核心技术。甬矽电子提交专利申请的行为属于未经长电科技授权许可向他人披露商业秘密，且涉嫌对长电科技造成无法弥补的损失。虽然甬矽电子主动撤回了 3 项专利申请，但技术内容已经向公众公开构成现有技术，长电科技无法再将这些技术方案作为商业秘密保护，也无法继续申请专利，侵犯了长电科技的商业秘密、专利申请权，造成了不可弥补的损失。对于甬矽电子已经获得授权的 1 项实用新型专利，其发明人在长电科技任职期间从事电镀、切割等与专利技术领域相关或相近的工序，这项专利亦涉嫌侵犯长电科技的商业秘密、涉嫌属于长电科技的职务发明，存在潜在纠纷。

甬矽电子高管、核心技术成员多名员工原任职单位均为长电科技，部分人员存在在长电科技任职期间利用职务便利、违反忠实义务，通过持有甬矽电子股份构成自营或者为他人经营与所任职公司同类的业务获取收入的情形。

对于举报信中提及的问题（1），即技术成果和经营秘密的质疑，长电科技于2021年11月19日向无锡市中级人民法院发起了针对甬矽电子及徐林华、林汉斌、徐玉鹏、何正鸿、李利、钟磊的不正当竞争之诉。

对于举报信中提及的问题（2），即职务发明和忠实义务的质疑，长电科技分别于2021年11月18日向上海市浦东新区劳动人事争议仲裁委员会针对徐玉鹏在长电科技任职期间持有甬矽电子股份这一严重违反长电科技的利益冲突政策和一名劳动者最基本的诚信和忠实义务的行为提起了劳动仲裁；于2021年11月19日向江阴市劳动人事争议仲裁委员会针对包宇君等在长电科技任职期间持有甬矽电子股份这一严重违反长电科技的利益冲突政策和一名劳动者最基本的诚信与忠实义务的行为分别提起了劳动仲裁。

3. 应对

1）自查自证

面对涉及技术秘密和经营秘密的不正当竞争之诉，甬矽电子是如何应对的呢？

（1）强调技术来源为自主研发。甬矽电子研发及生产环节涉及的技术秘密，包括产品、技术、工艺流程、具体使用的主要原材料（客供除外）及设备参数等，均为自行开发取得，产品演进和技术研发过程清晰可溯。公司累计形成了超过7000份封装产品设计图纸，相关图纸能充分证明甬矽电子产品的自主设计过程和技术演进过程（图4-4）。

（2）强调研发层具备自主研发能力、非研发层无法接触商业秘密、员工未违反竞业限制。离职员工合理利用其掌握的知识、技能和经验，属于其对劳动技能的合理利用，并不侵犯原任职单位的商业秘密。甬矽电子创始团队在入职长电科技前已建立了先进封装的知识体系、行业认知，并积累了一定的产业资源，具备从零开始搭建中高端封测生产线的能力。其他员工以一线操作工人为主，所处岗位不涉及技术研发相关工作。部分人员曾签署或不确定是否签署离职后负有竞业限制义务的合同，但长电科技亦未向其支付竞业限制补偿金，该等员工实际上已无须承担竞业限制义务，亦不存在违反竞业禁止义务情形。

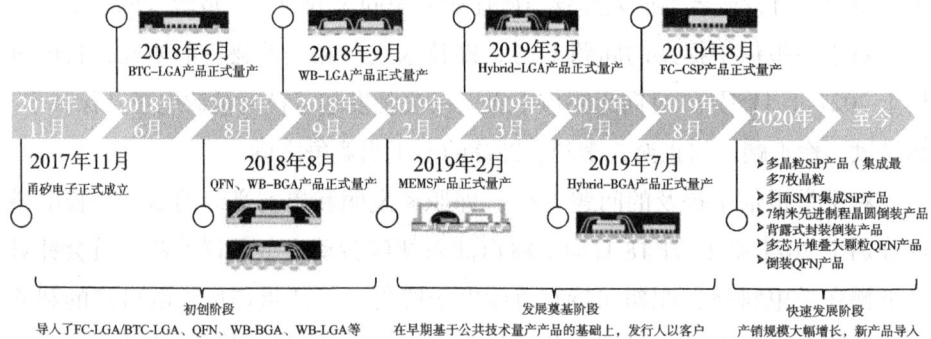

图 4-4 甬矽电子产品演进和技术研发过程（图片来源：甬矽电子招股说明书）

（3）强调技术信息不构成商业秘密。长电科技未对其技术秘密的载体和具体内容提供任何明确且有效的依据，更无法论及所谓的技术秘密是否符合法定要件，不具备认定侵害商业秘密的法律基础。

（4）强调客户信息不构成商业秘密。仅罗列客户名称的客户名单不构成商业秘密，客户信息如构成商业秘密，需要涵盖相关客户的具体交易习惯、意向等深度信息，必须为一系列信息的组合，甬矽电子获取客户从初步接洽到商业谈判再到导入建立稳定合作关系的过程，均不存在披露、使用长电科技客户信息的情形。

（5）强调员工信息不构成商业秘密。前长电科技员工自发跳槽至甬矽电子，均系相关员工的自主择业行为，不属于法律规定的不正当竞争行为。

综上，（1）～（3）说明了甬矽电子认为自身不存在侵犯长电科技技术信息的情形，（4）～（5）说明了甬矽电子认为自身不存在侵犯长电科技经营信息的情形。

面对涉及职务发明和忠实义务的劳动仲裁，甬矽电子是如何应对的呢？

（1）强调发明专利为自主研发，不属于长电科技的职务发明。甬矽电子撤回的 3 项发明专利所涉及的技术均系甬矽电子自主研发成果，且所公开的内容在被甬矽电子公开前均已有同类公开信息且被公众所知悉,因此不构成长电科技的商业秘密,也不存在侵犯长电科技商业秘密、专利申请权的情形;已经获得授权的1项实用新型专利发明人虽有长电科技任职经历,但相关人员在长电科技任职期间工作职责同该专利内容无关,不属于长电科技的职务发明。

(2)强调相关人员不存在违反忠实和诚信义务的情况,且即使相关人员败诉,仅需承担民事赔偿责任,不影响任职资格。

2)诉讼主张成立可能性分析以及败诉可能带来的不利影响分析

长电科技诉讼请求主要为判令甬矽电子及相关人员立即停止侵犯其商业秘密的行为及判令甬矽电子及相关人员赔偿其所因侵犯商业秘密所造成的损失6 632 479.77元。长电科技请求徐玉鹏支付违反忠实义务造成的损失赔偿,请求金额为132 861元。

对此,甬矽电子聘请知识产权律师出具专项法律意见。

①长电科技的主张难以得到支持,甬矽电子需要承担相应法律后果的可能性较低。

②若败诉不会对甬矽电子主营业务造成重大不利影响。

与此同时,甬矽电子实际控制人王顺波已经出具承诺:"如果于本次发行上市前各方达成和解且甬矽电子应支付的和解金额不超过人民币6 632 479.77元的,该部分由甬矽电子承担,若超过人民币6 632 479.77元的,超过部分由本人承担。"

值得一提的是,就在甬矽电子出具自查报告的当月,长电科技向无锡市中级人民法院提交了《变更/增加诉讼请求申请书》,变更及增加了反不正当竞争的诉讼金额,诉讼金额由原来的663万元增加至8 271万元,并请求被告方连带赔偿其为制止侵权的合理开支人民币50.00万元。

4. 结局

与长电科技的纠纷,始终是甬矽电子发行上市过程中的重点问询问题。

2022年8月,甬矽电子与长电科技签署《和解协议》,就前述纠纷事项达成全面和解,具体如表4-1所示。

表 4-1　和解协议涉及案件（数据来源：甬矽补充法律意见书）

案件简称	被告/被申请人	诉讼/仲裁请求		案件状态/进展
不正当竞争案	甬矽电子、徐林华、林汉斌、徐玉鹏、何正鸿、李利、钟磊	（1）判令甬矽电子及相关人员立即停止侵犯其商业秘密的行为；及（2）判令甬矽电子及相关人员赔偿其因侵犯商业秘密所造成的损失 6 632 479.77 元；（3）判令本案诉讼费由甬矽电子及相关人员承担。2022 年 2 月，长电科技变更及增加了诉讼金额，诉讼金额增加至 8 271.49 万元，并请求被告方连带赔偿其为制止侵权的合理开支 50.00 万元		长电科技已撤诉，相关人民法院已出具准予撤诉的民事裁定书，相关案件已经结案
专利申请权及专利权权属纠纷案	甬矽电子	4 项专利/专利申请权归属于长电科技	镍钯金基板的焊接方法、芯片封装方法以及芯片封装结构（201811028954.8）（专利申请已撤回）	
			产品管理方法和产品管理装置（201810897499.9）（专利申请已撤回）	
			芯片封装方法及封装电子器件（201811231150.8）（专利申请已撤回）	
			一种电镀阳极装置（CN201821251776.0）（专利权维持）	
劳动仲裁及诉讼案	徐玉鹏	支付违反忠实义务造成的损失赔偿	132 861 元（变更前）	3 773 754 元（变更后）	长电科技与徐玉鹏的劳动争议案件已于 2022 年 6 月 24 日宣判，一审判决为驳回长电科技的诉讼请求；长电科技已撤回起诉请求，相关案件正在撤诉流程中
	包宇君		29 200 元（变更前）	1 442 312.75 元（变更后）	长电科技已撤回仲裁申请，相关仲裁机构已出具准予撤回文件，相关案件已经结案
	王晓方		7 300 元（变更前）	1 149 228.00 元（变更后）	
	郭持永		1 460 元（变更前）	354 334.75 元（变更后）	
	鲁亮		23 975 元（变更前）	373 029.5 元（变更后）	
	高成义		25 790 元（未变更）		

续表

案件简称	被告/被申请人	诉讼/仲裁请求	案件状态/进展
侵犯技术秘密案	甬矽电子	针对已撤回专利"芯片封装方法及封装电子器件"(专利申请号为201811231150.8)①判定发行人侵犯其商业秘密；②发行人赔偿其4 500万元；③判令本案诉讼费由发行人承担	长电科技已撤诉，相关人民法院已出具准予撤诉的民事裁定书，相关案件已结案
		针对已撤回专利"镍钯金基板的焊接方法、芯片封装方法以及芯片封装结构"(专利申请号为201811028954.8)：①判定发行人侵犯其商业秘密；②发行人赔偿其4 500万元；③判令本案诉讼费由发行人承担	

根据双方签署的和解协议，甬矽电子向长电科技支付2 500万元作为和解金额，上述金额占发行人2021年度经审计净利润的比例为7.76%；同时，根据发行人实际控制人王顺波出具的承诺，截至招股说明书签署日，王顺波已经将本次和解支出中超出6 632 479.77元的部分支付给发行人。

一个月后，甬矽电子在科创板上市敲钟，旷日持久的纠纷最终以和解告终，和解费用中大部分由实际控制人兜底承担，一场硝烟最终落幕。

科创板企业上市过程中，常常会在上市关键时间点上遭遇知识产权狙击，有不少企业就是因为这种精准打击，上市进程就此终结，即使企业应对得当，也总会陷入一系列仲裁、诉讼当中。在上交所的问询中会被反复问及这些仲裁、诉讼对公司造成的影响，作为企业，需要不断披露诉讼进程、从多个角度论证诉讼对企业的影响，以期最终成功上市。

涉嫌侵犯商业秘密的纠纷，由于取证困难较大，纠纷索赔额较高，科创板上市企业必须全力以赴来应对挑战。在应对手段上，有与应对专利挑战相似的手段，即可以聘请专业知识产权律师团队，出具分析报告，论证诉讼请求成立的可能性以及诉讼对公司主要营收的影响；还可以由实际控制人对诉讼赔偿额进行兜底承诺。也有商业秘密特有的手段，即可以从商业秘密的三大构成要件来质疑纠纷商业秘密是否成立。当然，无论哪一种应对手段，都需要耗费大量人力物力财力，其结果也不一定尽如人意。所以，与其"硬抗"，有时候不如选择双方和解，用一个双方能够接受的和解金额，来结束旷日持久的诉讼、来免除天价的索赔、来解脱被束缚的科创板上市进程。和解，实则破财消灾，是科创板上市企业涉及商业秘密纠纷中相对较好的结局。

（二）翱捷科技❶

1. 公司简介

翱捷科技股份有限公司（以下简称"翱捷科技"），是一家提供无线通信、超大规模芯片的平台型芯片企业，其创始人是戴保家。翱捷科技拥有全制式蜂窝基带芯片及多协议非蜂窝物联网芯片研发设计实力，且具备提供超大规模高速 SoC 芯片定制及半导体 IP 授权服务能力（图 4-5）。

蜂窝基带芯片

非蜂窝物联网芯片

芯片定制服务

半导体IP授权服务

图 4-5　翱捷科技主营业务（图片来源：翱捷科技官网）

翱捷科技在科创板的上市时间轴如图 4-6 所示。

图 4-6　翱捷科技科创板上市时间轴

2020 年 12 月上交所受理翱捷科技的科创板上市申请，2021 年 12 月注册生效并上市，成为科创板上市基带芯片第一股（图 4-6）。

5G 蜂窝移动通信技术是芯片设计领域最先进、最难掌握的技术之一。目

---

❶ 相关信息摘录自翱捷科技股份有限公司官方网站、上海证券交易所官方网站公开的翱捷科技股份有限公司招股说明书和补充法律意见书。

前全球 Fabless 型芯片设计厂商中，仅有美国高通、中国台湾联发科、海思半导体、翱捷科技和紫光展锐等企业具备 5G 蜂窝通信芯片的研发能力。这几家金字塔顶端的企业之间，自然少不了摩擦碰撞。

颇具戏剧意味的是，本案例的翱捷科技正是上一个案例的甬矽电子最主要的下游客户之一，而这位"大客户"经历了标的更加高昂、当事人情况更为复杂的商业秘密纠纷。

2. 纠纷

翱捷科技主要与上海移芯通信科技有限公司（以下简称"上海移芯"）、展讯通信（上海）有限公司（以下简称"展讯公司"）存在商业秘密纠纷，索赔金额总计 3.46 亿元。其中展讯通信是紫光展锐的全资子公司。三方势力角逐厮杀，旷日持久，纠纷关系和诉讼具体情况见图 4-7 和表 4-2。

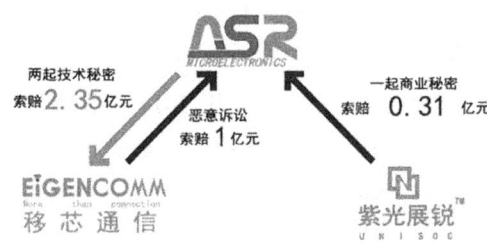

图 4-7　翱捷科技与移芯通信、紫光展锐之间的纠纷关系示意图

表 4-2　涉诉案件具体情况（数据来源：翱捷科技招股说明书）

案号	原告	被告/损害赔偿承担主体	案件性质	标的金额/万元
（2020）沪 73 知民初 958 号	翱捷科技	刘石、邢方亮、孙明越、翁金成、赵辉、上海移芯	侵害技术秘密纠纷	19 000
（2020）沪 73 知民初 959 号	翱捷科技	刘石、邢方亮、孙明越、翁金成、赵辉、上海移芯	侵害技术秘密纠纷	4 500
（2021）沪 73 知民初 233 号	上海移芯、刘石	翱捷科技	因恶意提起知识产权诉讼损害责任纠纷	10 000
（2021）沪 0115 民初 10191 号	展讯公司	湛振波、翱捷科技	侵害商业秘密纠纷	3 100

1）翱捷科技 VS 上海移芯

上海移芯成立于 2017 年 2 月，致力于蜂窝物联网通信芯片及软件的研发

和销售，主要产品分别为型号 EC616、EC616S 的 NB-LoT 芯片，和型号为 EC618 的 Cat1 芯片。上海移芯的创始人是刘石。

2017 年 4 月 25 日，翱捷科技与马威尔公司（Marvell International Ltd., 以下称马威尔公司）签订《知识产权购买协议》，并于 2017 年 5 月 18 日签订《转让与承担协议》，翱捷科技受让取得包括专有技术、方法、工艺、技术资料等专有或保密信息在内的马威尔公司及其各子公司享有的移动芯片相关的全部知识产权。

马威尔公司在业内享誉盛名，其在中国设立的全资子公司——美满电子科技（上海）有限公司（以下简称"美满电子"），被誉为华人芯片创业的"黄埔军校"，其培养出了一大批芯片人才，有锐迪科的魏述然、翱捷科技的戴保家、上海移芯的刘石等。

刘石从美满电子离职后，于 2017 年 5 月加入同年 2 月刚刚成立的上海移芯；除刘石以外，上海移芯的其他主要研发人员邢方亮、孙明越曾在美满电子担任主管工程师和主管软件工程师，两人于 2017 年 5 月加入翱捷科技处工作，此后分别于 2017 年 9 月、2017 年 12 月加入上海移芯公司；翁金成、赵辉曾在美满电子任高级经理和主管工程师，两人均于 2017 年 5 月离职后加入上海移芯公司。也就是说，上海移芯包括核心人物刘石在内的大量研发人员来源于马威尔公司的手机芯片团队。

因此，翱捷科技认为，上述各人向上海移芯公司披露翱捷科技的技术秘密，上海移芯公司将翱捷科技的技术秘密用于自身芯片研发，成立较短时间后便推出了通信芯片产品，上海移芯公司和上述各人共同实施了侵权行为。

2020 年 8 月，翱捷科技以侵害技术秘密为由，将上海移芯及刘石诉至上海知识产权法院，认为上海移芯的 EC616、EC618 等芯片产品涉及侵犯其商业秘密，获利巨大。2021 年 1 月 4 日，翱捷科技向法院申请追加邢方亮、孙明越、翁金成、赵辉四人为两案被告（"（2020）沪 73 知民初 958 号"案件和"（2020）沪 73 知民初 959 号"案件）。在两起案件中，翱捷科技主张请求法院判令上海移芯立即停止侵害原告的商业秘密、赔偿原告经济损失及合理费用共计人民币 1.9 亿元和 4 500 万元。

面对巨额索赔额，上海移芯立即采取应对反制措施。2021 年 2 月，上海移芯、刘石向上海知识产权法院提起反诉("(2021)沪73知民初233号"案件),其主张翱捷科技于2020年提起的两起技术秘密侵权纠纷案件系恶意诉讼,并要求翱捷科技承担恶意诉讼所致的侵权责任,主张请求翱捷科技就恶意知识产权诉讼赔偿上海移芯公司、刘石经济损失及合理支出共计人民币1亿元整。翱捷科技一下子从原告变成了被告。

2)翱捷科技 VS 紫光展锐

展讯公司成立于2001年7月18日,2013年清华紫光收购展讯公司,2016年展讯公司与锐迪科微电子整合成立了紫光展锐。目前,展讯公司是紫光展锐的全资子公司。

锐迪科与翱捷科技是同宗同源的两家公司。锐迪科成立于2004年,其创始人就是后来翱捷的创始人戴保家。在2G时代,锐迪科研发出国内第一颗自研芯片,应用于"大灵通",2006年锐迪科又推出射频芯片应用于我们熟悉的"小灵通",该芯片在中国市场占有率一度达到60%,开创了国内射频PA芯片领域的fabless模式先河。2010年锐迪科在纳斯达克上市。而到了4G时代,清华紫光和上海科投竞相收购锐迪科。因资本推动,戴保家于2013年底被解除职务。最终,清华紫光在2014年7月以超过9亿美元的总价收购锐迪科。离开锐迪科后,戴保家创立了翱捷科技。媒体戏称,戴保家的"大号"练废了,又重新练一个"小号"。所以"小号"翱捷科技和"大号"紫光展锐各种技术信息、经营信息交织在一起,纠纷就难以避免地产生了。

这两家之间的纠纷主要集中于湛振波和商业秘密。湛振波于2010年5月25日正式加入展讯公司工作,担任IC部门芯片驱动工程师,此后作为发明人申请了专利,并知晓展讯公司专利管理相关流程。2016年2月19日,湛振波自展讯公司离职后入职翱捷科技。展讯公司认为,湛振波违反保密义务,擅自将其在工作中掌握的展讯公司的经营秘密向翱捷科技披露并允许其使用,翱捷科技明知湛振波实施以上行为的情况下,仍获取该经营秘密并在其专利管理中使用,已经严重侵犯了展讯公司的经营秘密合法权益。

2020年12月,展讯公司以侵害商业秘密为由,将翱捷科技及湛振波诉至上海知识产权法院("(2021)沪0115民初10191号"案件)。展讯公司主张请求法院判令翱捷科技立即停止侵犯原告经营秘密合法权益的行为、赔偿原告经济损失及合理费用共计人民币 3 100 万元。

3. 应对

面对纷繁复杂的诉讼，翱捷科技主要从以下三个方面来应对。

（1）论证涉案产品的重要性有限。

上海移芯推出的产品为 NB-LoT 及 Cat1 芯片产品，其涉及的技术包含在翱捷科技自马威尔公司收购的技术中。目前翱捷科技尚未推出 NB-LoT 产品。翱捷科技 2017 年收购马威尔公司相关技术，在收购的基础上经过多年的大额自主研发形成了目前产品的核心技术，运用了大量自主研发的技术。此外，即使翱捷科技败诉，翱捷科技的技术不会因对方侵害而受到使用限制。

展讯公司提到的翱捷科技专利主要针对芯片公司在初始期设计的芯片启动、验证软件不成熟的特殊情况下才具备价值。现翱捷科技蜂窝产品的芯片启动、验证软件由研发团队在原马威尔公司的技术成果上进行持续开发。翱捷科技大规模销售的产品并未使用该专利技术。该专利对翱捷科技不具有重要性。

（2）论证诉讼败诉的可能性低。

针对与上海移芯的纠纷：翱捷科技拥有涉案技术秘密，现有证据不能证明涉案技术秘密被公开或权属存在瑕疵的情况，更不能证实翱捷公司已经明知或应知涉案技术秘密权利基础存在瑕疵。现有证据不能证明翱捷公司提起诉讼的行为存在主观恶意。上海移芯未就其主张的损害赔偿金额提供任何支持其高达 1 亿元的赔偿请求的相关证据。

针对与展讯公司的纠纷：展讯公司主张的 2014 年优秀专利奖评选会中相关专利申请至迟于 2016 年 6 月均已公开。而湛振波入职翱捷科技后，翱捷科技申请专利的最早时间为 2018 年 3 月 27 日，不符合商业秘密的秘密性要件。湛振波与展讯公司《劳动合同》中包含的竞业限制条款并未履行，且湛振波从未向公司披露或允许其使用展讯公司的商业秘密。展讯公司的证据不能证明湛振波实施了披露、使用或者允许他人使用商业秘密的行为。

（3）论证即使相关诉讼败诉，对翱捷科技生产经营的影响有限。

翱捷科技作为原告的诉讼，不涉及赔偿，而翱捷科技作为被告的诉讼，即使败诉，影响有限，具体详见表 4-3、表 4-4。

第四章 知识产权助力科技创新实践路径之商业秘密篇

表 4-3　翱捷科技作为原告的诉讼对公司的影响（表格来源：翱捷科技招股说明书）

案号	诉讼请求	在不利情况下的合理测算
（2020）沪 73 知民初 958 号	1. 请求判令六被告立即停止侵犯原告技术秘密的行为； 2. 请求判令六被告连带赔偿因侵犯技术秘密的行为给原告造成的经济损失（包括原告为制止侵权所支出的合理费用）1.9 亿元； 3. 请求判令六被告承担本案全部诉讼费用。	两案中，公司作为原告起诉被告侵害公司商业秘密，不涉及公司的赔偿，不涉及公司无法销售产品。若法院不支持公司诉求，则公司在 LTE Cat1 市场上将面临上海移芯产品的竞争。公司目前已在 LTECat1 市场具备良好的客户基础，且与客户保持了良好的合作关系，预计上海移芯的竞争不会对公司在 LTE Cat1 领域的销售造成重大不利影响。
（2020）沪 73 知民初 959 号	1. 请求判令六被告立即停止侵犯原告技术秘密的行为； 2. 请求判令六被告连带赔偿因侵犯技术秘密的行为给原告造成的经济损失（包括原告为制止侵权所支出的合理费用）4 500 万元； 3. 请求判令六被告承担本案全部诉讼费用。	

表 4-4　翱捷科技作为被告的诉讼对公司的影响（表格来源：翱捷科技招股说明书）

案号	诉讼请求	在不利情况下的合理测算
（2021）沪 73 知民初 233 号	1. 判令被告就其恶意提起知识产权诉讼给两原告造成的经济损失及两原告为制止其侵权行为所支付的合理费用向原告支付赔偿金暂计 1 亿元整	根据法院在类似案件中的司法实践，现有案件中法院认定的原告损失主要为其为案件支出的合理费用，如律师费、公证费等，类似案件中（2017）苏民终 1792 号法院支持的最高合理支出费用为 55 万元，因此按 55 万元测算该案在不利情况下的影响
	2. 判令被告就其侵权行为在《科创板日报》刊登声明，并在被告公司网站 http://www.asrmicro.com/ 的首页及被告微信公众号"翱捷科技股份有限公司"（微信号：ASR_Microelectronics）置顶发表公开声明三个月，消除影响	对财务指标无影响
	3. 请求判令六被告承担本案全部诉讼费用。	依据《诉讼费用交纳办法》测算，不超过 60 万元

续表

案号	诉讼请求	在不利情况下的合理测算
"（2021）沪0115民初10191号"案件	1. 请求判令被告一湛振波、被告二翱捷科技立即停止侵犯原告经营秘密合法权益的行为	展讯公司未就其受到的实际损失或翱捷科技公司因侵权所获得的利益予以举证证明，因此，根据《中华人民共和国反不正当竞争法》第17条的规定。即便构成侵权，参考（2017）鄂06民初5号，该案系技术秘密案件，法院作出的判赔金额为25万元，因此本案按25万元测算
	2. 请求判令被告一湛振波、被告二翱捷科技向原告赔偿因被告一、被告二经营秘密侵权行为而给原告造成的经济损失3 000万元，以及原告为调查、制止被告侵权行为所支出的合理费用100万元，共计人民币3 100万元	
	3. 请求判令被告一、被告二承担本案全部诉讼费用	依据《诉讼费用交纳办法》测算，不超过20万元

翱捷科技实际控制人戴保家出具了关于诉讼事项的承诺："本人将积极推动翱捷科技的应诉、专利无效抗辩及相关应对措施。如果翱捷科技的上述诉讼败诉并因此需要执行生效判决结果，本人将承担翱捷科技因此而需承担的全部损害赔偿费用，以保证不因上述费用致使翱捷科技和翱捷科技未来上市后的公众股东遭受损失。"

4. 结局

1）翱捷科技 VS 上海移芯

就标的为1亿元的恶意诉讼案，2022年5月，上海移芯通信科技有限公司、刘石撤诉。上海移芯通信科技有限公司、刘石负担案件受理费人民币1 150元。

就标的为2.35亿元的侵犯技术秘密纠纷案，2022年7月1日，一审判决驳回了翱捷科技的两项商业秘密指控，并要求翱捷科技承担案件受理费125.86万元。翱捷科技及上海移芯公司均不服上述一审判决，于2022年7月各自向最高人民法院提起上诉。2024年10月14日，最高人民法院二审驳回了翱捷科技2.35亿商业秘密索赔，维持一审原判。

2）翱捷科技 VS 紫光展锐

就标的为3 100万元的侵犯商业秘密纠纷，截至2024年12月，尚未有判决。

2021年12月翱捷科技在科创板上市敲钟，但各项诉讼却还在继续。除

3项商业秘密纠纷外,翱捷科技还有多项专利侵权纠纷,诉讼金额同样超过2亿元。

与上一个案例不同,本案例的索赔额动辄上亿,当事人之间的关系又错综复杂,所以上一个案例的和解之路,对本案例的几方当事人而言,估计很难接受。所以一路走来,各方态度都非常强硬,从诉讼到反诉,从一审到二审,都是不达目的誓不罢休的姿态。虽然最终两起商业秘密纠纷都是败诉收场,但仅仅是案件受理费也已经是百万级别的,商战充满血雨腥风。

不只是翱捷科技的商业秘密诉讼败诉了,就目前的司法实践中,商业秘密类案件的整体胜诉率相对较低,主要系商业秘密构成要件的要求以及其区别于其他类别的知识产权的特点导致的。具体情况如下:一是主张的技术信息、经营信息是否符合商业秘密的法定构成要件存在难点,特别是秘密性要件(不为公众所知悉)。二是商业秘密的非独占性使得被主张权利的一方具备较大的抗辩空间。

此外,司法实践中商业秘密的案件中举证相对困难,亦会对原告的胜诉情况产生影响。根据"谁主张、谁举证"的原则,原告需要证明其主张构成商业秘密且被告实施了侵害商业秘密的行为,客观上举证较为困难。

把本案的时间稍往前调,当年翱捷科技曾邀请刘石加入,刘石拒绝后,自行创立上海移芯公司;同样,当年展讯公司也曾邀请当时瑞迪科的戴保家加入,戴保家拒绝后,自行创立了翱捷科技,而展讯和瑞迪科则一同被清华紫光收购,成立了紫光展锐。笔者设想一下,如果当时戴保家答应加入展讯公司,又如果当时刘石答应加入翱捷科技,结果又会是怎样的呢?这些纠纷就能荡然无存了吗?又会不会有许多新的纠纷滋生出来呢?答案我们无从得知,但我们知道的是,只要芯片市场炙手可热,那么争端就不会减少,更不会熄灭,此刻做不成朋友,下一刻便是竞争对手。目前,这场芯片界的"三国杀"中,仅翱捷科技一家在科创板成功上市,其他两家还在"上下求索"。

二、案例评析

(一)商业秘密保护与创新自由的平衡

对于高科技企业而言,商业秘密是其核心竞争力的重要组成部分,商业秘密的保护对于企业的生存和发展至关重要。企业商业秘密的风险主要来自两个方面，一是企业外部的风险，比如竞争对手采用一些商业间谍等非法手段窃取权利人的商业秘密；二是企业内部的风险，如员工的跳槽或者竞争对手挖人。两种风险相比，显然是内部风险更多、更难防范。首先内部员工必须熟知和充分掌握生产工艺和流程才能开展工作，而恰恰是内部员工在掌握企业的生产方法和工艺流程等秘密后，就有了脱离企业自立门户的能力。所以，无论企业采取如何力度的保密手段，都无法规避内部员工的泄密风险。企业不得不权衡保护商业秘密和允许信息在内部员工中共享这两个相互冲突的需求。所以在涉及员工跳槽情节的案件中，司法机关通常需要考虑平衡劳动者择业自由与商业秘密保护，该类案件的判决也会更为慎重。

也就是说，商业秘密保护涉及较为复杂的人才自由流动和商业秘密保护两方面的问题，这两个因素又是一对矛盾。过于强调人才的自由流动会导致商业秘密保护力度减弱，影响企业研发积极性；过于强调商业秘密的保护又会限制人才的自由流动，对于科技创新是不利的。所以，要优化营商环境，商业秘密保护力度需要在二者之间维持一个适当的平衡。

（二）商业秘密保护困难

商业秘密由于其具有秘密性的特点，原告在举证时存在较大困难，而被告销毁证据又相对容易，又由于其具有非独占性的特点，使得被主张权利的一方具备较大的抗辩空间。所以商业秘密的保护困难可见一斑。

国家发展和改革委员会产业经济与技术经济研究所课题组研究表明❶，商业秘密保护难点多，企业创新发展受仿制、窃密威胁问题仍然突出。中国商业秘密保护工作起步晚，在商业秘密保护体系、保护理念、保护意识、保护手段、执法力度等方面与发达国家有较明显差距，存在立法发展难与商业秘密保护并行、科技革命难与司法保护有效融合、企业难与商业秘密整体保护契合、执法水平难与国际发展接洽等难题，企业创新成果被仿制、窃取后，往往受泄密发现难、证据获取难、法律维权难、跨区域异地执法难等问题困扰。特别是

---

❶ 国家发展和改革委员会产业经济与技术经济研究所课题组．商业秘密保护与产业创新发展：作用机制、现实困境与战略取向[J]．宏观经济研究，2024，（2）：106-127．

维权成本高、诉讼审理周期长，商业秘密侵权诉讼平均时长为 5～6 年，有的高达十几年，且侵权诉讼可能存在"二次泄密"，维权风险难以承受。一些企业即使诉讼获胜，也被拖得筋疲力尽。

（三）商业秘密的风险预防

正因为商业秘密对于企业核心竞争力影响很大，而维权难度也较大，所以相对于事后监管执法难度大、成本高，加强事前指导、增强企业商业秘密风险防范意识，能起到事半功倍的作用。

以上述案例的甬矽电子为例，虽然甬矽电子的商业秘密纠纷已经和解，但在和解后，甬矽电子建立了专项应对计划，以尽可能避免或减少长电科技对其离职人员因违反保密义务或竞业限制义务造成影响。

（1）加强人才梯队建设和员工培养力度，建立多层次的人才体系，提高人才队伍的稳定性。

（2）人力资源部门、法务部门建立了员工招聘相关针对性管理制度，对新招聘的重要岗位人员进行背景调查并提示风险，全面防范相关风险。

（3）加强知识产权保护与侵权防范，聘请专业的知识产权律师为公司提供法律咨询，建立专门的知识产权法律团队；利用信息化管理手段进行信息管控，充分隔离风险。

第五章 知识产权助力科技创新实践路径之商标篇

第一节 商标概论

一、商标的特点

商标是区分商品或服务的来源的标识,蕴含了商品或服务的内涵和文化,体现了企业的形象和服务信誉。

《中华人民共和国商标法》(以下简称《商标法》)第 8 条规定:"任何能够将自然人、法人或者其他组织的商品与他人的商品区别开的标志,包括文字、图形、字母、数字、三维标志、颜色组合和声音等,以及上述要素的组合,均可以作为商标申请注册。第 9 条规定:申请注册的商标,应当具有显著特征,便于识别,并不得与他人在先合法权利相冲突。商标注册人有权表明"注册商标"或者"注册标记"。

《商标法》第 8 条、第 9 条对商标的概念及基本特征作了规定,商标作为商品或服务的"标识",在理论上一般将其功能作用概括为三个方面,即来源识别、品质保证和广告宣传。其中,"来源识别"和"质量保证"是商标的最基本的功能,也是其"根"和"魂","广告宣传"是其基本功能的延伸,对于生产经营者的商业信誉和品牌塑造也至关重要。[1]

商标具有显著性、独占性、价值性、竞争性、地域性和时间性等特点,其中显著性是商标最主要的特点。商标的显著性是指商品易于区别含其他商标

---

[1] 王海清. 商标法实务研究 [M]. 北京:法律出版社,2021:5-6.

的商品或服务的可识别性，商标的显著性是商标的本质特点，缺乏显著性的商标无法发挥其商标的功能，不能作为商标注册。

二、商标的作用

由商标的基本定义、功能以及特点可知，商标在企业的科技竞争以及科技创新中发挥着诸多关键的作用。首先，商标的"来源识别"功能：商标体现了企业的科学技术特色和优势，能为企业的创新成果提供专属标识，将企业的科学技术成果与其他企业进行区分，如华为、小米的商标代表了先进的通信技术，企业在竞争中能够凸显本身的技术特色。其次，商标的"品质保证"功能：商标代表着企业产品的品质，体现企业的品牌形象和声誉，企业为了维护商标所蕴含的产品品质以及技术领先形象，会不断地投入资源进行研发，这可以激励企业进行持续的科学技术创新。再次，商标注册后，企业拥有商标专用权，是企业知识产权的重要组成部分，企业可以防止其他企业对自己的技术产品进行仿冒，保护自己的技术创新成果，依法维护自己的权益。另外，商标代表企业的产品质量，能够增强消费者对企业科技创新产品的认知和信任，对于企业研发的科技创新产品，消费者最初由于不了解，可能会产生顾虑，但是商标代表着企业的产品质量会消除这种顾虑，促使消费者购买科技创新产品，推动科技的转化。最后，商标的"广告宣传"功能：科技竞争中，企业可通过商标塑造高科技、可靠的品牌形象，对企业起到广告宣传的作用，企业可以通过商标的影响力吸引人才、合作，帮助企业整合科技资源。

新质生产力的特点是创新。提倡新质生产力，就是提倡高科技、高效能、高质量❶。知识产权法还能激励高效率的创新。依据商标法，商标的保护程度与其显著性相关，商标显著性又和消费者的认知密切相关。人们相对会额外关注率先作出某一重大技术创新的主体，这使率先突破技术创新的主体在获得专利权收益的同时也能快速提升商标价值，发挥商标与专利的组合效应，提升品牌附加值和市场竞争力。以商标为代表的商业标识具有识别商品来源、质量保障以及广告功能。其中，识别商品来源、质量保障功能，能够减轻市场经营者和消费者之间的信息不对称，帮助构建"优胜劣汰"的市场秩序，有效激发市

---

❶ 尹腊梅.完善商标法律体系服务发展新质生产力[N].中国知识产权报，2024.05.

场经营者不断提升商品质量,间接促进新质生产力的发展。广告功能将市场经营者、商品以及两者关系浓缩在一个便于记忆与识别的符号之中,使市场经营者跨越了语言障碍,能够通过这一符号宣传自己的产品,降低广告宣传成本,提高品牌影响力。❶ 商标对新质生产力具有促进的作用,新质生产力的关键在于创新,企业在技术上投入大量资源进行创新研发,商标作为企业知识产权的重要组成部分,能够对这些创新成果进行有效保护。通过商标注册,企业可以防止他人未经授权使用相同或近似的标识,避免自身品牌形象被混淆或盗用,从而保护企业的核心竞争力和市场份额,从而保护企业创新成果与核心竞争力,激励企业不断进行科技创新,推动新质生产力的不断发展。商标可以促进新质生产力相关产品的市场推广和销售,商标是企业产品质量和信誉的象征,对于消费者来说,熟悉和信任的商标往往意味着更高的产品质量和更好的消费体验。在新质生产力环境下,消费者面对众多陌生的新技术、新产品,往往会更倾向于选择具有知名商标的产品或服务,商标能够为企业赢得消费者的信任和市场认可,降低消费者的决策成本,从而促进新质生产力相关产品的市场推广和销售,促进新质生产力相关产品或服务的市场流通和交易。商标具有的较高知名度和影响力,能够吸引产业链的上中下游企业进行产业协同和合作,促进产业链的整合和优化,构建起良好的产业生态系统;同时,新质生产力的发展往往涉及多个产业领域的协同创新和融合发展,商标在产业链中的纽带作用能够推动新质生产力的规模化发展。新质生产力会推动商标的创新、提升商标的价值以及促进升级商标的管理与保护。发展新质生产力会带动新的技术升级、新的商业模式出现和新的消费需求,会促使商标不断进行迭代、创新。同时,新质生产力的发展使企业的核心竞争力更多地体现在技术创新、知识产权等无形资产上,商标作为知识产权的重要组成,是企业品牌的核心标识,商标的价值也会随之不断提升。另外,新质生产力的快速发展对商标的管理和保护提出了更高的要求。企业应更加注重商标的战略规划、注册布局、使用规范和维权保护等方面的工作,建立健全商标管理制度,以应对日益复杂的市场环境和侵权风险。

商标不仅在企业的科技竞争以及科技创新中发挥着诸多关键的作用,而

---

❶ 冯晓青,孙雪静. 新质生产力的知识产权法保障研究[J]. 知识产权,2024(7):43-56.

且在企业科创板上市过程中发挥着重要作用。2019年3月1日，中国证监会发布的《科创板首次公开发行股票注册管理办法（试行）》第12条第3款规定："发行人不存在主要资产、核心技术、商标等的重大权属纠纷，重大偿债风险，重大担保、诉讼、仲裁等或有事项，经营环境已经或者将要发生重大变化等对持续经营有重大不利影响的事项。"经证监会批准，上交所正式发布的科创板6项配套业务规则中的《上海证券交易所科创板股票上市规则》中的8.2.4节规定，"上市公司发生下列重大风险事项的，应当及时披露其对公司核心竞争力和持续经营能力的具体影响：（四）核心商标、专利、专有技术、特许经营权或者核心技术许可丧失、到期或者出现重大纠纷。"《公开发行证券的公司信息披露内容与格式准则第42号——首次公开发行股票并在科创板上市申请文件》中的要求："7-1-1发行人拥有或使用的对其生产经营有重大影响的商标、专利、计算机软件著作权等知识产权以及土地使用权、房屋所有权等产权证书清单（需列明证书所有者或使用者名称、证书号码、权利期限、取得方式、是否及存在何种他项权利等内容）；7-2-1对发行人有重大影响的商标、专利、专有技术等知识产权许可使用协议（如有）。"

因此，企业在科创板上市过程中，对商标的权属、信息披露、合规性以及价值体现等方面均有一定的要求。首先，商标的权属应清晰，商标所有权不应存在与控股股东、实际控制人及其控制的其他企业间的重大权属争议、纠纷或潜在的争议风险；商标应具有独立性，企业对其商标拥有完全的自主支配权和处置权，能够独立决定商标的使用、许可、转让等事项，不受其他方的不当干涉或限制。其次，商标的信息披露应充分，不应存在披露风险，在招股说明书等上市文件中，企业应详细披露商标的注册情况、使用情况和价值评估情况，包括注册时间、注册号、注册类别、有效期等；商标使用的产品或服务范围、使用方式、市场推广情况等；商标若进行过评估，需要说明评估方法、评估机构和评估结果等。同时，企业应如实披露商标可能面临的风险，如商标侵权诉讼风险、被他人抢注风险、商标续展风险、商标淡化风险等，以及针对这些风险所采取的应对措施和预案。再次，商标在注册与使用、维护与管理上应注意合规，商标的注册和使用须符合《商标法》等相关法律法规的规定，企业应建立健全商标管理制度，对商标的申请、注册、使用、维护、保护等环节进行规范管理，确保商标的持续有效性和合法性。最后，商标应具有一定的价值，商标应与企业的核心技术紧密相关，能够准确反映企业的产品或服务特点、技术优势、品牌定位等，对企业的业务发展和市场竞争力具有重要的支撑作用；虽然科创板上市对商标的价值没有明确的量化指标要求，但商标应具有一定的市场知名度、美誉度和商业价值，能够为企业带来经济利益和竞争优势，推动企业的上市顺利进行。结合以上的分析以及根据科创板相关规定的要求可知，商标的权利归属、权利稳定性、是否涉及重大诉讼风险等问题是科创板上市主要关注的问题。

企业在科创板上市过程中，对商标的要求主要在于商标权属的清晰与商标权利的完整、是否存在重大诉讼隐患。下面，以2019年3月至2023年12月上交所受理科创板上市申请的932家企业为研究对象，基于上交所官方网站公布的招股说明书申报稿及相关问询回复意见，结合中国裁判文书网、中国执行信息公开网、人民法院公告网等公开的相关信息，对上述企业的商标诉讼情况进行了梳理统计，分析了2019—2023年申请注册上市企业商标对涉诉企业审核状态的影响和涉及商标诉讼企业的领域分布。

图5-1中可以看出，涉及商标纠纷的企业中，66.67%的企业最终注册生效，33.33%的企业终止注册，企业在科创板上市过程中，约1/3的企业或因商标的纠纷导致终止注册。

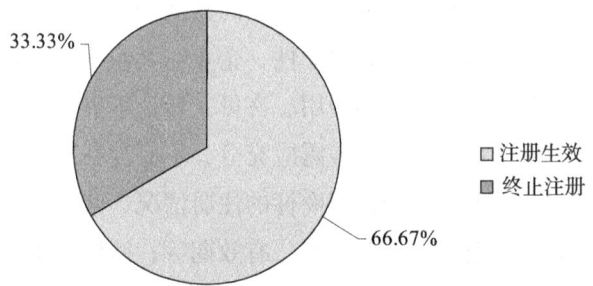

图 5-1　商标对涉诉企业审核状态的影响

由图5-2中可知，涉及商标诉讼企业领域占比为：新一代信息技术企业占比为46.67%，约占1/2，远高于其他领域，生物医药企业占比为20.00%，高端装备企业占比为26.67%，分别位居第二、第三位。涉及商标诉讼企业领域分布情况与整体知识产权涉诉企业的领域分布相同，据统计，截至2024年6月，科创板上市公司数量合计573家，其中新一代信息技术产业、生物医药产业以及高端装备产业累计科创板公司数量分别位居前三，合计占比超过80%[1]；科创板上市企业中，新一代信息技术产业、生物医药产业以及高端装备企业占比最多，因此，企业在科创板上市过程中，商标诉讼的类型相应的最多。

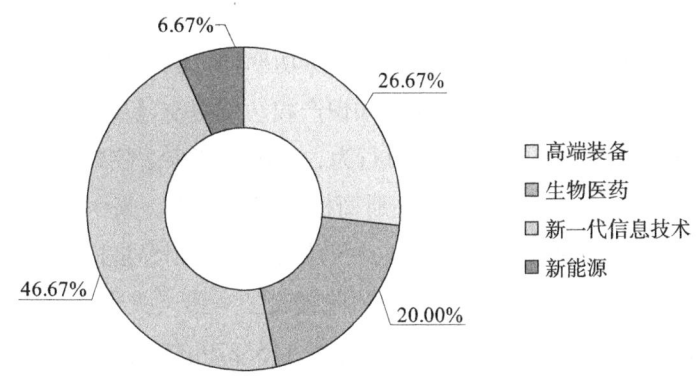

图 5-2　涉及商标诉讼企业的领域分布

第二节　科创板上市企业涉及商标的典型案例

一、典型案例

本节选取企业科创板上市过程中，商标对企业科创板上市具有影响的三大典型案例，深入分析商标对企业科创板上市的正面以及负面影响，从而使得企业明确其在科创板上市前或上市过程中的应对措施。

（一）紫光照明[2]

深圳市紫光照明技术股份有限公司（以下简称"紫光照明"）成立于2007年3月29日，注册资本12 394万元人民币，致力于开发LED工业照明设备，

---

[1] 胡英敏，陆万祥等.科创板上市企业知识产权纠纷与应对研究[J].中国发明与专利（知识产权情报学学报），2024，21（8）：88-96.

[2] 相关信息摘录自上海证券交易所官方网站公开的《关于深圳市紫光照明技术股份有限公司首次公开发行股票并在科创板上市的审核中心意见落实函的回复》。

且主要围绕 LED 照明技术及相关产品开展主营业务，主营产品是 LED 照明设备、工业物联网平台、智能疏散和应急照明系统。该公司于 2020 年 6 月 30 日申请科创板上市（图 5-3）。紫光集团有限公司（以下简称"紫光集团"）是中国大型综合性集成电路领军企业，主营业务是芯片业务，涵盖存储器、移动通信、智能安全、可重构系统芯片（FPGA）、物联网、数字电视芯片、AI 芯片、智能卡、RFID 天线、微型连接器、半导体功率器、高端路由器核心芯片等。紫光集团于 2020 年 9 月 14 日向北京知识产权法院提交《民事起诉状》，认为紫光照明存在商标侵权及不正当竞争行为，提出了请求法院判令公司停止侵害紫光集团"紫光""清华紫光"等注册商标专用权行为，判令紫光照明停止使用含有"紫光"字样的企业名称以及判令赔偿紫光集团经济损失人民币 500 万元等诉讼主张。同时，紫光集团亦向法院提交了一份《关于请求认定"紫光"为驰名商标的申请书》，请求认定注册号为 1153279 的商标在第 9 类相关商品上为驰名商标，并给予驰名商标相应保护。

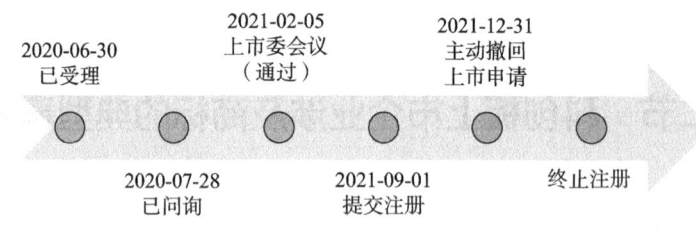

图 5-3　紫光照明上市进程

在上交所出具的《关于深圳市紫光照明技术股份有限公司首次公开发行股票并在科创板上市的审核中心意见落实函》（上证科审（审核）〔2021〕2 号）（以下简称《意见落实函》）问题 2 中涉及商标侵权纠纷：请发行人进一步说明：②所涉商标侵权及不正当竞争诉讼的具体情况及进展，对公司持续经营的影响；若公司被认定为商标侵权，发行人所涉商标、企业名称变更的具体过程及时间、成本，是否存在实质性障碍；进一步分析前述商标、企业名称变更后对公司持续经营能力的影响，包括但不限于现有在手订单是否涉及违约或赔偿情形，未来新业务开拓中相关商标侵权认定记录是否影响公司声誉、招投标资质等；结合前述回复说明公司是否符合《科创板首次公开发行股票注册管理办法（试行）》第 12 条第（3）项的规定，并根据实际情况完善风险披露与重大事项提示内容；③结合《商标法》相关规定，说明紫光集团主张 500 万元及合理支出相关赔偿额过高的具体原因和依据。

本案中,从《意见落实函》的问询可知,上交所在问询过程中主要关注商标侵权及不正当竞争诉讼对拟上市公司持续经营能力的影响:如果拟上市公司商标侵权,则需要考虑侵权所带来的商标、企业名称变更的具体过程及时间、成本以及后续对公司持续经营能力的影响。

紫光照明对《意见落实函》的问询进行了答复,主要内容包括:若公司被认定为商标侵权,公司所涉商标、企业名称变更的具体过程及时间、成本的具体计算,并从现有在手订单是否涉及违约或赔偿情形,未来新业务开拓中相关商标侵权认定记录是否影响公司声誉、招投标资质等方面分析了前述商标、企业名称变更后对公司持续经营能力的影响,认为即便公司在本案中败诉,公司的持续经营不会遭受重大不利影响。同时,紫光照明正在申请注册不含"紫光"字样的商标"Kathylight""喀斯莱特""秾光""Kathylighting"。

本案中,紫光照明在答复中从企业变更名称不存在实质性障碍、公司的业务运营及收入实现不依赖注册商标、已经申请其他商标等方面进行详细的答复以消除上市委对企业持续经营能力的质疑。

本案可知,商标侵权诉讼会阻碍企业科创板上市。一是紫光集团发起的商标侵权诉讼使得紫光照明陷入法律纠纷的漩涡,案件审理过程耗时费力,严重干扰了其上市进程;二是商标侵权诉讼的结果存在不确定性,会带来一定的风险,如若紫光照明败诉,可能需要承担多项败诉责任,如履行停止侵权、变更企业名称、承担客户的违约赔偿责任、赔偿经济损失等义务,会对企业运营和品牌形象产生重大负面影响,可能危及企业的持续经营能力,影响最终上市结果。三是企业在科创板上市过程中,审核过程强调企业的科创属性,注重企业的知识产权状况,商标侵权诉讼可能会使审核机构对紫光照明的知识产权管理、保护意识产生质疑,影响企业的科创板属性,从而影响最终的上市结果。四是商标侵权诉讼可能会使投资者对紫光照明的投资价值产生担忧,从而导致紫光照明在融资过程中面临更大的压力,融资规模或许会受限或估值降低,影响企业的资本运作和发展规划,进而影响上市结果。因此,即便紫光照明与紫光集团的主营业务或产品属于不同类型,但在紫光集团持有紫光商标权时,并且所持有的商标可能被认定为驰名商标的情况下,紫光照明企业仍有可能因驰名商标的跨类保护而构成商标侵权,应当尽量避免在企业的名称或商标中使用该类商标，规避风险。

（二）霍莱沃❶

上海霍莱沃电子系统技术股份有限公司（以下简称"霍莱沃"）成立于2007年7月10日，主营业务包括四大类：电磁测量系统业务、电磁场仿真分析验证业务、相控阵产品业务和通用测试业务。主要服务是为雷达和无线通信领域提供用于仿真及测量的系统、软件和服务，并提供相控阵相关产品。

该公司于2020年12月30日申请科创板上市，并于2021年4月20日在上交所科创板上市。2016年7月27日起，霍莱沃与商标评审委员会、霍尼韦尔陷入关于"霍莱沃系统技术Hollywell及图"商标纠纷中长达三年，这场跨时三年多的商标纠纷最终以霍莱沃对其诉争商标做出了妥协结束。目前，霍莱沃官网的商标虽依旧是英文"Hollywell"与汉字"霍莱沃系统技术"上下排列组合，但汉字"霍莱沃系统技术"在英文字体的正上方，且中文字体较英文字体更大、更显著。

虽然商标纠纷事件发生在霍莱沃申请科创板上市之前，但上交所第一轮审核问询的问题5中包括请发行人说明：①涉及侵害商标专用权和不正当竞争纠纷的具体事项、是否与不予注册商标相关、霍尼韦尔国际公司撤诉的原因、撤诉后双方是否签署和解协议、是否存在再次向发行人主张权利的情形、是否还存在其他与不予注册商标相关的诉讼或仲裁事项、未披露上述诉讼的原因。第二轮审核问询的问题8中包括请发行人说明：②逐项说明和解协议中自身义务的履行情况，是否均已履行完毕，商标纠纷是否已彻底解决。

本案中，尽管商标纠纷情况并非发生在企业科创板上市过程中，但从意见落实函的问询中可知，上交所对企业之前发生的商标纠纷情况十分关注，关注纠纷的过程、原因以及最终是否彻底解决等问题。

霍莱沃对《意见落实函》进行了答复，对案件受理情况和基本案情、诉讼或仲裁请求、损失结果及诉讼案例对发行人的影响情况均作出详细的回答。霍莱沃说明其与霍尼韦尔国际公司诉讼已结案，该案件对霍莱沃财务状况、经

---

❶ 相关信息摘录自上海证券交易所官方网站公开的《关于上海霍莱沃电子系统技术股份有限公司首次公开发行股票并在科创板上市首轮问询函回复的修订说明》。

营成果、声誉、业务活动、未来前景不会产生较大影响，不会影响公司的持续经营能力，公司豁免披露不会对投资者决策判断构成重大障碍。

由本案可知，尽管商标纠纷情况并非发生在企业科创板上市过程中，并且最终未对企业科创板上市进程造成实质性阻碍，但商标纠纷情况仍可能会对霍莱沃在市场上的品牌形象和声誉产生一定的负面影响，使上交所对公司的知识产权合规性产生质疑，从而影响上市进程，并在一定程度上增加了上市过程中的不确定性和风险，可能导致上市审核时间延长、审核难度增加等问题。

（三）拓荆科技[1]

拓荆科技股份有限公司（以下简称"拓荆科技"），成立于2010年4月，是国家高新技术企业，主要从事半导体专用设备的研发、生产、销售与技术服务。主营产品包括等离子体增强化学气相沉积（PECVD）设备、原子层沉积（ALD）设备、次常压化学气相沉积（SACVD）设备、高密度等离子体化学气相沉积（HDPCVD）设备和晶圆混合键合设备等系列，应用于集成电路晶圆制造、TSV封装、MEMS、Micro-LED和Micro-OLED显示等高端技术领域。

拓荆科技于2021年1月申请科创板上市，并于2021年10月29日经上交所科创板股票上市委员会审核同意，于2022年3月1日经中国证券监督管理委员会注册核准，2022年4月20日拓荆科技正式在上交所科创板上市。拓荆科技在科创板上市过程中，商标方面未出现任何明显的纠纷或争议，科创板上市过程顺利。

本案中，通过天眼查大数据对拓荆科技的商标持有情况进行了分析，发现拓荆科技拥有110条商标信息，商标布局多元化、全面化并具有一定的前瞻性，商标的布局在注重核心商标注册与保护的基础上兼顾防御性商标的注册与保护。

从拓荆科技商标注册状态图（图5-4）以及申请趋势图（图5-5）可知，拓荆科技的75%的商标已注册，并且10%的商标处于等待实质审查的状态，拓荆科技呈现出拥有众多注册商标的显著特征。拓荆科技自2010年成立之初，

---

[1] 相关信息来源于天眼查平台。

已开始商标布局，2011年开始申请商标，尤其是2021年在企业申请科创板上市时，商标申请量大幅上升，2022年企业上市注册生效后，商标注册量达到51件，表明拓荆科技十分注重商标布局，在不断加强商标储备，以适应业务发展和市场变化的需要，尤其在企业上市期间，公司大量申请商标，规避相关上市风险。

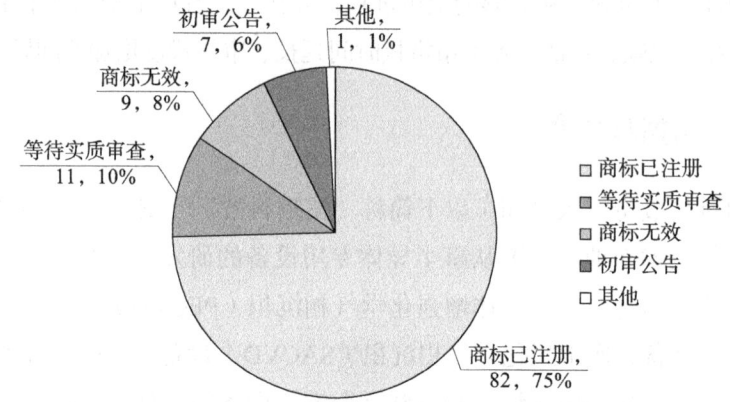

图5-4　拓荆科技商标注册状态（单位：条）

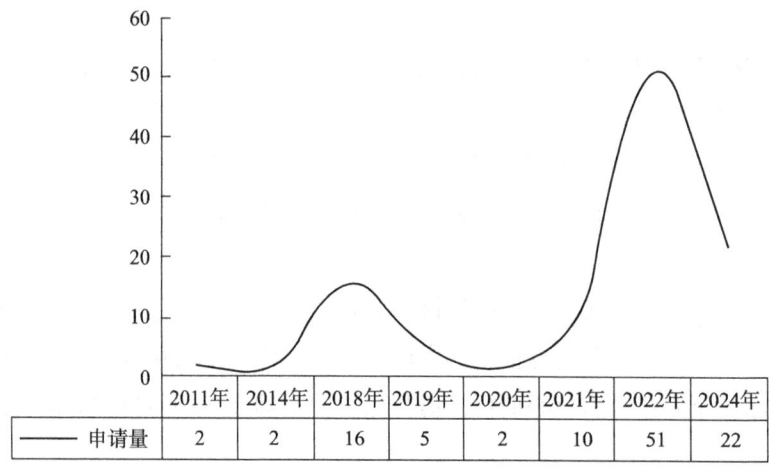

图5-5　拓荆科技商标申请趋势（单位：件）

从拓荆科技商标国际分类状态图（图5-6）可知，拓荆科技44%的商标涉及07类-机械设备，28%涉及37类-建筑修理，其余商标涉及09类-科学仪器、11类-灯具空调、35类-广告销售以及42类-网站服务，由此可见，拓荆科技的商标种类繁多，并呈现全面化、多元化的分布，在企业涉足新的技术领域、产品品类或业务板块时，拓荆科技会及时申请相关商标，确保品牌在新领域的合法权益和市场竞争力。

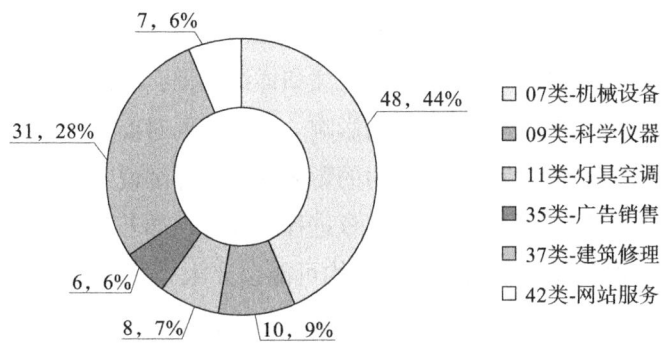

图 5-6　拓荆科技商标国际分类状态（单位：件）

拓荆科技拥有"拓荆科技"系列的核心商标，该核心商标涉及在 35- 广告销售、11- 灯具空调等类别，全面覆盖了公司的主要业务领域及相关延伸领域，强化了品牌在不同业务场景下的识别度和独占性。"PIOTECH"系列同样是公司重点打造的商标，涵盖了 42- 设计研究、9- 科学仪器、37- 建筑修理、35- 广告销售、11- 灯具空调等多个类别，体现了公司对该商标在不同业务维度的布局考量，为公司未来多元化业务拓展奠定了基础。同时，拓荆科技还进行了图形商标注册以及多类别商标注册，图形商标具有独特性和较强的视觉冲击力，可作为文字商标的补充，进一步增强品牌的辨识度和保护力度。同时，拓荆科技还布局了多种防御性商标，除了对自身的核心技术业务进行了商标注册，与自身核心业务紧密相关的科学仪器、半导体设备均进行了商标注册，同样在类别上涉及广告销售、建筑修理、灯具空调等非直接相关的领域，多类别注册的方式有助于防止他人在其他领域抢注近似商标，对拓荆科技的品牌进行恶意利用或造成混淆，起到了防御性保护的作用。

由以上分析可知，拓荆科技商标的数量繁多、种类丰富且全面，在具有核心商标的同时进行了防御性布局，使得拓荆科技在企业科创板上市期间规避了商标方面的风险，未出现任何明显的纠纷或争议，科创板上市过程顺利。

二、案例评析

（一）商标侵权纠纷阻碍企业科创板上市

企业在科创板上市时，上交所的审核过程十分重视企业的知识产权状况，商标侵权诉讼会引发审核机构的重点关注和详细问询，问询中重点关注商标侵权诉讼对拟上市公司持续经营能力的影响。企业需要对商标侵权案件的来龙去脉、商标侵权对公司的持续经营能力的影响等进行详细说明和解释，这样会增加审核的工作量和复杂程度，延缓审核进程。并且，如若商标侵权案件在上市审核期间未能得到妥善解决，审核机构可能会要求企业在侵权纠纷处理完毕后再进行注册，导致企业的注册时间变得不确定，甚至可能错过最佳的上市时机。另外，科创板强调企业的科创属性和核心竞争力，商标作为企业知识产权的重要组成部分，企业在上市期间，发生商标侵权诉讼可能会使审核机构对企业的知识产权管理能力和保护意识产生质疑，从而影响对企业科创属性的认定。同时，如若商标侵权诉讼涉及企业的核心技术，侵权行为导致企业的商标专用权受到限制或丧失，可能会影响企业的核心竞争力和市场地位，同样对企业的科创属性产生负面影响。

（二）商标的使用情况影响企业科创板上市

企业在科创板上市的筹备与推进的过程中，商标使用情况作为企业知识产权管理的关键一环，其重要性不容忽视。一是证券监管机构在审核企业上市申请时，对企业商标的使用情况会进行严格审查，清晰、规范且合法的商标使用情况有助于企业顺利通过审核，向投资者展示企业具备完善的知识产权管理体系，增强投资者对企业的信心，推进上市进程的顺利进行。二是商标是企业品牌的核心标识，承载着企业的声誉、产品质量与服务承诺等重要信息，体现企业品牌价值与市场竞争力。合理有效的商标使用可以提升企业的品牌知名度、品牌美誉度以及品牌忠诚度，使企业在激烈的市场竞争中脱颖而出，从而提高企业的市场份额与盈利能力，提高企业的持续发展能力，为企业上市后的股价表现和企业持续发展提供有力支撑。三是若企业在商标使用过程中存在侵权、纠纷或不规范使用等问题，可能会引发法律诉讼，导致企业面临巨额赔偿、声誉受损甚至业务受阻等严重后果。这些潜在风险可能影响企业的持续发展能力，使企业上市进程被迫中断或搁置。

对于拟上市企业的商标使用：首先，拟上市企业应对自身的商标注册情况进行梳理，全面检查已经使用的商标是否已依法进行注册，核实商标的注册类别是否覆盖企业当前及未来潜在的业务领域，防止出现因商标注册类别不全而导致无法使用商标，确保商标的专用权得到法律保护，梳理过程中如若发现尚未注册的商标，应尽快启动注册程序，避免商标被他人抢注而引发商标侵权纠纷的风险，影响上市进程。其次，拟上市企业应确保已经使用的商标符合商标法的规定，规范使用商标，严格按照核准注册的商标样式、核定使用的商品或服务范围进行使用，不得随意改变商标的文字、图形、颜色等构成要素，避免因自行改变商标而导致商标专用权丧失或引发侵权争议，引发上市过程中的审核风险。再次，拟上市企业应注重收集和整理商标使用的各类证据，如商标在产品包装、广告宣传、销售合同等各个方面的使用凭证，以便在需要时能够有力地证明商标的实际使用情况，维护企业的商标权益。各类证据的收集同样有助于应对可能出现的商标侵权纠纷，并且是拟上市企业在上市审核过程中重要的支撑材料。最后，拟上市企业应注重商标侵权风险的排查与防范，定期开展风险排查工作。通过市场监测、网络搜索、知识产权数据库查询等方式，及时发现市场上是否存在侵犯企业自身的商标权的行为，若发现侵权行为，应及时采取法律措施进行维权，维护企业的合法权益和市场竞争秩序。同时，应排查企业是否存在潜在的商标侵权风险，包括不限于尽管拟上市企业与他人的主营业务或产品属于不同类型，但在他人所持有的商标被认定为驰名商标的情况下，拟上市企业仍有可能因驰名商标的跨类保护而构成商标侵权，应当尽量避免企业的商标使用他人的驰名商标。

（三）商标布局助力企业科创板上市

一是商标是企业品牌的核心标识，企业在科创板上市之前，进行有效的商标布局能够提升企业品牌的知名度和影响力、提升企业核心竞争力与市场价值，强化企业品牌的辨识度，有助于企业在科创板上市时向投资者展示其强大的市场竞争力和独特的品牌价值，增强市场对企业的认可度和信任度，从而在科创板上市时为企业加分。二是对于科技型企业而言，商标往往与企业的核心技术、创新成果紧密相连。合理的商标布局可将企业的技术优势转化为商标资产，使得投资者更直观地感受到企业的技术实力和创新能力，从而提高企业在科创板市场的估值和吸引力；并且，合理的商标布局有利于企业塑造良好的品牌形象和市场声誉，向投资者传递企业具有长远发展潜力和稳定盈利能力的信号，增强投资者对企业的信心和认可度，从而在企业上市后吸引更多的投资者和资金支持，促使企业股价的稳定和市值的提升。三是企业在上市文件中，需要对商标等知识产权情况进行详细披露，合理的商标布局可以使企业在信息披露时更加清晰、准确地展示其商标资产状况，避免因信息披露不完整或不准确而引发的上市过程中的审核风险。四是企业合理的商标布局体现了对知识产权保护的重视和合规意识。有助于向监管部门和投资者展示其良好的治理结构和规范的运营管理，增加企业上市的可信度与成功率。五是科创板上市过程中，十分注重企业的科创属性和核心竞争力，对于商标布局合理、商标资产丰富的企业而言，商标作为企业知识产权的重要组成部分，在一定程度上能够体现其对知识产权的重视和管理水平，有助于提升企业的科创属性评价，有助于满足科创板对企业知识产权的审核要求。六是合理的商标布局可以降低侵权风险、保障企业自身的合理权利，避免商标侵权纠纷对企业科创板上市的阻碍。企业在科创板上市审核过程中，商标侵权纠纷是重点关注的问题之一，企业在上市审核之前通过在不同商品或服务类别上进行商标注册，可以防止他人在类似领域使用相同或近似商标，避免商标侵权纠纷，保护企业的商标资产，确保企业在科创板上市后的稳健发展，合理的商标布局能够提前帮助企业排查潜在的商标侵权风险，提前规避风险，避免因商标侵权诉讼而导致上市过程受阻；并且，企业完善的商标布局，可以为企业的技术创新成果、品牌形象提供有力的法律保护，若有侵权情况发生，企业可以依法维护自己的合法权益，确保企业的商标资产安全，为企业顺利上市创造有利的条件。

拟上市企业在科创板上市申请之前，应进行有效的商标布局，所谓有效的商标布局，一是商标的注册布局应全面覆盖核心业务领域，对于企业自身的核心技术、产品和服务，企业应在相关的商品或服务类别上进行商标注册，确保对主营业务的全面保护，形成核心注册商标；同时，对于商标的种类，商标的布局应全面化、多元化，对与企业的核心技术紧密相关的其他技术也可进行一定的商标布局。即商标布局策略中应注意各个商标层级的布局，注重核心品牌的强化以及子品牌的扩展，将企业技术创新的重点品牌确定为核心品牌，集中资源进行推广和保护，使其在市场中占据主导地位，成为企业形象和价值观的主要代表。并且，可围绕核心品牌，根据不同的产品系列、目标市场、消费群体或业务领域，开发和推出与核心品牌具有一定关联性的子品牌，展现出独特的特点和价值主张，满足多样化的市场需求。二是商标布局过程中，应注重商标的防御性注册，进行防御性布局。为防止他人恶意抢注或模仿，企业可进行防御性商标注册，包括对与企业核心品牌商标在文字、图形、读音、含义等方面相近似的商标进行注册，防止他人利用相似商标误导消费者，造成市场混淆，稀释企业品牌价值。三是考虑到企业的长远发展，商标布局应具有前瞻性，提前规划未来业务拓展方向，对未来可能涉足的业务领域进行提前规划和商标储备，这样可以确保企业在涉足新的业务领域时，能够合法使用自己的商标，避免因商标被他人在先注册而受阻。四是商标布局过程中可与不同的法律权利共同布局，保证上市过程中知识产权的完整性，促使上市顺利进行。例如，商标可与专利结合布局：如果商标与产品的外观设计、包装等紧密结合，且该外观设计具有新颖性和创造性，可以考虑同时申请外观设计专利。这样可以通过专利法对产品的外观进行保护，与商标法形成互补，增强对企业品牌和产品的保护力度；对于具有独特设计的商标，可以同时进行版权登记，与版权协同保护。版权保护的范围更广，且获权较快，能够为商标提供更全面的法律保护。五是商标布局的地域应综合考虑国内市场以及国外市场，在国内不同的行政区划和经济区域进行商标布局；对于有海外市场拓展计划的企业，应提前在目标市场国家或地区进行商标注册，以保护企业在国际市场上的商标权益，避免商标被他人抢注而产生商标侵权纠纷，阻碍上市进程。六是企业科创板上市过程中，要求企业对商标的注册情况、使用情况、权属情况等信息进行充分准确的披露，因此，企业进行商标布局时，应确保布局清晰、规范，相关信息真实可靠，以便在上市过程中顺利通过审核。

结　语

　　高质量发展是全面建设社会主义现代化国家的首要任务，以科技创新为主导的新质生产力是推动高质量发展的内在要求。知识产权是创新驱动发展的重要制度保障，与新质生产力发展之间存在深层次联系，是形成和发展新质生产力的关键要素。

　　科创板的硬科技定位要求科创板上市企业需在科技创新方面有显著表现，特别是要在关键核心技术领域能够取得突破，进而不断催生新质生产力。科创板的核心就是"科技创新企业"，因此能够在科创板上市的企业一定是具有科技创新属性的、能够代表新质生产力的优质公司。

　　以专利技术自主产业化、专利质押融资、专利许可、专利转让以及商标、商业秘密的合理布局等为代表的知识产权高效转化和协同运用方式，是创新主体完成技术创新和实现市场价值的重要手段，是培育和发展新质生产力的重要支撑。